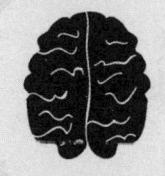

Herrn Swart brummt der Schädel
oder wie das Denken im Kopf die Richtung wechseln kann

JANNY
VAN DER MOLEN

HERRN SWART
BRUMMT DER SCHÄDEL
oder wie das Denken
im Kopf die Richtung
wechseln kann

aus dem Niederländischen von Rolf Erdorf

Gabriel

Inhalt

Prolog

Habt ihr einen Lieblingslehrer oder eine Lieblingslehrerin?

Ich hatte so jemanden. Herrn Swart. Er war ein seltsamer Mensch, trug jeden Tag denselben braunen Anzug und stellte im Unterricht oft eines seiner langen, dünnen Beine auf seinen Tisch. Dann stützte er sich auf das angewinkelte Knie und schaute uns eindringlich an. Vor Herrn Swarts Blick gab es kein Entrinnen.

„Mein" Herr Swart unterrichtete zwar nicht Philosophie, aber sicher hätte er auch das sehr gut gekonnt. Er stellte uns nämlich durchaus philosophische Fragen. Einmal wollte er nach dem Unterricht von mir wissen, warum ich es mir so schwer machte. Es war keine unangenehme, sondern eine weise Frage. Mir fiel es nämlich tatsächlich schwer, mit dem vorgegebenen Tempo und Niveau Schritt zu halten, aber ich hatte nun mal beschlossen, alles genau wie geplant durchzuziehen. Nur: warum eigentlich? Das hatte ich mir noch nie überlegt gehabt.

Es war die richtige Frage zum richtigen Zeitpunkt. Ich beschloss, nicht mehr so streng mit mir zu sein, wählte Griechisch und Latein ab und machte als ein zufriedener Mensch mein Abitur. Herrn Swarts Frage habe ich nie vergessen. Und ihn selbst auch nicht. Als Dankeschön heißt der Lehrer in diesem Buch Herr Swart.

Ich widme das Buch allen Swarts – also jenen Lehrerinnen und Lehrern, die Jugendlichen genau die richtigen Fragen stellen.

Wir hatten am Gymnasium keinen Philosophieunterricht. Das ist mittlerweile anders. Schon in Grundschulen wird mit Kindern philosophiert, und auch in den weiterführenden Schulen wird immer öfter Philosophie unterrichtet.

In diesem Buch will ich euch von einigen großen Philosophen erzählen. Es hätten viel mehr sein können oder auch andere. Und von den vielen

Gedanken, die sie sich machten, hätte ich auch andere auswählen können. Aber das hier ist ja kein Lehrbuch und beansprucht daher auch nicht, besonders ausführlich oder gar vollständig zu sein.

Eigentlich will ich nicht mehr, als euch neugierig machen und zum Nachdenken über große Fragen anregen. So wie Herr Swart mich zum Nachdenken brachte über eine Frage, die für mich wichtig war. Denn genau das ist es, worum sich die Philosophie dreht: Fragen stellen. Immer wieder. Nach dem zu suchen, was wahr ist, und zu wissen, dass es viele Antworten gibt und dass es sinnvoll ist, sie allesamt ernst zu nehmen. Um anschließend die nächste Frage zu stellen.

Dieses Buch hätte ich nicht ohne das Wissen, das Mitdenken und den Zuspruch eines Lehrers schreiben können, der viele Jahre nach Herrn Swart meine Pfade kreuzte: Hans de Vries, mein Philosophieprofessor an der Universität von Amsterdam. Großen Dank schulde ich auch Susan Brooijmans, Lektorin beim Ploegsma-Verlag, die durch ihre eigene Liebe zur Philosophie dieses Buch klarer und gedanklich schärfer machte. Die überraschenden und treffenden Illustrationen in diesem Buch zeigen, dass auch in dem Grafikdesigner Steef Liefting ein Philosoph steckt. Danke!
Und *last but not least* möchte ich Primo Ish-Hurwitz danken, der als Mitleser und derzeitiger Gymnasiast den Text nicht nur großartig kritisierte, sondern auch kreative Verbesserungsvorschläge einbrachte.

„Ich weiß, dass ich nichts weiß", sagte Sokrates. Das ist eine tiefe Wahrheit. Dennoch hoffe ich, dass ihr beim Zuklappen dieses Buches etwas mehr über die großen Denker wisst. Und am besten noch mehr über euch selbst.

De Knipe, Januar 2014
Janny van der Molen

Ich weiß,
dass ich nichts weiß

Als Sven an diesem Morgen die Treppe hinaufgeht, sieht seine Welt nicht mehr ganz so rosig aus. Es ist Anfang September. Die Sommerferien sind vorbei. Abgesehen von einer kurzen Reise nach Rom, vom Zeitungsaustragen und dem bisschen Mithelfen zu Hause hat er es all die Wochen langsam angehen lassen. Im Grunde genommen hat er die meiste Zeit mit Bram abgehangen. Der perfekte Sommer also.

Doch das war's dann erst mal mit der Freiheit. Ab jetzt heißt es wieder früh aufstehen, Schule, Hausaufgaben, Fußballtraining. Andererseits ist es auch schön, endlich wieder alle in der Schule zu sehen. Wie ihre Ferien wohl waren? Jelle wird wieder sowohl mit seinem Vater als auch mit der Mutter unterwegs gewesen sein. Loubna hat sicher wieder die ganze Zeit zusammen mit ihrer Familie in Marokko verbracht. Und Wouter war bestimmt wieder mit seiner Mutter zelten an der Nordsee.

Sven packt seine Tasche, wirft einen prüfenden Blick in den Spiegel und geht die Treppe hinunter.

„Hi", sagt er zu seinem Vater, der am Frühstückstisch sitzt und in die Zeitung versunken ist. Der hebt abwesend den Kopf.

„Guten Morgen, Sven", sagt er und liest direkt weiter. Sven nimmt seine Pausenbrote und greift nach der Erdnussbutter. „Hm", sagt sein Vater und schüttelt den Kopf. Sven gießt sich ein Glas Tee ein. Der Vater murmelt irgendwas, faltet nachdenklich die Zeitung zusammen und steht auf.

„Ist was?", fragt Sven.

Sein Vater schüttelt nur den Kopf. „Ich muss los. Dein erster Tag heute, oder?"

Sven nickt.

„Pack's gut, Großer."

„Danke."

Als sein Vater die Tür hinter sich zuschlägt, nimmt Sven die Zeitung und sucht nach dem Artikel, der den Vater so beschäftigt hat. Ein Foto von einem Haus war auch dabei, hat Sven gesehen. Er blättert so lange, bis er die Seite gefunden hat. *Wohltäter kommt Jugend zu Hilfe*, lautet die Überschrift. Sven überfliegt den Artikel: Ein reicher Bürger der Gemeinde will, dass in einem seiner Häuser eine Anlaufstelle für obdachlose Jugendliche eingerichtet wird. Er möchte mit der Gemeinde über die nötigen Genehmigungen sprechen. Das Foto zeigt ein schönes Haus. Hoch, mit einer schweren, hölzernen Tür, in der es so eine altmodische Klappe gibt. Offensichtlich steht es leer.

Sven faltet die Zeitung zusammen und legt sie beiseite. Wenn das alles ist! Sein Vater sitzt im Stadtrat, seine Reaktion vorhin wird wohl irgendwie damit zusammenhängen. Schon zehn vor acht, Zeit, loszuradeln.

„He, Bram!" Sven schiebt ein paar Sechstklässler beiseite und winkt seinem Freund.

Bram lacht. „Nicht so gemein zu den Kleinen, Mann!"

„Hast du den Stundenplan schon? Wo müssen wir überhaupt hin?"

„Raum 113. Philosophie. Swart heißt der Typ."

„Ach ja, der Neue", seufzt Sven. „Ich habe am Wochenende sogar kurz in das Buch geschaut. Voll öde. Und irgendwie hab ich nichts kapiert."

„Und genau damit geht's los in der ersten Woche. Bingo!"

Vor dem Raum 113 herrscht lautes Chaos. Tijmen quasselt auf Sanne

ein, Loubna kommt dazu, Wouter ebenfalls. Alle reden durcheinander. Nach sieben Wochen Ferien steht einiges an. Bram knufft Sven in die Seite und zeigt vor zum Ende des Flurs. Ein großer, hagerer Mann kommt in ihre Richtung. Er bewegt sich schlaksig in seinem altmodischen braunen Anzug. Sein Gesicht ist klein, der Hals auffallend lang, schütteres, braunes Haar. Der würde ohne Weiteres als Comicfigur durchgehen. Als er näher kommt, fallen Sven die stechenden, braunen Augen dieses seltsamen Mannes auf. Offensichtlich ist er der Philosophielehrer. Sven sieht, wie auch Loubna und Sanne vielsagende Blicke tauschen. Was für ein schräger Vogel!

„Guten Morgen, Leute", sagt dieser Herr Swart freundlich. „Genug geschlafen, um ein Stündchen nachzudenken?"

Gemurmel.

„Kommt herein!"

Sie suchen sich einen Platz. Sven setzt sich natürlich neben Bram.

„Godfried Swart", sagt Swart. „Godfried mit d. So heiße ich. Aber für euch bin ich Herr Swart. Nicht weil ich solchen Wert darauf lege, sondern weil das in der Schule nun mal die Regel ist. Habt ihr schon einen Blick in euer Buch riskiert?"

Hier und da nickt jemand.

„Wie heißt du?", fragt er Ilse.

Sie hebt verlegen den Kopf. „Ilse, Herr Swart."

„Und? Was sagst du dazu?"

„Äh … Tja … Äh … Vielleicht ganz interessant."

„Also, ich halte überhaupt nichts davon. Packt es doch gleich wieder ein."

Sven schaut Bram verwundert an. Als er sieht, dass einer nach dem anderen das Buch verschwinden lässt, folgt er ihrem Beispiel.

Herr Swart sitzt inzwischen auf einem der leeren Tische.

„Und du, wie heißt du?", fragt er das einzige Mädchen mit Kopftuch.

„Loubna."

„Pack auch deine Schreibsachen weg, Loubna. Ihr braucht das vorläufig alles nicht. In dieser Stunde braucht ihr nur eins: euren Kopf.

Was ich für dieses Jahr vorhabe, ist, zusammen mit euch nachzudenken. Ich will euch von Menschen erzählen, die nachgedacht haben. Ich will euch berichten, was sie dachten. Und ich freue mich darauf, zu erfahren, was ihr darüber denkt. Mehr nicht. Irgendwann werde ich euch Noten geben müssen. Aber das ist jetzt noch kein Thema."

„Das kann ja heiter werden", flüstert Bram grinsend zu Sven. Der nickt.

„Was ist Philosophie?", fragt Herr Swart.

„Das sagten Sie doch schon", sagt Sanne vorlaut. „Nachdenken."

„Stimmt", sagt Swart. „Aber es ist mehr. Die Bedeutung des ursprünglich griechischen Wortes ist ungefähr ‚die Wahrheit lieben‘. Das Nachdenken hat also immer ein Ziel: die Wahrheit zu finden. Die ‚Wahrheit‘ ganz groß geschrieben."

„Ist die Frage, ob es die überhaupt gibt", sagt Jelle nachdenklich.

„Genau. Darum geht's. Philosophie heißt nachdenken, suchen und fragen. Immerfort fragen. Und weiterfragen. Die Sache nochmals von einer anderen Seite betrachten. Und noch mal und noch mal."

„Gelaber", mault Sanne. „Könnte schon jetzt einschlafen", sagt sie leise zu ihrer Nachbarin Loubna.

„Wieso Gelaber?", fragt Herr Swart.

„Weil man nach Antworten sucht, die es vielleicht gar nicht gibt."

„Und das heißt?"

„Na, dass es schade um die Zeit ist."

Herr Swart sagt nichts, sondern steht auf und geht durch die Reihen.

„Ich will euch die Geschichte von einem Mann erzählen, der nicht einfach nur nachdenken, sondern laut und gemeinsam mit anderen nachdenken wollte. Er stellte seine Fragen genau so lange, bis es unangenehm wurde. In seiner Zeit war das sehr ungewöhnlich. Die Machthaber empfanden das als so bedrohlich, dass es ihn schließlich das Leben kostete."

Swart geht wieder zu seinem Tisch, klappt seinen Laptop auf, schaltet die digitale Tafel ein und tippt etwas. Dann erscheint ein steinerner Kopf auf der Tafel. Fleischiges Gesicht, starke Nase, hohe Stirn, ein Bart mit vielen Locken.

„Wir reisen nach Griechenland", sagt Herr Swart. „Und gleichzeitig auch nach draußen. Nehmt eure Jacken. Bisschen Ruhe auf dem Flur. In drei Minuten sehe ich euch auf dem Schulhof."

„Hä?", sagt Sven. Doch die anderen sind genauso verwirrt. Aber Herr Swart hat bereits seine Jacke angezogen und verlässt die Klasse.

„Und unsere Taschen?", ruft Jelle noch. Aber das hört der Lehrer schon nicht mehr.

„Was soll denn das jetzt?", sagt Sanne und seufzt, während sie mit Loubna die breiten Treppen hinabgeht.

„Ich finde ihn ganz witzig", antwortet Loubna.

Herr Swart sitzt im Schneidersitz mitten auf dem Schulhof. „Der spinnt", sagt Bram zu Sven.

„Kommt", winkt Herr Swart. „Kommt und setzt euch zu mir."

Zögernd nehmen sie Platz. Ilse stößt Bram in die Seite, weil der einfach nicht aufhören kann zu kichern. „Aber das hier ist doch auch bescheuert!", sagt er noch. Jelle setzt sich auf seine Jacke, weil er keine Flecken auf seiner neuen Hose haben will.

„Wir sind in Athen", sagt Herr Swart. „Es ist um 400 vor Christus. Wir alle haben eine schwierige Zeit hinter uns, in der ein Krieg auf den anderen folgte. Vielleicht haben wir kämpfen müssen. Vielleicht einen geliebten Menschen verloren. Aber jetzt herrscht Friede, und wir befinden uns auf der Agora, im Zentrum der Stadt."

„Da war ich schon!", ruft Tijmen begeistert. „Es ist nur nicht mehr viel davon übrig. Na ja, ein paar Haufen Steine."

„Stimmt", sagt Herr Swart. „Aber wir stellen uns vor, dass um uns herum große Gebäude stehen. Lange Säulengalerien und Tempel. Wir wissen, dass hier Recht gesprochen wird, dass Menschen hierherkommen und die Götter verehren, dass Stadtoberhäupter und Volksvertreter hier über die Angelegenheiten der Stadt sprechen. Leute mit ihren täglichen Einkäufen gehen vorbei, denn auch der Markt findet hier statt. In dem ganzen Gewimmel lauscht ihr mir, Sokrates, dem großen Philosophen, dem weisen Mann."

„Der demnächst sterben wird", spöttelt Wouter.

„Sicher!", sagt Swart. „Aber so bald noch nicht. Erst hängt ihr alle an meinen Lippen. Ihr habt kein Auge für das, was um euch herum geschieht. Ihr lauscht mir, Sokrates. Ich bin nicht mehr der Jüngste, ich habe einen

Bart und trage ein Kleid. Ihr übrigens auch. Meinetwegen dürft ihr euch alle zu mir gesellen, aber Frauen tun das wahrscheinlich nicht."

„Gut, dann geh ich mal", sagt Sanne. „Zum Markt, ein Huhn zum Rupfen holen oder so." Alle lachen.

Herr Swart tut, als hätte er sie nicht gehört. „Von den Verwaltungsgebäuden aus werde ich beobachtet. Man fragt sich, was ich da mit euch bespreche. Man hat Geschichten über mich gehört. Ich würde euch mit fixen Ideen vergiften. Ich hätte keinen Respekt vor den Göttern. Die Gruppe meiner Schüler wächst von Tag zu Tag. Manchmal hat man mich schon gefragt, was ich euch denn alles weismache. Aber ich mache euch nichts weis. Ich lege euch nichts in den Mund."

Er blickt auf die Schüler, die vor ihm auf dem Boden sitzen, und zeigt dann auf Sven. „Wie heißt du?"

„Sven, Herr Swart."

„Ah! Svenos, ein schöner Name."

Er streckt Svenos seine Hand hin. „Sokrates."

Sven grinst schief.

„Svenos, erzähl mal: Strebst du danach, das Gute zu tun?"

„Äh …", sagt Svenos. „Ich denke schon …"

„Du denkst schon?"

„Ja, so ungefähr."

„Du denkst, du willst so ungefähr das Gute tun?"

Die Klasse fängt an zu kichern. Svenos' Miene wird grimmig. „Was wollen Sie denn sonst hören?"

„Meine Frage ist, ob du danach strebst, das Gute zu tun."

„Ja, werter Sokrates, danach strebe ich", sagt Svenos in der Hoffnung, sich damit aus der Affäre zu ziehen.

„Dann habe ich jetzt zwei Fragen an dich: Was bedeutet es, nach etwas zu streben, und, noch wichtiger: Was ist das Gute?"

„Du lieber Himmel!", seufzt Svenos.

„Aber das weiß man doch, oder?", sagt Jelle gereizt. Er hat für seine Verhältnisse ziemlich lange den Mund gehalten, aber jetzt muss er sich doch mal einschalten.

„Aha! Wenn du einverstanden bist, Svenos, lege ich die Frage nach dem Guten rasch unserem Jellos vor."

Der zuckt nicht mit der Wimper, als er seinen neuen Namen hört, sondern legt sofort los.

„Bei dem Guten sollte es uns um Respekt und Aufmerksamkeit anderen und der Natur gegenüber gehen. Das heißt, gut umgehen mit dem Leben und mit allem, was lebt."

Sanne kann ein heftiges Gähnen nicht unterdrücken, als sie Jelles selbstzufriedene Miene sieht. Sokrates bemerkt es auch. „Findest du, dass Jellos das Gute treffend beschrieben hat?", fragt er sie.

Sanne langt es jetzt offensichtlich: „Können Sie nicht einfach sagen, was es ist? Dann hätten wir das schon mal hinter uns!"

Jetzt erhebt sich Herr Swart. „Schaut!", sagt er und streckt einen Finger in die Höhe. „Das ist es genau, worum es bei Sokrates ging. Sokrates wollte den Leuten nicht vorkauen, was sie zu denken hatten. Er wollte, dass sie selbst nachdachten. Er wollte, dass die Leute alle die Themen, zu denen sie achtlos und aus dem Bauch heraus sonst was meinten und äußerten, erst kritisch unter die Lupe nahmen. Dass sie weiterfragten; so lange weiterfragten, bis sie zum Kern kamen. Denn was ist gut? Was ist echt? Wann ist man gerecht? Und Schönheit, was ist das eigentlich? Die Leute sagen, sie sprächen die Wahrheit oder wüssten, was wahr ist. Aber wie sicher sind sie sich dessen?"

„Jetzt mal langsam", widerspricht Jelle. „Dann kann man doch überhaupt nichts mehr!"

„Denn?"

„Letztlich sind wir uns doch nie hundertprozentig sicher."

„Ha!", sagt Herr Swart strahlend. Er steht so glücklich da, als hätte er im Lotto gewonnen. „Genau richtig, Jelle, haargenau richtig! Genau deswegen ist Sokrates mit einem Satz sehr berühmt geworden: *Ich weiß, dass ich nichts weiß.*"

„Ist ja sehr einfach!", sagt Bram. „Wenn man weiß, dass man nichts weiß, braucht man auch nicht mehr nachzudenken."

Sanne rutscht schon auf dem Hintern hin und her. Die Steinfliesen hier draußen sind kalt und hart.

„Aber gerade das Nachdenken war das, worauf Sokrates hinauswollte. Wie eine Hebamme einer Frau hilft, ihr Kind auf die Welt zu bringen, so wollte er den Menschen bei der Geburt ihrer eigenen Wahrheit helfen. Sokrates ermunterte die Leute, sich selbst möglichst gut kennenzulernen, denn seiner Meinung nach erlangt man erst dann wirklich eine eigene Vorstellung von beispielsweise dem Guten. Und er ging auch davon aus, dass man das Gute dann auch tut. Sich selbst kennenzulernen und Einsicht zu gewinnen, führt demnach zu einem guten Leben."

„Jetzt kapiere ich wirklich überhaupt nichts mehr", mault Sanne. „Ich dachte, man weiß eh nichts?"

„*Letztendlich* weiß man nichts, Sanne. ‚Die' einzig richtige Antwort auf die Frage, was gut ist, gibt es nicht. Für dich steht vielleicht fest, dass jemanden zu töten nicht gut ist. Aber was, wenn du angegriffen wirst, weil in deinem Land Krieg herrscht? Denkst du dann auch noch so? Was ‚gut' bedeutet, hat sehr viel damit zu tun, wer du bist, welche Erfahrungen du gemacht hast und in welchen Umständen du lebst. Deshalb will Sokrates, dass wir bescheiden sind und nicht anderen dasjenige auferlegen, was wir für gut halten. Das meint er mit: *Ich weiß, dass ich nichts weiß*."

„Okay …", sagt Sanne. „Aber wie war das noch? Sagten Sie nicht, dass jemand sterben musste?"

Herr Swart muss lachen. „Du magst saftige Geschichten, was?"

Sanne nickt.

„Sokrates ermunterte die Menschen, selbst nachzudenken. Immerfort und gründlich. Den Oberhäuptern der Stadt gefiel das ganz und gar nicht. Denn was, wenn die Leute dadurch nicht mehr hinter ihrer Führung standen, sich nicht mehr unterordneten? Aus diesem Grund hielten sie diesen Sokrates mit seinen Ideen für brandgefährlich."

„Und dann wurde er ermordet?", fragt Sanne begierig.

„Dann wurde er ermordet", wiederholt Herr Swart. „Er bekam einen Becher mit Gift, den musste er leeren. Und so starb Sokrates im Alter von ungefähr siebzig Jahren."

Sanne lässt sich theatralisch zu Boden sinken. Die anderen biegen sich vor Lachen. Bis auf Jelle, aber der ist ja eh immer ernst.

„Wie hast du's heute gefunden?", fragt Bram, als sie am Ende dieses ersten Schultags ihre Fahrräder aus den Ständern holen.

„Mir sind Ferien lieber", sagt Sven.

„Verrückter Typ, dieser Swart, oder?"

„Natürlich musste er mich gleich rauspicken", brummt Sven.

„Tja, Svenos, das merken wir uns!"

„Bis morgen", sagt Svenos, der in eine andere Richtung muss. Unterwegs piept sein Telefon. Eine Nachricht von seiner Mutter, um ihn daran zu erinnern, dass sie heute früher essen. Ja, ja, schon gut. Keine Pläne an diesem ersten Tag. Er kommt einfach nach Hause.

„Wie war der erste Schultag?", fragt seine Mutter, als sie sich am späten Nachmittag an den Tisch setzen.

„Geht so", sagt Sven, während er seine Gabel in eine Kartoffel steckt.

„Jetzt schon ‚geht so'?", meint sein Vater erstaunt. „Das kann noch was werden dieses Jahr!"

„Und du?", fragt Mutter.

„Im Büro nichts Besonderes, aber ich rechne mit einem gesalzenen Abend im Stadtrat."

„Warum?"

Vater geht ins Wohnzimmer und holt die Zeitung. „Hier, dieses Haus am Woudsingel, du weißt schon. Der Eigentümer ist reich und will sich in der Gemeinde engagieren. Er hat bei der Stadt die Genehmigung beantragt, in dem Haus eine Anlaufstelle für Jugendliche einzurichten."

„Von welchen Jugendlichen reden wir? Drogensüchtigen? Obdachlosen? Abgedrifteten?", fragt Mutter mit vollem Mund.

„Von allen dreien", sagt Vater. „Der zuständige Abgeordnete weiß mittlerweile wohl mehr darüber und wird uns das heute Abend berichten."

„Habt ihr schon in der Fraktion darüber gesprochen?"

Svens Vater gehört zur *Partei für Wandel und Fortschritt*, der *PWF*. „Nein, das hier überrascht uns auch", sagt er. „Ich habe heute zwar kurz herumtelefoniert, aber der Eigentümer des Hauses hat sein Vorhaben schon öffentlich gemacht, ehe wir davon erfahren haben."

„Müsst ihr denn jetzt sofort darüber entscheiden?", fragt Sven.

„Nein, so weit ist es noch längst nicht. Die Nutzungsbestimmung muss geändert werden, dann braucht es Gespräche mit der Nachbarschaft und den Organisationen, die, falls es eine Genehmigung geben wird, einen solchen Prozess begleiten müssen. Das Ganze dauert noch Monate."

Sven schneidet sein Fleisch und überlegt, dass er sie eigentlich überhaupt nicht kennt, solche Jugendlichen mit ernsthaften Problemen. In der Schule gibt es zwar einige Kandidaten, die regelmäßig zu spät kommen oder schwänzen. Von einem Jungen aus der Neunten wird gesagt, er wäre geflogen, weil er angeblich im Fahrradschuppen Alkohol getrunken habe. Und ein Mädchen aus der Oberstufe war eine Zeit lang nicht in der Schule, weil sie in die Fänge eines Loverboys geraten war. Aber das waren Ausnahmen. Und er kannte sie lediglich vom Sehen.

„Was meinst du dazu?", fragt Vater Sven.

„Wozu?"

„Zu so einer Anlaufstelle."

„Äh … Ist an und für sich doch gut, oder?"

„Ja", sagt seine Mutter. „Aber was, wenn es in deiner direkten Nachbarschaft ist? Der ganze Zulauf plötzlich. Krach und Streitereien."

Vater runzelt die Stirn.

Schatten

„Platon", sagt Herr Swart.

„Auch einen guten Morgen", kontert Wouter.

„Und wieder hat er diesen bescheuerten braunen Anzug an", flüstert Sanne Loubna ins Ohr.

„Vielleicht hat er ja bloß den einen", erwidert die lachend.

„Platon also", wiederholt Swart, öffnet seine Tasche und holt eine kleine Lampe heraus. Dann nimmt er eine Plastiktüte, die neben seiner Tasche auf dem Boden steht, und fragt: „Hat jemand Angst im Dunkeln?"

Hier und da wird gekichert, aber niemand hebt die Hand.

„Gut. Folgt mir."

„Wohin denn?", fragt Ilse unsicher. Sie mag eigentlich keine Überraschungen.

„In den Keller", sagt Herr Swart, als sie schon im Flur draußen sind.

„Den KELLER?!", rufen sie im Chor.

„Pst. Hier wird gearbeitet!", zischt Herr Swart.

„Dürfen wir das denn?", fragt Ilse zaghaft.

„Keine Ahnung", antwortet Herr Swart. „Aber was ich nicht weiß, macht mich nicht heiß."

Verwundert folgen sie ihm die Treppen hinab. „Das hier wird ein spannendes Jahr", grinst Bram, der neben Sven hergeht. Sven schaut sich neugierig um. In diesem Teil der Schule ist er noch nie gewesen. Herr Swart fischt einen Schlüssel aus seiner Hosentasche und schließt die Tür auf. Er sucht den Lichtschalter und winkt sie alle hinein. Der Keller ist vollgestopft mit alten Computern und etlichen Tischen und Stühlen, es gibt riesige Wandregale mit Kartons voller Briefpapier, Umschlägen und Kopierpapier, es gibt einige Theatersachen, darunter ein großer, roter Thron. Im Handumdrehen hat Bram darauf Platz genommen. Es riecht muffig in diesem großen Raum, und von den Ecken baumeln Spinnweben herab. An der Decke verlaufen Röhren, und in einer Ecke steht ein großer, eiserner Panzerschrank. Weit und breit kein Fenster.

„Jetzt möchte ich gern, dass ihr euch alle dort in der Mitte und in einer Reihe aufstellt, mit den Gesichtern zur Wand."

Sven und Sanne stellen sich als Erste hin. Die anderen schließen sich an.

„Was soll der Unsinn?", mault Tijmen. Sie schauen auf eine nackte Mauer. „Da gibt es doch nichts zu sehen?"

Aber Herr Swart reagiert nicht. Er sucht eine Steckdose, stellt die Lampe oben auf ein Regalbrett und schaltet sie ein. Dann geht er zum Lichtschalter an der Tür. „Nicht erschrecken", warnt er. Eine Sekunde später ist es dunkel im Keller. Das heißt, bis auf die kleine Lampe. Herr Swart kramt in seiner Plastiktüte.

„Ich finde das unheimlich", flüstert Ilse Wouter ins Ohr. „Ich mag die Dunkelheit nicht."

„Ich bin doch da", flüstert Wouter cool zurück.

19

Dann sehen sie etwas an der Wand erscheinen. Ein Papierflugzeug?

„Herr Swart?", sagt Bram. „Nichts für ungut, aber Sie geben doch Philosophieunterricht?"

„Ja, ja", brummt Herr Swart. „Sagt mal: Was seht ihr hier?"

„Einen Vogel!", sagt Loubna fröhlich. Sie steht total auf Rätsel.

„Ein Geodreieck, das sich dreht?", rät Tijmen, dem sein Gemaule von vorhin schon leidtut.

„Nein, es ist ein Papierflugzeug!", ruft Sanne. Das bringt Loubna zum Lachen.

„Ihr achtet nur auf die Form", unterbricht Herr Swart die ratende Klasse. „Aber was ist es wirklich?"

„Ich weiß es!", ruft Ilse und vergisst kurz ihre Angst. „Ein Schatten!"

„Sehr gut", sagt Swart. „Und was ist ein Schatten?"

„Ein Schatten entsteht, wenn das Licht durch ein Objekt blockiert wird", behauptet Jelle.

„Bist du dir sicher?", fragt Herr Swart.

„Ja, klar", sagt Jelle. Seltsame Frage.

„Okay, Leute. Und jetzt stellt euch vor, ihr hättet seit eurer Geburt nichts anderes gesehen als diese Wand. Ihr seid an Armen und Beinen festgekettet und könnt auch nicht sehen, was hinter euch ist. Ihr seht jahrein, jahraus nur die Dunkelheit um euch herum und das Licht auf der Wand und darauf ein paar Figuren. Sagen wir mal, es wären die Schatten holzgeschnitzter Tiere und Menschen. Nehmt ihr diese Figuren dann auch als Schatten wahr?"

„Einmal ein Schatten, immer ein Schatten!", sagt Tijmen.

„Ja, aber das *weiß* man dann doch nicht! Dass es ein Schatten ist, meine ich", sagt Jelle ungeduldig.

„Genau", sagt Herr Swart. „Ihr wisst nicht mehr, als dass das auf der Wand Figuren sind. Ihr wisst nicht, was ein Schatten ist, ihr habt keine Ahnung von allem, was es gibt, ausgenommen dem Boden unter eurem Hintern, der Wand und den Leuten neben euch. Aber angenommen, ihr würdet es schaffen, die Ketten um eure Arme und Beine zu lösen und zu der kleinen Lampe zu gelangen … Dann würdet ihr mit blinzelnden Augen, die sich erst an das Licht gewöhnen müssten, das echte Objekt erkennen, das ihr all die

Jahre als Schatten an der Wand betrachtet habt. Ihr würdet sehen, dass die Figuren eigentlich flache Holzstücke sind. Ihr würdet zum ersten Mal weißes Papier sehen, zusammengefaltet zu einem kleinen Flugzeug."

„Seht ihr, ein Flugzeug. Hab ich doch gesagt!", tönt Sanne triumphierend.

„Aber ihr wüsstet natürlich nicht, dass es Papier ist und dazu ein Flugzeug. Dafür würdet ihr jedoch etwas sehr Wichtiges lernen, und zwar, dass das, was ihr jetzt seht – das Papierflugzeug –, echt ist, und die Figuren an der Wand nicht mehr als ein Schatten dessen. Dann würdet ihr die Tür sehen, und natürlich öffnet ihr sie. Was wäre, wenn ihr durch die Tür geht?"

„Wir würden es auf der Stelle mit dem Hausmeister zu tun bekommen", witzelt Wouter.

„Halt doch mal die Klappe, Mann", sagt Jelle. Aber die anderen müssen lachen.

Dann kommt Ilse mit einer Antwort. „Ich denke, ich würde mich total erschrecken. Schließlich bin ich ein Leben lang in diesem dunklen Keller gewesen. Das heißt, ich habe noch nie Bäume gesehen oder Fahrräder oder Vögel. Und auch noch nie die Sonne."

„Oder einen Suppenautomaten", ergänzt Bram.

„So Leute, das reicht", sagt Herr Swart. „Jetzt mal ernst."

Sie sind still.

„Platon versucht, uns etwas zu verdeutlichen. Ich komme gleich noch darauf zurück. Ich denke, wenn eure Augen sich an das Licht gewöhnt haben und euer erster Schrecken verflogen ist, dann wollt ihr den anderen Gefangenen von allem, was ihr gesehen habt, berichten. Ihr stürmt wieder in diesen dunklen Keller, tastet euch zu den anderen Gefangenen vor, und dann fangt ihr an zu reden. Ihr stolpert über eure Worte. Ihr sucht eine Art und Weise, das alles zu beschreiben. Wo sollt ihr anfangen? Ihr sagt: ‚Die Figuren, die ihr auf der Wand seht, die gibt es wirklich! Ich habe sie draußen im Licht gesehen. Die eine Figur nennen die Menschen eine Katze, die andere ein Huhn, und …'

Aber jemand unterbricht euch und sagt: ‚Was denn: in Wirklichkeit? Willst du etwa behaupten, das, was wir hier auf der Wand sehen, wäre nicht wirklich?' Und ihr erklärt ihnen locker, dass es das tatsächlich nicht ist. Es sei lediglich ein *Schatten* der Wirklichkeit. Wie, glaubt ihr, werden die Gefangenen darauf reagieren?"

„Verwundert?", sagt Sven.

„Sie brechen in Lachen aus", denkt Sanne.

„Keins von beiden", sagt Swart. „Sie werden rasend! Wie könnt ihr es wagen, sie so anzulügen! Wie können diese Figuren denn nicht wirklich sein? Sie sehen sie doch jeden Tag! Es gibt keine andere Wahrheit als *ihre* Wahrheit! Sie werden so wütend, dass sie euch in einer plötzlichen Aufwallung umbringen."

„Können Sie das Licht wieder anschalten?", fragt Ilse leise. „Wenn es wieder so eine Mordgeschichte wird, dann höre ich die lieber im Hellen."

„In Ordnung." Herr Swart schaltet das Licht ein und packt die Lampe und den Papierflieger wieder in seine Tüte. „Wir sind hier ohnehin fertig. In der Klasse erzähle ich weiter. Bitte seid leise im Flur!"

Oben im Klassenraum setzt sich Herr Swart auf die Ecke seines Tisches. „Platon war ein Schüler von Sokrates. Er hat bewusst miterlebt, wie sein großer Lehrmeister den Giftbecher leer trinken musste. Das hat Platon sehr mitgenommen. Später beschloss er, die Gespräche, die Sokrates mit seinen Schülern geführt hatte, so gut er es vermochte, aufzuzeichnen. Sokrates selbst hat das nicht getan, müsst ihr wissen. Was wir also über Sokrates wissen, wissen wir von anderen. Sokrates hatte seine Schüler ja dazu ermuntert, selbst gründlich nachzudenken. Und genau das tat Platon. Die Vernunft und das Denken waren ihm sehr wichtig. Und jetzt kommen wir zu der Sache mit den Schatten im Keller."

Herr Swart schließt kurz die Augen, als würde er überlegen, wie er das möglichst gut erklären könnte. Dann fängt er an.

„Platon war davon überzeugt, dass wir echtes Wissen in der Wirklichkeit, in der wir leben, nicht finden. Es ist wie mit den Gefangenen im Keller: Sie denken, sie sähen die Wahrheit. Sie denken, sie wüssten, was ‚wirklich' ist. Aber was sie sehen, ist lediglich eine Widerspiegelung der Wirklichkeit. Was wir gerade im Keller gemacht haben, geht auf ein Gleichnis von Platon selbst zurück. Bei ihm findet das Ganze allerdings in einer Höhle statt. Ihr findet das Höhlengleichnis in seinem Buch *Der Staat*, einem seiner bedeutendsten

Werke. Darin vermittelt Platon auch seine Vorstellung von einer idealen Gesellschaft und Regierung. Aber das erzähle ich euch erst nächstes Jahr.

Was wir hier und jetzt sehen, ist also wie ein Schatten", fährt Herr Swart fort. „Die wirkliche Welt nennt Platon *die Ideenwelt*. Diese Ideenwelt haben wir alle in uns, tief in unserer Seele. Die Ideenwelt ist für alle gleich: Sie ist unveränderlich. Und die einzige Art und Weise, dorthin zu gelangen, ist das Nachdenken."

„So wie der Gefangene, nachdem er sich von seinen Fesseln gelöst hatte, durch Denken dahinterkam, dass das, was er sah, ein Schatten sein musste", fasst Jelle zusammen.

„Und dafür wurde er dann umgebracht". Sven setzt noch eins drauf.

„Wenn ihr bereit seid, nachzudenken und weiter zu schauen, als eure Nase lang ist, wenn ihr also hinter die Schatten blickt, dann kommt ihr womöglich zu Schlussfolgerungen, die anderen nicht gefallen", sagt Herr Swart. „Darum mochten die Machthaber Sokrates auch nicht."

„Wurde Platon auch umgebracht?", fragt Ilse.

Herr Swart lacht. „Nein, Ilse. Er wurde Lehrer, genau wie Sokrates, und gründete sogar seine eigene Schule: die Akademie in Athen. Er schrieb viel und wurde alt. So um die achtzig Jahre."

„Ein Glück", seufzt Ilse. Und darüber müssen alle laut lachen.

Eine wundervolle Geste

Drei Uhr. Sven lässt seine Tasche neben die Garderobe fallen, hängt seine Jacke auf und holt sich ein Glas Cola aus der Küche. Noch immer keine Hausaufgaben. Und heute Abend zum ersten Mal wieder Fußball.

Er lässt sich auf die Couch plumpsen und schaltet sein Tablet an. Dann hört er oben Schritte. Arbeitet sein Vater heute zu Hause? Er legt das Tablet hin und geht die Treppe hinauf. Oben hört er die Stimme seines Vaters.

„Nein, Hans. So habe ich das nicht gesagt. Ich sagte, ich finde, diese Jugendlichen verdienen unsere Unterstützung."

Stille.

„Nein. Nein, es muss vielleicht nicht unbedingt an diesem Ort sein, aber …"

Stille.

„Nein, lass mich kurz ausreden, Hans. Was ich meine, ist: Dieses Haus wird der Gemeinschaft geschenkt. Das ist nicht nur eine wundervolle Geste, sondern darüber hinaus kostet es die Stadt keinen Cent."

Hans, das ist der Fraktionsvorsitzende der *Partei für Wandel und Fortschritt*. Offenbar geht es gerade um diese Anlaufstelle für Jugendliche. Neugierig bleibt Sven stehen.

„Natürlich verstehe ich, dass du dir die Sympathie der Anwohner bewahren möchtest, Hans. Und ich weiß ja, dass in dem Viertel einige treue Wähler wohnen. Aber gehen wir die Sache doch mal grundsätzlich an."

Stille.

„Grundsätzlich, ja, Hans. Denn wir haben schließlich auch noch Grundsätze."

Stille.

„Nein, ich meine das nicht sarkastisch. Hör zu! Da ist eine Gruppe von Jugendlichen, die Hilfe brauchen. Eine Gruppe gesellschaftlich benachteiligter Menschen, die nicht für sich selbst eintreten können."

Sven hört, wie sich die Stimme seines Vaters kurz überschlägt. Das kennt er. Das passiert weniger dann, wenn er emotional ist, sondern wenn er sich ärgert. Sven setzt sich oben auf die Treppe und nimmt einen Schluck von der Cola, die er noch immer in der Hand hält.

„Merkst du, wie du dich anhörst, Hans?" Sein Vater klingt jetzt deutlich irritiert. „Was du faktisch sagst, ist, dass dir eine große politische Anhängerschaft im Viertel wichtiger ist als diese Jugendlichen."

Stille. „Nein, natürlich sagst du das nicht, aber darauf läuft es doch hinaus!"

Stille.

„Also, ich werde dir genau sagen, was ich tue. Sollte sich herausstellen, dass sich die ganze Fraktion gegen dieses Angebot ausspricht, dann werde ich eine namentliche Abstimmung beantragen, damit ich zeigen kann, dass ich dafür bin. Meiner Meinung nach muss zumindest untersucht werden, ob das Ganze realisierbar ist. Das verdienen die Jugendlichen, und das verdient auch dieser Wohltäter."

Stille.

„Ich habe nie versprochen, mich immer der Fraktionsdisziplin unterzuordnen."

Stille.

„Ich habe ein eigenes Gehirn, ich habe ein eigenes Gewissen und auch eine eigene Motivation, Mitglied im Stadtrat zu sein. Und zwar nicht, um mir Freunde zu verschaffen, sondern um etwas zu bewegen."

Stille.

„Ach, du findest das hochtrabend? Weißt du, ich glaube, es wird Zeit, dieses Gespräch zu beenden. Einen schönen Tag noch, Hans."

Der Vater knallt das Telefon so laut auf seinen Schreibtisch, dass Sven es bis in den Flur hören kann. Zeit, leise zu verschwinden. Sven weiß nicht recht, was er von diesem Gespräch halten soll. Mit der politischen Arbeit seines Vaters hat er sich nie näher beschäftigt. Aber er findet es gut, dass Vater auf seinem Standpunkt beharrt. Glaubt er jedenfalls. Denn wie viel Ahnung hat er nun eigentlich von …?

Als er wieder unten ist und in sein Tablet sieht, hat er eine Nachricht von Bram. *Heee Svenos. Dieser Swart ist witzig, oder?*

Sven antwortet: *Ja, verrückter Typ. Dieser Platon übrigens auch.*

Na ja. Ist schon was dran, oder?

Hä? Wo dran?

An dem, was Platon sagt. Dass die Dinge nicht immer das sind, wonach sie aussehen.

Ja.

Ja, was?

Dass da was dran ist. Muss jetzt schnell was essen. Muss gleich weg.

Doch nicht in irgendeinen Keller?

LOL. Bis morgen!

Der Schnäuzer

„Schon die zweite Woche", sagt Sanne am Montagmorgen. Sie steht an den Garderobenhaken vor dem Klassenzimmer.

„Ich habe die Ferien schon vergessen", mault Loubna. „Bin eingeschläfert. Hier ändert sich ja nie was."

„Zum Beispiel Tijmens Schmachten."

„Was denn?", faucht Loubna.

„Er ist ja sooooooo verliebt in dich. Siehst du das nicht?"

„Ach, das."

„Er … pssst! Da kommt er mit Sven!"

„Du verstehst aber doch, dass wir uns darüber nicht freuen!", sagt Tijmen. Er bemerkt Loubna nicht. „Es ist gleich bei uns um die Ecke. Meine Mutter sagt, dein Vater wäre dafür!"

„Dann soll sie das mit meinem Vater besprechen", sagt Sven missmutig und stellt sich neben Bram. Er hat eindeutig keine Lust auf dieses Gespräch.

„Was geht?", fragt der, als er Svens Gesicht sieht.

„Ärger wegen der Arbeit meines Vaters im Stadtrat."

Da kommt Herr Swart. „Guten Morgen zusammen", sagt er munter. „Na, habt ihr wieder Lust?"

Undeutliches Gemurmel.

„Klar doch, Herr Swart!", sagt Jelle fröhlich.

„Mann, der ist vielleicht ein Nerd!", flüstert Bram Sven zu. Aber der ist noch mit seinen Gedanken bei Tijmens Bemerkung über die Anlaufstelle. Ist natürlich ziemlich doof, wenn man gleich um die Ecke wohnt. Aber kann er was dafür?

„Setzt euch", hört er Herrn Swart sagen, während sie mit ihm hineingehen.

Sanne stößt Loubna an: „Sieh mal, da auf der Tafel." Da steht in Riesenlettern:

SCHMERZ IST SCHÖN

Neben diesem Spruch hängt ein Schwarz-Weiß-Foto von einem Mann mit Riesen-Schnauzbart, so riesig, dass man den Fußboden damit fegen könnte.

„Was ist das denn schon wieder?", sagt Sanne.

Aber Jelle ist ganz bei der Sache. „Interessante These, Herr Swart."

„Sicher, Jelle, aber das kommt später. Bestimmt habt ihr irgendwo Stift und Papier. Würdet ihr das mal rausnehmen?"

Ilse hebt brav die Hand. „Wir müssen aber doch anscheinend nichts mitschreiben?"

„Nein, ich will etwas anderes von euch."

Als alle Stift und Papier hervorgeholt haben, sagt Herr Swart: „Ich möchte, dass ihr die kommenden fünf Minuten aufschreibt, wer ihr seid."

„Na großartig!", stänkert Sanne. „Das kann ich in zwanzig Sekunden."

„Prima", sagt Swart.

Die Schüler schauen sich irritiert an. Warum in aller Welt braucht man dafür fünf Minuten? Aber es ist Herrn Swart offenbar ernst damit.

Sanne starrt auf ihr Blatt. Mittlerweile steht da: Ich bin Sanne. Was kann sie dem noch hinzufügen? Ich bin 14 Jahre alt. Ich habe einen Bruder. Ich quatsche gern mit meinen Freundinnen, aber Tomaten mag ich nicht.

Fertig.

Sie schielt über ihre Schulter auf das Blatt von Sven, der hinter ihr sitzt. Aber der guckt bitterböse zurück. „Kümmere dich um deinen Kram!", zischt er.

Ich bin Sven. Ich spiele Fußball. Ich wohne mit meinen Eltern in einem schönen Haus in einem Dorf nicht weit von Utrecht. Ich bin ziemlich freundlich und schlau. Aber auch schüchtern. Ich bin groß. Ich habe braune Augen und Locken.

Auf der anderen Seite von Sanne sitzt Loubna tief über ihr Blatt Papier gebeugt. Ich bin Loubna, hat sie aufgeschrieben. Ich bin Muslimin. Sanne ist meine beste Freundin. Aber die ist keine Muslimin. Die ist überhaupt nichts.

„Gut!", unterbricht Herr Swart. „Hat's geklappt?"

„Ja. Wer wir sind, wissen wir schon", sagt Sanne sarkastisch.

„Ausgezeichnet", antwortet Swart. „Dann möchte ich gern, dass ihr die nächsten fünf Minuten aufschreibt, wer ihr sein wollt."

„Also wirklich!" Sanne findet es nur nervig. „Wie schwer kann das sein?"

Ich bin Sanne. Und später werde ich auch Sanne.

Fertig!

Sie wirft ihren Stift demonstrativ neben sich, sieht dann aber zu ihrem Erstaunen, dass die anderen alle konzentriert schreiben. Alle bis auf Wouter, der hauptsächlich gähnt. Von Loubna dagegen kann man die Zungenspitze sehen.

Ich will gern ein guter Mensch sein, indem ich nach den Regeln Allahs lebe. Ich will gern Mutter werden, aber auch Richterin.

Sven starrt nachdenklich vor sich hin. Wer will er sein? Jemand wie sein Vater? Wie seine Mutter? Wie Herr Swart? Hm. Er kaut auf seinem Stift, rutscht etwas tiefer auf seinem Stuhl und kommt zu dem Schluss, dass er es eigentlich nicht weiß.

„So. Jetzt legt bitte die Stifte beiseite", sagt Swart. „War es schwierig?"

„Ziemlich", gibt Sven zu. „Besonders die zweite Frage."

„Kinderspiel", sagt Sanne cool. „Ich bin Sanne. Und später bleibe ich Sanne. Fertig."

Hier und da muss jemand grinsen, aber Jelle schert sich nicht darum. „Ich fand es überhaupt nicht simpel. Und ich finde es eigentlich auch interessant. Denn was ich mal werde, kann ich natürlich nie ganz selbst bestimmen."

„Weil?", fragt Herr Swart neugierig.

„Weil … auch wenn ich mir Mühe gebe, werde ich vielleicht etwas Glück brauchen. Und etwas Hilfe von anderen. So was in der Art."

Loubna hebt zögernd die Hand. „Ich glaube, dass ich nach den Regeln Allahs leben soll. Dann wird er mir helfen."

„Klare Sache", nickt Herr Swart.

Er schwingt seine langen Beine nach vorn, steht auf und holt einen Hammer aus der Tasche. „Das hier", sagt er, „war das Lieblings-Denkwerkzeug unseres nächsten Philosophen. Er selbst nannte sich ‚der Philosoph mit dem Hammer'. Und wisst ihr, wozu er diesen Hammer benutzte? Um Ideen zu zertrümmern. Platons Ideenwelt beispielsweise. Oder Sokrates' Idee, das Gute zu tun. Blanker Unsinn, sagt unser neuer Denker. In Stücke damit! Unbarmherzig zertrümmert er die großen Gedanken von einem Philosophen nach dem andern, denn sie alle miteinander liegen falsch." Herr Swart schlägt gefährlich mit dem Hammer um sich.

„Besser, Sie legen den wieder weg, Herr Swart", sagt Ilse.

„Er hier", sagt Swart, während er auf den großen Schnauzbart zeigt, „ist der Mann, von dem wir reden. Nietzsche heißt er. Mit tz und danach sch.

Friedrich Nietzsche. Er wurde 1844 in Deutschland geboren. Platon starb im Jahr 347 vor Christus. Also rechnet mal aus: Wir springen fast 2 200 Jahre weiter in der Zeit."

„War da denn nichts dazwischen?", fragt Tijmen.

„Doch, natürlich, aber ich habe mich entschieden, euch nicht chronologisch über Philosophie zu erzählen, sondern eher themenorientiert. Um euch zu zeigen, wie Philosophen durch die Zeiten aufeinander reagiert und sich in ihren Werken beeinflusst haben. Wisst ihr noch, was ich euch über Sokrates erzählt habe?"

„Das ist der Mann, den sie umgebracht haben. Der mit dem Giftbecher!", sagt Sanne fast begeistert.

„Der mit seinen Schülern draußen saß", ergänzt Bram.

„In der Tat. Sokrates wollte die Menschen durch Gespräche dazu bringen, selbst nachzudenken. Und er ging davon aus, dass Menschen, wenn sie gründlich nachdachten, erkannten, was gut, wahr und schön war. Und wenn sie das einmal wussten, würden sie es auch tun." Er zeigt auf den Mann mit dem Schnauzbart. „Und dann kommt 2 200 Jahre später der Philosoph mit dem Hammer und sagt: ‚Sokrates denkt, die Menschen würden das Gute tun, wenn sie vom Guten Kenntnis hätten. Das unterstellt, dass das Wissen, der Verstand, die Vernunft – wie immer man es nennt – von ausschlaggebender Wichtigkeit sei. Aber die Menschen lassen sich doch überhaupt nicht von ihrem Verstand steuern! Ach was! Das Allerwichtigste für Menschen ist Macht. Selbst wenn Menschen etwas für andere tun, tun sie es letztlich bloß für sich selbst. Weil es schön klingt. Weil sie dann so ganz nebenbei fallen lassen können: ‚Ich habe dem und dem aus der Patsche geholfen.' Weil es sich gut macht. Und weil sie selbst dadurch besser dastehen. Und damit mächtiger."

„Wie zynisch", sagt Jelle.

„Ja und nein", sagt Herr Swart. „Nietzsche zufolge ist den Menschen gar nicht klar, dass sie von diesem inneren Drang nach Macht getrieben werden. Sie haben keine Ahnung! Er kann es ihnen also auch nicht verübeln. Sie müssen noch wachgerüttelt werden. Sie müssen einsehen, was ihre Triebfedern sind, wie sie wirklich funktionieren und wie die Welt ist. Sie haben alle den Überblick verloren, nur kapiert das niemand. Darum sieht er es als seine größte Aufgabe an, die Menschen wachzurütteln."

„Ein strenger Mann", schlussfolgert Jelle.

„Mit einem strengen Schnauzbart", ergänzt Loubna.

„Aber was denkt ihr", fragt Herr Swart, „hat er damit recht?"

Sven muss an seinen Vater und an Tijmens Mutter denken. Sein Vater scheint es für eine gute Idee zu halten, das Haus solchen Problemjugendlichen zur Verfügung zu stellen. Und dagegen lässt sich eigentlich auch wenig einwenden, oder? Wenn Jugendliche ernste Probleme haben, dann muss man ihnen doch helfen! Sokrates würde das tun. Das ist doch „das Gute tun", oder nicht? Aber dieser Nietzsche sagt, alles würde sich um Macht drehen und nicht darum, Gutes zu tun. Na ja, wahrscheinlich ist es das, was Tijmens Mutter umtreibt. Sie wird alles tun, was sie kann, um die Sache abzuwenden. Das ist doch auch eine Art Machtspiel. Er seufzt.

„Woran denkst du?", fragt Herr Swart freundlich. Sven hat noch nicht mal gemerkt, dass der Lehrer auf ihn zugekommen ist.

„Äh, nichts, Herr Swart."

„Aber was meinst du: Wird der Mensch vom Willen zur Macht getrieben?"

„Könnte gut sein, Herr Swart."

„Aber was sagst du selbst, Sven?"

„Keine Ahnung."

„Und was hatte er gegen Platon?", fragt Jelle.

„Was weißt du noch über Platon?"

„Da ging es um die Scheinwelt und die Ideenwelt, oder?" Jelle zögert.

„Sehr gut", beginnt Herr Swart. Aber dann fängt Bram plötzlich an zu kichern.

„Was ist denn so …", sagt Swart, aber Bram zeigt schon auf Wouter. Der liegt mehr auf seinem Stuhl, als dass er sitzt, und ist … eingeschlafen.

„Was soll ich tun?", sagt Herr Swart mit einem Lächeln um die Lippen. „Wie tue ich in dieser Situation das Gute?"

„Ein Eimer Wasser", schlägt Sanne vor.

Darüber müssen alle so lachen, dass Wouter davon aufwacht. „Tut mir leid", murmelt er schuldbewusst. „War'n bisschen spät gestern …"

„Hmm", brummt Herr Swart. „Platon also. Stimmt schon. Er sprach von der Welt des Hier und Jetzt, also der Welt, wie wir sie sehen, und von der zeitlosen und unveränderlichen Ideenwelt dahinter, in der sich alles befindet, was echt ist. Daran glaubte Nietzsche ganz und gar nicht. ‚Das hier ist es‘, sagte er. ‚Seht euch um. *What you see is what you get*, nicht mehr und nicht weniger. Es gibt keine Trickkiste und auch keinen doppelten Boden. Das hier, das, was ihr seht, ist es und basta! Das heißt, es gibt keine zeitlose und unveränderliche Ideenwelt. Wer auch nur kurz nachdenkt, wird das bestätigen, denn die Welt und die Menschen verändern sich ja fortwährend. Und dadurch verändert sich auch ihr Blick auf die Dinge. Diese unveränderliche Ideenwelt hat sich Platon also nur deshalb einfallen lassen, weil er sich all den Veränderungen im Hier und Jetzt nicht stellen will. Seine Ideenwelt gleicht einer Vertröstung mit dem Ziel, den Menschen nicht ihre Hoffnung zu nehmen. Aber es *gibt* keine Hoffnung! Wir dürfen den Menschen nichts vorgaukeln, das wäre unehrlich. Es *gibt* keine Wahrheit, es *gibt* keine Hoffnung, und Gott gibt es auch nicht. Glaube, das ist etwas für Menschen, die dem wirklichen, chaotischen Leben nicht gewachsen sind. Gott ist tot!‘"

Für einen Moment ist es sehr still in der Klasse.

„Er nimmt den Menschen ihren Glauben", sagt Loubna. „Das geht doch nicht!"

Herr Swart überlegt eine ganze Weile, bevor er antwortet. „Weißt du, Loubna", sagt er dann zögernd, „ich denke nicht, dass das seine Absicht war. Ich denke, es ist eher als eine Feststellung zu betrachten. Nietzsche studierte Menschen, studierte die Gesellschaft und kam zu dem Schluss, dass die Menschen sich alles Mögliche einbildeten. Seiner Meinung nach wussten sie längst, dass die ihnen überlieferte Religion kaum noch mehr als eine Formsache war. Und sie wussten durchaus, dass Platons schöne Ideenwelt nicht existierte. Nietzsche wollte nur erreichen, dass sich die Menschen das ehrlich eingestanden. Man könnte sagen, seine Absichten waren gut."

„Schaut", fährt er fort, „das Witzige ist natürlich, dass er einerseits allen klarmachen will, von zwei Welten, so wie Platon es mit seiner Welt und der Ideenwelt behauptet, könne keine Rede sein. Aber andererseits kreiert er selbst eigentlich auch zwei Welten. Er spricht von der Welt, in der wir leben,

31

der Welt des *what you see is what you get*, und von einer Traumwelt, in der sich die meisten Menschen befänden und aus der er sie wachrütteln wolle."

„Aber", sagt Loubna zögernd, „ich verstehe nicht, warum wir vorhin aufschreiben sollten, wer wir sind und so."

„Sehr gut, Loubna! Magst du vorlesen, was du aufgeschrieben hast? Oder ist dir das unangenehm?"

„Nein, nein." Sie bückt sich, um das Blatt Papier, das unter dem Tisch verschwunden ist, aufzuheben. „,Ich bin Loubna. Ich bin Muslimin. Sanne ist meine beste Freundin. Aber die ist keine Muslimin. Die ist überhaupt nichts.'"

Der letzte Satz bringt alle zum Lachen, aber Sanne macht sich wenig daraus.

„So ist es doch auch! Ich bin nicht gläubig oder so."

„Und das andere? Wer willst du sein?"

„,Ich will gern ein guter Mensch sein, indem ich nach den Regeln Allahs lebe. Ich will gern Mutter werden, aber auch Richterin.'"

Herr Swart beginnt zwischen den Tischen auf und ab zu gehen. Er denkt nach.

„,Gott ist tot', sagt Nietzsche. Und wenn es Gott nicht länger gibt und auch keine Wahrheit und keine Hoffnung, keine andere Welt mit schönen Ideen, dann müssen wir alles halt selbst tun. Nietzsche zufolge ist das auch unser wichtigster Auftrag: Werden, wer du bist. Und vielleicht ist das etwas, worüber ihr die nächsten Tage mal nachdenken könnt, Leute. Wie wird man, wer man sein will? Wählt ihr den Weg des Verstandes wie Sokrates, weil ihr so lernt, das Gute zu tun? Glaubt ihr wie Platon, dass die Ideenwelt euch dabei helfen kann, wenn ihr nur hinter die Alltagswirklichkeit zu schauen wagt? Oder denkt ihr, ihr könnt nur dann werden, wer ihr seid, wenn ihr euch ganz für euch selbst entscheidet und alle Macht, die ihr auf Lager habt, auch einsetzt?" Er schweigt einen Moment und zeigt dann auf die Tafel. „Ach ja, und dann das noch: *Schmerz ist schön.* Denkt ihr bitte darüber nach, was das in Bezug auf Nietzsche bedeuten kann?"

„Also doch eine Art Hausaufgabe", seufzt Wouter.

„Allerdings für den Geist", erwidert Herr Swart lächelnd. „Nur nachdenken. Auf dem Fahrrad, unter der Dusche. Bis Mittwoch!"

So ein Schwachsinn

In dieser Nacht wacht Sven von einem seltsamen Platschen auf. Anscheinend kommt es von unten. Sonst ist alles still. Sicher ist irgendwas umgefallen. Er dreht sich um und will weiterschlafen. Aber dann hört er das Geräusch wieder. Und kurz danach noch mal und noch einmal und … Dann steht er auf, schaltet das Licht an und schiebt den Vorhang beiseite. Im Dunkeln sieht er zwei Leute davonhuschen, die wohl das Licht in seinem Zimmer bemerkt haben. Kennt er sie? Es ist zu dunkel, um etwas zu sehen. Er geht die Treppe hinunter und macht im Wohnzimmer Licht. Igitt, was ist da auf dem Fenster? Er öffnet die Haustür. Auf dem Boden vor dem Fenster liegen Eierschalen. Nicht nur einige, sondern eine ganze Menge. Und von den Scheiben tropfen die Eidotter als klumpiger Glibber herab. Wie eklig! Aus dem Briefkasten schaut ein Umschlag heraus. „Mesterman", steht darauf. Wird wohl für seinen Vater sein.

Als er wieder ins Haus gehen will, kommt sein Vater gerade die Treppe herunter. „Was ist denn hier los?", fragt er verwundert.

„Das da!", sagt Sven und geht mit seinem Vater nach draußen.

„So ein Schwachsinn", murmelt der.

„Und das hier", sagt Sven und gibt seinem Vater den Umschlag. Sie gehen zusammen ins Haus und der Vater reißt den Briefumschlag auf. Er liest schweigend und seufzt dann tief.

„Was ist, Pa?"

„Die Ratssitzung", sagt Vater. „Wegen der Anlaufstelle. Manche Leute sind wütend auf mich. Aber mach dir keine Sorgen, sondern leg dich schön wieder hin. Das geht schon vorüber."

„Was steht da drin, Pa?"

„Ach, paar hässliche Sachen, nichts Ernstes."

„Ich möchte es aber wissen."

Vater schaut ihn ernst an und sagt: „Gut. Ich will dir erzählen, was heute Abend passiert ist. Aber dann hol uns auch gleich was zu trinken."

Wenig später lässt sich Sven neben seinen Vater auf die Couch fallen.

„Heute Abend hatte ich eine Ratssitzung. In der Fragestunde thematisierte jemand den Zeitungsartikel über die Anlaufstelle für Jugendliche. Es steht noch nicht offiziell auf der Tagesordnung, aber das wird sich jetzt wohl sehr bald ändern. In der Fragestunde kann man als Stadtverordneter die Aufmerksamkeit schon mal auf etwas lenken. Genau das tat der Stadtverordnete Hooischuur. Und brach damit eine Diskussion vom Zaun, was normalerweise in der Fragestunde überhaupt nicht geht. Aber vielen Leuten ging das so an die Nieren, dass einfach darüber geredet werden musste."

„Und?", fragt Sven.

„Manche Stadtverordnete veröffentlichten schon während der Diskussion ihren Standpunkt auf Twitter, sodass eine halbe Stunde später eine Reihe wütender Leute aus dem Viertel, in dem das Haus steht, in den Sitzungssaal marschiert kam. Hooischuur hatte getwittert, ich wäre ein ‚leidenschaftlicher Befürworter' dieser Anlaufstelle und hätte den Mann, der das Haus dafür zur Verfügung stellen will, einen ‚modernen Helden und Robin Hood' genannt. Also bekomme ich jetzt die Quittung."

„Hast du das denn nicht gesagt?"

„Doch, das habe ich. Und dazu stehe ich auch. Aber ich habe auch gesagt, dass dazu erst mit den Anwohnern gesprochen und die nötige Akzeptanz im Viertel hergestellt werden muss." Niedergeschlagen fährt er fort: „Das Unangenehme ist, dass die anderen Stadtverordneten meiner Partei überhaupt nicht meiner Meinung sind."

Sven erinnert sich an das Telefonat, das er belauscht hat. „Weil ihr so viele Mitglieder und Wähler in diesem Viertel habt?"

Vater nickt.

„Aber was steht denn jetzt in dem Brief?"

Vater zögert, ehe er ihn Sven gibt. Er besteht aus zwei getippten und natürlich nicht unterzeichneten Zeilen:

Genau das machen Problemjugendliche, werter Herr Stadtverordneter. Wir wünschen Ihnen, dass das junge Kroppzeug demnächst bei Ihnen in der Straße abhängt anstatt bei uns.

„So ein Quatsch", sagt Sven. „Als ob Jugendliche, die Probleme haben, immer nur Ärger machen!"

„Als ob man Kinder mit einem falschen Start ins Leben einfach so aufgeben soll", ergänzt sein Vater.

„Und als ob diese Eierwerfer irgendwas Gutes zur Welt beitragen", schimpft Sven.

Darüber müssen sie beide nun doch lachen.

„Komm", sagt Vater. „Es ist zwei Uhr nachts. Wir gehen ins Bett."

„Und der Dreck draußen?"

„Ich stelle den Wecker früh genug und mache es weg, bevor die ganze Nachbarschaft es sieht. Sonst wird's noch unangenehmer."

Sie gehen leise die Treppe hinauf, um Mutter, die das alles verschlafen hat, nicht aufzuwecken.

Kurz bevor Sven in sein Zimmer geht, fragt er leise: „Pa, war Tijmens Mutter auch im Ratssaal?" Er hofft, sein Vater wird mit dem Kopf schütteln. Aber er nickt.

Sieben Gassen

Zwei Tage später sitzen sie wieder im Kurs von Herrn Swart. Sven ist froh, dass Tijmen ihn nicht wieder wegen der Anlaufstelle angesprochen hat. Ihm selbst ist das Ganze unangenehm, aber falls Tijmen davon anfängt, ist er fest entschlossen, Partei für seinen Vater zu ergreifen. Der ist seinen Prinzipien treu, und darauf ist Sven stolz. Am Morgen nach der Nacht mit den Eiern hat Vater seelenruhig alles weggeputzt und kaum mehr ein Wort darüber verschwendet. Mutter wollte, dass er Anzeige erstattet, aber Vater meinte, damit würde man dem Vorfall genau die Aufmerksamkeit schenken, die sich die Täter wünschten. Und das gönne er ihnen nicht.

Herr Swart kommt noch im Mantel in die Klasse. „Schönes Wetter, Leute", sagt er mit einem Lächeln auf den Lippen. „Hopp, hoch die Tassen und rein in eure Jacken! Wir gehen raus. In fünf Minuten beim Fahrradschuppen."

„Aber wohin gehen wir denn?", meckert Loubna. Sie hat überhaupt keine Lust auf ein Abenteuer.

„Ein Viertelstündchen Rad fahren, alles wird gut", sagt Herr Swart. „Außerdem fällt bei euch die zweite Stunde aus, das heißt, wir haben Zeit genug."

„Das nennt sich Blockstunde, und dafür gibt es Regeln", meckert Loubna weiter. Aber viel Unterstützung bekommt sie nicht.

Bram dagegen ist begeistert. „Schön! Alles besser als dieses öde Klassenzimmer!"

Sie radeln in einer langen Prozession hinter Herrn Swart her, der anzeigt, wenn sie nach links oder rechts abbiegen. Nach einer Viertelstunde sind sie mitten im Zentrum von Utrecht.

„Stellt eure Fahrräder bitte dort ab", zeigt Herr Swart. „Bisschen näher zusammen, denn eigentlich sind das hier Parkplätze. Und geht dann bitte dort den Pfad zum Wall hinauf. Da setzen wir uns dann irgendwo ins Gras. Hier" – er gibt Bram zwei Decken, auf denen sie sitzen können –, „kümmere du dich darum."

„Pass auf wegen der Hundekacke!", ruft Tijmen.

„Du redest ja schon wie meine Mutter", stichelt Loubna.

Sie besteigen den alten Stadtwall und finden ein Plätzchen.

„Was machen wir hier?", fragt Loubna.

„Erzähle ich euch gleich. Erst noch kurz zurück zur letzten Stunde. Ich habe euch gebeten, über die Frage nachzudenken, wer ihr werden wollt. Hat jemand diesbezüglich eine interessante Einsicht gewonnen, die er oder sie uns mitteilen will?"

Ringsum Grabesstille.

„Jelle?"

„Ich habe über die Frage nachgedacht, aber nicht über die Antwort."

„Hä?", sagt Wouter.

„Na ja", beginnt Jelle zögernd, „es steckt etwas in dem Wörtchen ‚werden'. Dass man werden muss, wer man ist. Man muss nicht sein, wer man ist, sondern man muss es werden."

„Und das heeeeeißt???", fragt Sanne hörbar sarkastisch. Wie ihr dieser Klugscheißer auf den Zeiger geht …

„Sie sagten, Herr Swart, Nietzsche hätte gesagt, alles würde sich immerzu ändern. Demnach gibt es so was wie ‚das' Gute oder ‚die' Wahrheit oder so nicht, sondern auch das ändert sich fortwährend. Und da dachte ich an dieses ‚Werden'. Denn wenn man wird, wer man ist, ist man in Bewegung.

Aber wenn man ist, wer man ist, ändert man sich nicht mehr. Verstehen Sie, was ich meine?"

„Vollkommen! Versteht ihr es auch?"

Sie nicken. Kluger Gedanke.

„Ich bat euch auch, über die Aussage *Schmerz ist schön* im Zusammenhang mit Nietzsche nachzudenken. Hat jemand dazu einen Gedanken?"

Ilse hebt vorsichtig die Hand. „Wenn man werden will, wer man ist, muss man vielleicht akzeptieren, dass das manchmal auch wehtut?"

„Stimmt, Ilse. Schmerz ist unvermeidlich. Früher oder später erfahren wir ihn alle. ‚Die Welt ist schließlich nicht schön', sagt Nietzsche. Wieder und wieder hämmert er darauf herum. Er schreit es fast: ‚Aufwachen, Leute! Haltet euch nicht länger selbst zum Narren! Hört zu! Ihr wisst, dass ich recht habe!' Er will, er *muss* den Leuten bewusst machen, dass wir damit auskommen müssen, mit dieser Welt und all ihrem Elend. ‚Akzeptiert es doch! Liebt das Leben, so wie es ist! Es ist nicht eure Schuld, dass es manchmal schiefläuft. Es ist auch nicht euer Verdienst, dass es gut geht. Die Dinge gehen, wie sie gehen. Es ist, wie es ist. Wacht auf! Denn wie könnt ihr werden, wer ihr seid, wenn ihr in einer Traumwelt lebt? HALLO!? WARUM HÖRT MIR NIEMAND ZU?' Nietzsche ruft so verzweifelt, so heftig, dass es ihm wehtut."

„Was für ein düsterer Mann", stellt Ilse fest.

„War er auch. Er war enttäuscht von der Liebe. Litt häufig an Depressionen. Und wurde am Ende verrückt. Aber das tut seinen großen Gedanken keinen Abbruch. Er hat es gewagt, anders zu denken. Wagte es, alles infrage zu stellen. Und so war er auch sich selbst und seinen Ideen gegenüber nicht zimperlich."

„Aber fand er Schmerz denn schön?"

Herr Swart seufzt. „Man könnte es fast meinen, nicht? Jedenfalls betrachtete er ihn als unvermeidlich. Er musste einen Platz bekommen. Wie auch immer."

Die Sonne bricht durch.

„Mein Hintern fühlt sich schon an wie Holz", flüstert Loubna Sanne ins Ohr.

Die kichert leise. „Schmerz ist schön!"

„Damit habe ich euch in den vergangenen Unterrichtsstunden drei Ideen gegeben, und zwar von Sokrates, von Platon und von Nietzsche", fährt Herr Swart fort. „Und jetzt stelle ich euch einen Zeitgenossen Nietzsches vor. Steht mal kurz auf und schaut euch um. Was seht ihr?"

„Gras und Bäume?", rät Tijmen. Aber das ist so albern, dass niemand darauf eingeht.

„Geben Sie uns einen Hinweis, Herr Swart, sonst ist es doch eine sehr offene Frage", sagt Jelle.

„Häuser. Achtet auf die Häuser."

Sie blicken nach rechts. Auf der anderen Seite des Wassers stehen schöne, hochherrschaftliche Stadtvillen. Dann blicken sie nach links. Unten am Wall stehen Häuser in engen Reihen rechtwinklig zur Straße.

„Wer kennt diese Gassen?", fragt Herr Swart.

„Schon mal dran vorbeigeradelt", sagt Sanne.

„Yep, ich auch", sagt Tijmen. „Aber was in aller Welt haben Häuser mit Philosophie zu tun?"

„Jede Menge", sagt Herr Swart. „Kommt, wir gehen runter."

Sie folgen Herrn Swart den Pfad hinab zu den unteren Gassen. An einer von ihnen bleibt er stehen. Auf einem Schild steht der Name: „Boogstraat". Sie sehen eine enge Straße mit kleinen Häusern.

„Wouter", sagt Herr Swart, „schätze mal, wie breit diese Gasse ist."

Wouter macht zwei große Schritte und einen kleinen. „Zweieinhalb Meter ungefähr", vermutet er.

„Kommt", sagt Herr Swart und geht nach links. Da sehen sie eine ebensolche Gasse. „Brouwerstraat", lesen sie. Diese Straße ist etwas – vielleicht einen Meter? – breiter, aber einen großen Unterschied macht das auf den ersten Blick nicht. Auch das hier ist eine enge Gasse. Dann gehen sie weiter zur Kockstraat. Die ist jetzt wirklich breiter als die beiden vorherigen. Aber die Häuser bleiben klein und die Straßen eng. Die Wohnungen liegen sich direkt gegenüber. Wenn man sich Mühe gäbe, könnte man praktisch sehen, was der Nachbar gegenüber gerade zu Mittag isst.

Auf halber Höhe der Kockstraat geht eine Seitengasse ab, wie sie auch die anderen Straßen haben. Offenbar sind sie alle so miteinander verbunden.

„Die sieben Gassen, so nennt man diese Sträßchen", erzählt Herr Swart. „Sie wurden zu Nietzsches Lebzeiten gebaut, das heißt, in der Mitte des 19. Jahrhunderts. Aber um Nietzsche geht es jetzt nicht. Sondern um seinen Zeitgenossen, unseren nächsten Philosophen." Herr Swart nimmt ein Papier aus seiner Innentasche und faltet es auf. Er hält ein Schwarz-Weiß-Foto in die Höhe. Sie sehen einen schon etwas älteren Mann mit grauem Bart, einem grauen Lockenkopf und eindringlichen Augen.

„Warum haben diese Philosophen alle Bärte oder Schnauzbärte?", fragt Loubna. „Ist das ein Zeichen ihres Berufs oder was?"

Herr Swart kratzt sich an seinem glatt rasierten Kinn und muss lachen. „Wir werden sehen, wie das mit anderen Philosophen ist, Loubna. Wir werden außerdem auch Frauen kennenlernen, die haben in der Regel keinen Bart. Aber jetzt zu diesem Mann hier. Das ist Karl Marx."

„Ah! Der mit dem Marxismus", kommentiert Jelle zufrieden. Offenbar hat er gut in Geschichte aufgepasst.

„Genau den Marx meine ich. Bestimmt könnt ihr alle irgendwas mit dem Namen verbinden. Ich erzähle euch gleich mehr zu ihm. Aber zuerst das: Stellt euch Utrecht vor hundertfünfzig Jahren vor. Utrecht hat nur ein Fünftel der Einwohner, die es heute hat. Es gibt Reiche, gewiss. Aber der übergroße Teil der Bevölkerung besitzt keinen müden Cent. Sie leben in Elendsquartieren, betteln, haben Hunger. Die katholische Kirche beschließt, genau für diese Gruppe Wohnungen zu bauen, und zwar diese Häuser hier. Natürlich sind sie nur für solche Leute vorgesehen, die die katholische Kirche besuchen, die ihre Kinder katholisch erziehen und sie in die katholische Schule schicken. Sie müssen arm sein und viele Kinder haben. Aber wenn sie all diese Vorgaben erfüllen, dann bekommen sie tatsächlich eine nagelneue Wohnung, ganz allein für die eigene Familie."

„Aber diese Wohnhäuser sind doch winzig klein?", fragt Ilse.

„Ja. Sie boten aber ein gutes Dach über dem Kopf und damit mehr, als viele Arme hatten, auch wenn sie nicht luxuriös waren. Es gab ein kleines Wohnzimmer, das die Eltern nachts als Schlafzimmer nutzten. Sechs, sieben, acht, neun, zehn Kinder in einem Zimmer oben. Gekocht wurde in dem kleinen Flur, die Wäsche auf der Straße gewaschen, das kleine und große Geschäft auf einem Abort verrichtet, den etwa hundert andere Menschen auch benutzten. Keine Wasserleitung, keine Kanalisation, kein Straßenpflaster. Und Gestank. Immer und überall der Gestank von Schmutz und Exkrementen. Sand im Haus als Bodenbelag. Wasser musste man aus den Grachten holen, in die alle – auch die entstehende Industrie – ihren sämtlichen Dreck entsorgen. Hier herrschten Armut, Krankheit, Alkoholismus, Kinderarbeit. Die Aufzählung ließe sich fortsetzen. Aber macht euch klar, dass überall im Land, ganz besonders in den Städten, damals sehr viele Menschen in schlimmeren Wohnverhältnissen leben mussten als hier. Manchmal sehr viel schlimmeren. Überall gab es Gassen mit Elendsbehausungen. Die Not dieser Menschen war mit keiner Feder zu beschreiben. Im Vergleich dazu waren diese Häuschen Paläste."

„Jetzt sehen sie doch auch gemütlich aus", stellt Sanne fest.

„Und das war es damals bestimmt auch. Niemand hatte einen roten Heller. Alle saßen in einem Boot. Man hatte keine Wahl. Also half man sich gegenseitig."

„Aber hatten die Menschen denn keine Arbeit?", fragt Sven.

„Genau das ist es, worum es mir heute geht, Leute. Arbeit. Viele dieser Menschen arbeiteten sehr wohl. Sie hatten sogar lange Arbeitstage. Auch die Kinder und Frauen. Und trotzdem verdienten sie oft nicht genug, um eine Familie zu ernähren."

„Liebe Güte!", sagt Sanne.

„Kommt, wir setzen uns wieder oben hin", sagt Herr Swart. „Die heutigen Bewohner lassen sich bestimmt nicht gern begaffen." Sie steigen wieder auf den Wall und lümmeln sich auf den Decken.

Herr Swart fährt fort: „Und dann kommt Karl Marx, ein junger Mann aus einer wohlhabenden deutschen Familie. Er ist Philosoph. Er hat sie alle studiert, die dicken Bücher und großen Gedanken seiner Vorgänger. Aber er geht auch mit offenen Augen durchs Leben und sieht das Elend vieler Menschen überall in Europa; Armut, wie sie die Leute in diesen Wohnhäusern kennen, und Schlimmeres. Armut, die durch die aufkommende Industrie nur noch schlimmer zu werden scheint – denn von dieser Zeit reden wir: Mitte des 19. Jahrhunderts."

„Aber was kann ein Philosoph denn daran ändern?", fragt Bram. „Er ist ein Denker, oder? Keiner, der handelt!"

„Das ist interessant", sagt Herr Swart, „denn es sagt etwas darüber aus, wie du Philosophen siehst. Ich denke, du solltest die Vorstellung, Philosophen würden immer nur in einem Studierzimmer sitzen und nachdenken, korrigieren. Viele Philosophen stehen mitten im gesellschaftlichen Leben und wollen gerade mit ihren Ideen etwas zu dieser Gesellschaft beitragen. In den nächsten Monaten werdet ihr noch genug solcher Beispiele kennenlernen. Marx ist sicher ein Philosoph, der sich vom Volk inspirieren lässt und sich auch ereifert. ‚Was hat diese Zeit, haben die Menschen denn von schönen, hochtrabenden Ideen?', fragt er. ‚Was bringen diesen Menschen die Ideenwelt Platons oder das Vertiefen ihres Wissens nach Sokrates? Rein gar nichts, oder? Und es bringt ihnen nicht nur nichts, sondern darüber hinaus stimmt es auch gar nicht. Die Menschen werden überhaupt nicht von schönen Ideen angetrieben, auch nicht von den Vorstellungen der Kirche. Die sind lediglich dazu da, die Menschen im Zaum zu halten und zu beruhigen. Sie betäuben die Not und den Schmerz mit ihrer schönen Botschaft von der Nächstenliebe, von göttlichem Trost und einem versprochenen Himmel im Jenseits. Gott ist wie Opium, wie eine Droge, und bewirkt nicht viel mehr als der Alkohol, den die Leute zu sich nehmen, um die Kälte und den Hunger zu ertragen.'"

„Das erinnert an das, was Nietzsche sagt, nicht?", fragt Loubna.

„Vielleicht, aber dennoch ist der Hintergrund ein anderer", sagt Herr Swart. „Wenn Nietzsche ruft: ‚Gott ist tot', dann geht er davon aus, dass die Leute das tief in ihrem Innern längst wissen. Sie wollen es sich nur noch nicht eingestehen. Nietzsche meint, das sollten sie aber. Wenn Marx von Gott als dem ‚Opium fürs Volk' spricht, dann meint er, dass die Menschen sich gern betäuben lassen. Sie brauchen die Droge, um ihr Elend zu ertragen, genau wie sie auch den Glauben an ein Leben nach dem Tod brauchen, um weiter durchzuhalten. Aber wenn man die Ursachen dieses ganzen Elends beseitigen würde, meinte Marx, dann fiele die Religion ganz von selbst von den Menschen ab. Daran bräuchte man an der Stelle nicht so viele Worte zu verschwenden.

Marx glaubte nicht, dass die Menschen von den hochtrabenden Ideen der Kirche profitierten, ebenso wenig wie von denen der Philosophen. Ideen bestimmen seiner Meinung nach nicht das Leben der Menschen. Nein, was diese umtreibt, sind ihre Situation, ihr Platz in der Gesellschaft, ihre Arbeit. Materie also und keine Ideen. Die armen Schlucker sitzen wie Ratten in der Falle. Generation um Generation wächst arm und chancenlos heran. *Das* sei die Wirklichkeit, sagt Marx, und damit sollte sich die Philosophie seiner Meinung nach auseinandersetzen!"

Herr Swart zeigt auf die schönen, würdigen Häuser auf der anderen Seite des Wassers. „Marx weiß, dass es immer Arme und Reiche gegeben hat. Jedoch ist diese Zeit, diese Ära der Industrialisierung anders als andere Zeiten. Warum? Wo drückt der Schuh? Darüber denkt er nach und kommt immer wieder zu demselben Fazit. Der Schlüssel liegt in der Arbeit. Alles dreht sich um Arbeit. Aber wie denn, was denn?"

„Also, mir langt's allmählich", flüstert Sanne Loubna pessimistisch zu. „All die Geschichten von früher, was bringt uns das?"

Aber Loubna hält den Finger an die Lippen.

„Dann nimmt er die Arbeit einer armen Durchschnittsfamilie unter die Lupe. Beispielsweise einer Familie aus einem dieser Gässchen. Gut möglich, dass Vater und Mutter sowie einige der Kinder in der nahe gelegenen Zigarrenfabrik arbeiten. Jedes Familienmitglied hat innerhalb der Fabrik eine eigene kleine Aufgabe. Und zuletzt gibt es dann ein Endprodukt: die Zigarre. Die wird vom Eigentümer der Fabrik verkauft. Er bezahlt die Familie für ihre Arbeit, aber das ist nicht genug, um gut davon zu leben. Er selbst hat es gut, sehr gut. Das macht wütend. Und bitter. Außerdem sorgt es für Entfremdung, für Marx ein wichtiger Begriff, denn indem man immer nur das kleine Stückchen Arbeit zur Herstellung der Zigarre liefert, ist man überhaupt nicht mehr stolz auf das, was es am Ende wird: eine Zigarre. Nichts verbindet dich mit dem Produkt. Und wahrscheinlich wirst du auch nie im Leben eine davon rauchen können … Arbeit ist reduziert aufs Geldverdienen, nichts mehr und nichts weniger. Liebe zu deinem Beruf oder fachmännisches Können: alles weg."

„Dann hatte Nietzsche vielleicht doch recht", sagt Sven leise.

„Inwiefern?"

„Für diese Menschen war die Welt eine düstere Welt ohne Hoffnung."

„So ist es", erwidert Herr Swart. „Aber für Marx hört es hier nicht auf. Er will die Gesellschaft verändern. Oder besser: Er glaubt, dass seine Analyse Menschen helfen wird, zu sehen, was in der Gesellschaft vorgeht, und dass sie dann selbst Veränderungen erzwingen. Er glaubt, dass die beiden Welten, die des Arbeiters und die des Arbeitgebers, unvermeidlich miteinander zusammenprallen müssen. Eines Tages wird für die Arbeiter das Maß voll sein. Sie wollen sinnvoll beschäftigt werden. Und sie wollen Anerkennung für das, was sie tun. Also wird laut Marx eine Revolution ausbrechen, die alles verändern wird. Dann ist es nur noch eine Frage der Zeit, ehe alles allen gehört. Dann gibt es keine Unterschiede mehr in Bezug auf Besitz, auf Wertschätzung und Geld. Dann existieren keine Klassen mehr."

„Also Kommunismus", fasst Jelle zusammen.

„Puh", reagiert Sanne irritiert von so viel Klarheit des Geistes.

„Geschichtsunterricht, weißt du", erwidert Jelle eingeschnappt.

„Und Wirtschaft", ergänzt Ilse.

„In der Tat, Leute: Marx zufolge würde ein ganz neues System entstehen, und das nannte er Kommunismus. Marx rechnete voll und ganz damit, dass es so kommen würde. Er schreibt darüber in *Das Kapital*, seinem wichtigsten Buch. Ihr wisst aus dem Geschichts- und Wirtschaftsunterricht, dass daraus nie etwas geworden ist. Jedenfalls nicht in der Art wie von Marx beabsichtigt. Darum sollten wir, wenn wir die Ideen von Marx meinen, besser von Marxismus sprechen."

Sven hat alles gebannt mit angehört. Alle sind gleich. Alle sind gleich viel wert. Er hebt die Hand. „Marx hat sich also für die Schwächeren eingesetzt."

„Stimmt. Aber er glaubte, wenn die Unterschiede zwischen den Menschen wegfielen, würden letztlich alle davon profitieren. Er glaubte leidenschaftlich an eine bessere Welt."

„Und dafür sollten die Arbeiter sich also auflehnen?"

„Ja. Das würden sie sicher tun, meinte Marx. Und viele taten es auch. Aber ebenso viele meinten, sie könnten sich keine Auflehnung leisten. Man wollte doch seine Arbeit nicht verlieren, wenn man eine große Familie besaß und ansonsten vorne und hinten nichts hatte … So selbstverständlich, wie Marx es sich vorgestellt hatte, ging es also nicht."

Als sie alle kurz darauf zu den Fahrrädern gehen, um zur Schule zurückzufahren, geht Herr Swart neben Sven her. „Du wirkst so nachdenklich, Sven. Ist irgendwas?"

Sven schüttelt den Kopf.

„Findest du es nicht interessant?"

„Doch, gerade schon, aber …"

„Aber?"

Sven will sagen, dass er bei allem, was er da hört, immer an diese Jugendlichen denken muss. Und an die Eier. Und Tijmens Mutter. Aber er zögert, die Sache anzuschneiden. Es ist so kompliziert. Und Tijmen ist auch nicht weit. Wenn es nötig ist, wird er es natürlich für seinen Vater machen, aber die Diskussion jetzt selbst heraufzubeschwören …

„Nichts, Herr Swart."

Herr Swart schaut ihn freundlich an. „In Ordnung, Sven. Aber falls doch etwas sein sollte, dann weißt du, wo du mich findest."

Netter Mann, dieser Herr Swart, denkt Sven.

„Jugendanlaufstelle? NO WAY!"

Als er an diesem Nachmittag nach Hause kommt, steht das Auto seines Vaters vor der Tür. Ist der jetzt schon zu Hause? Sven stellt seine Tasche in den Flur und geht die Treppe hinauf in Vaters Arbeitszimmer. Der sitzt über seinen Schreibtisch gebeugt da.

„Hi, Pa! So früh heute?"

„Wir haben am Abend eine außerordentliche Ausschusssitzung im Stadtrat, Sven. Ich muss mich gut vorbereiten."

„Was wirst du sagen?"

„Was ich immer gesagt habe. Dass diese Jugendlichen meiner Meinung nach unsere Unterstützung verdienen."

„Und deine Fraktion?"

„Die ist nach wie vor dagegen."

„Aber wie soll das gehen?"

Vater seufzt und fährt sich mit der Hand durchs Haar. „Wir werden sehen, Sven. Wir werden sehen."

An diesem Abend isst Vater nicht viel, und sagen tut er noch weniger.

„Viel Erfolg, Frans", sagt Mutter, als er aufsteht, um sich auf den Weg zu machen.

„Ja, viel Erfolg, Pa", sagt auch Sven.

Eine Weile sitzen Sven und seine Mutter noch schweigend am Tisch. Dann fragt er: „Diese Ausschusssitzungen, sind die eigentlich öffentlich?"

Seine Mutter nickt. „Ja, ich glaube schon."

Sven schiebt seinen Stuhl zurück, steht auf und sagt entschlossen: „Dann fahre ich jetzt dahin. Für Papa." Seine Mutter wundert sich. Sven weiß, dass sie so ihre Zweifel hegt in Bezug auf Vaters Haltung. Aber er fährt.

Vor dem Rathaus stehen viele Fahrräder. Sven geht hinein. Auf einer Tafel ist angegeben, in welchem Raum die Sitzung stattfindet. Aber Sven könnte auch einfach dem Lärm folgen.

In dem Sitzungssaal geht es hoch her. Sven fühlt sich ein wenig unsicher, als er eintritt. Aber dann sieht er auch andere Jugendliche dasitzen. Ein Glück, so ist er nicht der Einzige. Er lächelt seinem Vater zu, der an einem großen Tisch mit Mikrofonen und Kannen mit Kaffee, Tee und Wasser sitzt. Der schaut freudig überrascht.

Dann entdeckt Sven auch Tijmens Mutter. Sie hält zusammen mit einem Mann ein Transparent in die Höhe: **Warum fragt man uns nie?**, steht darauf. Auch zwei andere haben selbst gemachte Protestschilder aus Pappe dabei. **Unser Viertel soll sauber bleiben!**, steht auf einem. Und auf einem anderen: **Jugendanlaufstelle? NO WAY!**

Sven schluckt. Der Ton scheint festgefahren.

Dann bittet der Vorsitzende um Ruhe und erläutert den Grund für die Sondersitzung. In dem Viertel um den Woudsingel herrsche viel Unruhe. In der vergangenen Nacht seien nicht nur Eier gegen das Haus geworfen worden, das vielleicht eine Anlaufstelle für Jugendliche werden solle. Man habe auch mehrere Fenster mit Ziegelsteinen eingeworfen. Der Eigentümer des Hauses wünsche anonym zu bleiben, aber den Anrainern sei er bekannt. Auch sein Wohnhaus sei gestern mit Eiern attackiert worden.

Sven schaut zu seinem Vater und will sagen: Unser Haus auch. Aber sein Vater schweigt.

Der Ausschussvorsitzende habe es für besser gehalten, die Betroffenen zusammenzubringen, um so vielleicht etwas Druck abzubauen. Eine Entscheidung stehe heute jedoch nicht an. Das werde noch Monate beanspruchen. Das Ziel sei, die gegenwärtige Stimmung auszuloten und dabei möglichst auch die Gemüter zu beruhigen. Es gäbe Sprecher. Frau Webbeling für die Nachbarschaft, Kajo für die Jugendlichen, Anwalt Bollink für den Hauseigentümer. Danach seien die Stadtverordneten an der Reihe.

Anwalt Bollink erhält als Erster das Wort. „Mein Mandant ist ein glücklicher Mann. Er hat alles, was sein Herz begehrt. Das war nicht immer so. Als Jugendlicher verlor er innerhalb kurzer Zeit beide Eltern. Er hatte jede Orientierung verloren und wurde obdachlos. Andere halfen ihm letztlich, den Weg zurück zu finden. Es waren ganz normale und ihm völlig unbekannte Leute, die ihn tagein, tagaus durch ihre Straße trotten sahen und sich seiner erbarmten. Jetzt ist er imstande, der Gemeinschaft etwas zurückzugeben. Und das tut er von ganzem Herzen."

Sven findet das ziemlich berührend. Er will eigentlich applaudieren, aber niemand tut das. Vielleicht gehört sich das auch nicht. Dann gibt der Vorsitzende das Mikro an Tijmens Mutter, Frau Webbeling. Sie tippt erst mit dem Finger darauf, um sicherzugehen, dass es eingeschaltet ist, schaut durch den Saal, um zu sehen, ob man ihr zuhört, und beginnt.

„Der Woudsingel ist eine tolle Straße im Herzen eines wunderschönen alten Stadtviertels. Wir empfinden es alle als Privileg, hier zu wohnen. Aber wir alle bekommen das auch nicht geschenkt. Wir arbeiten hart und tun, was wir können, um das Viertel so schön zu erhalten. Darum haben wir ernste Einwände gegen eine solche Anlaufstelle für Problemjugendliche. ,Problemjugendliche', das Wort allein sagt es schon. Sie bringen Probleme mit sich. Wir erwarten Ärger. Wir erwarten Streit. Drogen, Betrunkensein in der Öffentlichkeit, Schmutz. Jeder weiß, dass Elend wieder anderes Elend anzieht. Und da haben wir keinen Bedarf!"

Jetzt klatschen einige Leute im Saal aber doch. „Haargenau!", ruft jemand.

Dann gibt der Vorsitzende Kajo das Wort. Zögernd beginnt er: „Ich bin so ein saufender, Drogen spritzender, dreckiger, stehlender, aggressiver Problemjugendlicher. Das gilt auch für alle anderen Jugendlichen hier im Saal."

Die Jugendlichen, die in seiner Nähe sitzen, grinsen.

„Das heißt, in Ihren Augen sind wir das", setzt er mit Blick auf Tijmens Mutter hinzu. „Ich gehe zur Schule, genau wie alle anderen. Wenn sie zu Ende ist, habe ich bloß keinen Ort, wohin ich gehen kann. Meine Mutter hat einen neuen Kerl, der mich nicht will. Mein Vater wohnt am anderen Ende des Landes und hat vergessen, dass er Kinder hat. Manchmal schlafe ich bei dem einen Freund, dann wieder bei einem anderen. Manchmal auf der Straße. Drogen zu nehmen, reizt mich manchmal schon. Vielleicht fühle ich mich dann weniger mies. Aber dann denke ich wieder: Es muss doch mehr für mich geben. Die Leute sagen manchmal, letztendlich würde es mich stärker machen. Mag sein. Aber solange ich keinen Ausweg sehe, bin ich eher düster drauf. Es muss doch etwas geben, das besser und schöner ist als das, was ich jetzt sehe. Darauf hoffe ich."

Es ist jetzt mäuschenstill im Saal. „Ansonsten finde ich diesen Mann vom Woudsingel einfach nur super. Das war's."

Er nimmt wieder Platz. Alle sind immer noch still, auch der Vorsitzende. Sven denkt an Herrn Swart. An Platon und Sokrates, die sich sicher waren, dass eine bessere Welt möglich wäre, wenn die Menschen erst mehr Wissen hätten. Also, diese Frau Webbeling müsste es jetzt doch besser wissen! Wieso Problemjugendliche? Toller Typ, dieser Kajo!

Jetzt kommen die Fraktionsvorsitzenden zu Wort. Die meisten ihrer Ausführungen sind eher vage. „Diplomatisch" nennt Svens Vater derartige Äußerungen immer. Oder: Alles Mögliche sagen und am Ende doch so gut wie nichts. Sie wollten erst noch die Ergebnisse einer Untersuchung abwarten; sie gingen davon aus, dass die Gemeinde noch so manche Sitzung mit den Anwohnern veranstalten und deren Meinung sehr ernst nehmen werde; sie schätzten die Geste des Hauseigentümers sehr, aber zunächst gelte es, alle Interessen gegeneinander abzuwägen. Gleichzeitig wollten sie natürlich das Beste für die Jugendlichen. Bla bla bla, denkt Sven und sieht auch einige andere Jugendliche gelangweilt auf ihren Stühlen herumrutschen. Als auch der Fraktionsvorsitzende der PWF seine etwa gleichlautende Rede gehalten hat, sagt Vater zögernd: „Darf ich um's Wort bitten, Herr Vorsitzender?"

Sven sieht, wie der Fraktionsvorsitzende der Partei seinem Vater einen bösen Blick zuwirft. Offenbar war das so nicht vorgesehen. Vater steht auf und geht in die Ecke des Saals, in der die Anwohner und die Jugendlichen sitzen. Der Ausschussvorsitzende schaut verständnislos. Das hier ist ungewöhnlich. Aber er erteilt dem Stadtverordneten Mesterman Redeerlaubnis. Vater beginnt zögernd und spricht Kajo direkt an.

„Lieber Kajo und liebe andere Jugendliche, deren Namen ich nicht kenne", beginnt er. „Mein Name ist Frans Mesterman. Ich bin von der *Partei für Wandel und Fortschritt*. Ich fürchte mich nicht vor Neuerungen, erst recht nicht, wenn sie Verbesserungen sind. Euer Leben verdient Verbesserungen. Ich habe einen Sohn in eurem Alter. Seit diesem ganzen Ärger schlafe ich schlecht. Mir will beim allerbesten Willen nicht einfallen, was gegen dieses großartige Angebot spricht. Der Eigentümer des Hauses schafft hier kein Problem, sondern er verschafft uns eine großartige Chance! Zuallererst eine Chance für euch, eurem Leben eine neue Wendung zu geben. Und eine Chance für uns, das Richtige zu tun. Dieser Mann ist ein Held."

Der Anwalt lächelt. Die Jugendlichen klatschen zustimmend. Sven ist stolz auf seinen Vater. Nur der Fraktionsvorsitzende der PWF rutscht unbehaglich auf seinem Stuhl hin und her.

Svens Vater fährt fort: „Das hier ist unsere Chance, euch neue Hoffnung zu geben. Euer Leben aus dem Schatten zu ziehen und die Sonne wieder scheinen zu lassen. Es ist unsere Chance, zu zeigen, dass ihr genauso wertvoll, genauso wichtig seid wie jeder andere Einwohner dieser Stadt. Jeder Mensch verdient es, ein Dach über dem Kopf zu haben. Jeder Mensch verdient ein warmes Bett, eine Dusche und eine gute Mahlzeit."

Sven sieht die kleinen Häuser in den sieben Gassen vor sich und denkt daran, wie es dort vor hundertfünfzig Jahren war. Er denkt an Marx, der

fand, dass man den Schwächeren helfen sollte, stärker zu werden, damit auch sie sich ein besseres Leben schaffen konnten. Marx, der glaubte, die ehrliche Verteilung des Wohlstandes käme allen in der Gesellschaft zugute. Dem der eine nicht mehr wert war als der andere. Dann fragt er sich, wie sein Vater wohl mit einem grauen Bart und grauen Locken aussehen würde. Bestimmt hätte Marx seinen Vater für einen feinen Kerl gehalten. Sven grinst übers ganze Gesicht.

„Das alles können wir euch jetzt geben, wenn wir uns als Stadtrat nur trauen", fährt sein Vater mit dem Blick auf die Stadtverordneten und Fraktionsvorsitzenden fort. „Wir können lauter Hindernisse sehen. Und auch mir ist durchaus klar, dass das Ganze nicht schwuppdiwupp geregelt ist, aber Sie wissen genau wie ich: Es ist möglich! Wenn wir uns gemeinsam dahinterklemmen, dann ist es möglich. Dann haben diese Jugendlichen einen eigenen Platz und wir können ihnen helfen, doch noch diejenigen zu werden, die sie sein wollen."

Tijmens Mutter sieht sauer aus. Der Fraktionsvorsitzende der PWF würde diesen Quertreiber aus seiner Partei offensichtlich am liebsten auf den Mond schießen. Kajo steht zögernd auf und geht zu Svens Vater. Er sagt nichts, sondern umarmt ihn spontan. Ein Jugendlicher hinten im Saal beginnt laut zu schluchzen.

Sven schnappt nach Luft, streckt sich, steht auf und beginnt als Erster zu applaudieren. Der Mann mit dem Protestschild **Jugendanlaufstelle? NO WAY** legt das Schild unter seinen Stuhl und steht auf. Zur Verwunderung aller klatscht auch er. Stolz wie ein Pfau ist Sven. Stolz wie ein Pfau!

Kapitel 2

FREIHEIT & DEMOKRATIE

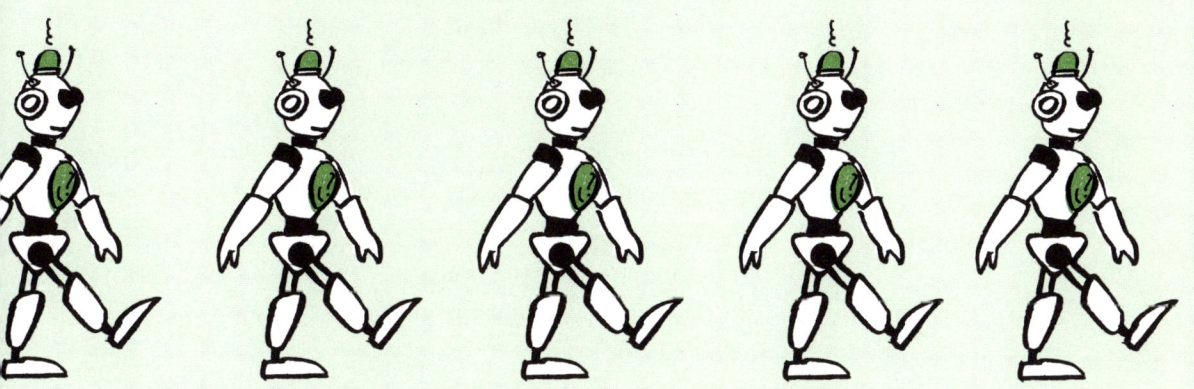

Soll jeder auf seine Art glücklich werden?

Montagmorgen sieben Uhr. Sanne stellt schlaftrunken den Weckruf an ihrem Handy ab und mummelt sich wieder in ihre Bettdecke. Wenige Minuten später klingelt ihr zweiter Wecker los. Jetzt ist es wirklich Zeit aufzustehen.

Mühsam schält sie sich sie aus den Federn, schiebt den Vorhang beiseite und sieht, dass es regnet. „Na super!", mault sie leise. Sie nimmt eine Jeans von ihrem Stuhl und sucht nach ihrem weißen Pulli. Muss hier irgendwo herumliegen. Der ist es nicht. Und der auch nicht. Nein, dieser ebenfalls nicht. Der Berg auf dem Boden wird größer, und die Chance, dass der weiße Pulli noch irgendwo in dem Berg auf dem Stuhl liegt, wird immer kleiner. Im Schrank nachzuschauen bringt erst recht nichts. Seit ihre Mutter die Wäsche nicht mehr für sie zusammenfaltet („du wirfst ja doch alles gleich wieder auf den Boden") kann sie in dem ungeordneten Sauhaufen namens Kleiderschrank überhaupt nichts mehr finden. Dann eben die mintgrüne Bluse, die ist zum Greifen nah. Außerdem ist es ja auch egal …

Sie wirft einige Bücher in ihre Tasche, Handy, Taschenrechner, Make-up-Beutel, Portemonnaie, und geht die Treppe hinunter.

Die Mutter und Sannes vierjähriger Bruder Thomas sitzen schon in der Küche und frühstücken. „Guten Morgen", sagt Mutter freundlich.

„Sanneeee!", ruft Thomas strahlend. Aber Sanne fällt wirklich nichts ein, weswegen man am Montagmorgen um Viertel nach sieben schon lächeln könnte.

„Hallo", kann sie gerade noch hervorbringen, ehe sie sich ein Glas und eine Müslischale aus dem Schrank holt. Sie gießt sich Saft ein und nimmt einen Pudding aus dem Kühlschrank.

„Sanne, das ist ein Nachtisch und kein Frühstück", sagt ihre Mutter. Sie klingt verärgert.

So geht es immer. Sie beginnt freundlich, aber sofort danach kommen ihre Kommentare. Ständig macht Sanne irgendwas falsch. Tja, schade.

„Sanne, ich rede mit dir!"

„Nein, das tust du nicht! Du sagst etwas zu mir. Und der Pudding ist kein Nachtisch, sondern ein Lieferant von Eiweiß, Kalzium …"

„Ja, wunderbar, Sanne. Ich kann auch lesen. Aber du hast einen langen Tag vor dir. Ich will, dass du ein paar Butterbrote isst oder notfalls Milch oder Joghurt mit Müsli, aber keinen Pudding."

„Ja-ha, Sanne", sagt Thomas in einem hänselnden Ton.

Sanne schaut ihre Mutter wütend an. „Tja, schade. Ich esse jetzt aber das hier."

„Sanne", sagt ihre Mutter in einem Geht-das-schon-wieder-los-Ton: „Ich bin deine Mutter. Ich weiß, was gut für dich ist."

„Ja", sagt Sanne trotzig, „und es ist *mein* Körper!"

„Ach Kind, was weißt du denn schon von deinem Körper!" Ihre Mutter seufzt und stellt einen Teller mit einem Käsebrot vor sie hin. „Aufessen!"

Aber Sanne schiebt den Teller von sich weg, steht auf und geht in den Flur. Ohne noch ein Wort zu sagen, knallt sie die Haustür hinter sich zu und nimmt ihr Fahrrad. Diese Nörgeltante von Mutter behandelt sie immer noch wie ein kleines Kind. Sie versteht offenbar nicht, dass sie mittlerweile selbst nachdenken, selbst Entscheidungen treffen und selbst einschätzen kann, was gut für sie ist. Ständig diese Gängelei! Sanne strampelt ihren Frust und den Regen von sich ab und ist pfeilschnell an der Straßenecke, wo Loubna auf sie wartet.

„Was hast du?", fragt die, als sie Sannes Unwettermiene sieht.

„Meine Mutter", sagt Sanne, da weiß Loubna genug.

Im Flur drängen sich alle und versuchen, einen Platz für ihre tropfenden Schirme und Regencapes zu finden. Wenig später blickt Herr Swart strahlend in die Klasse, als würde ihn das Schmuddelwetter nicht im Geringsten stören. Wieder trägt er seinen braunen Anzug.

Sanne flüstert Loubna ins Ohr: „Jetzt bin ich mir sicher: Er hat einfach nicht mehr Klamotten als diesen einen Anzug."

Loubna lacht. „Oder er hat gleich mehrere davon."

Als Sven hereinkommt, klopft ihm Swart freundlich auf die Schulter. „Sehr gut von deinem Vater." Sven wundert sich. Woher weiß Swart das denn? „Stand in der Zeitung", erklärt der.

Jetzt lächelt Sven. In den Augen vieler Menschen ist sein Vater ein Held. Tijmens Mutter wurde in der Presse ein ganzes Stück weniger sympathisch dargestellt. Tijmen hat nichts dazu gesagt, und Sven kann das nur recht sein.

Die Klasse füllt sich langsam. „Auf eine gute Woche, Leute!", beginnt Herr Swart, als so ungefähr alle sitzen. „In den kommenden Stunden möchte ich mit euch über Freiheit und Demokratie reden."

Sanne muss gähnen. Demokratie, du liebe Güte! Außerdem ist Montag. Und es regnet. Und Mutter hatte wieder was zu nörgeln. Geht's noch spannender?

„Und Loubna", fügt Herr Swart hinzu, „eigens für dich habe ich heute einen Philosophen ohne Schnauzbart und auch eine Philosophin. Hört zu: Wir gehen zurück in das Jahr 1683. Und wir befinden uns an Bord eines Schiffes. Wir fahren von England in die Republik der Vereinigten Niederlande. Die Wellen schlagen wild gegen den Bug. An Deck sehen wir einen Mann mit hochgeschlagenem Kragen stehen. Er wird an die fünfzig sein, ist schmächtig und hat ein schmales, freundliches Gesicht. Er heißt John, so wie viele Männer in England. Sein Vater zum Beispiel, ein Rechtsanwalt, hieß auch John. Aber der ist mittlerweile schon zwanzig Jahre tot. Unser John heißt mit vollständigem Namen John Locke, und vielleicht denkt er ja an seinen Vater, wie er da in die Ferne starrt in der Hoffnung, bald Land zu sichten. Sein Vater nämlich hat mit seinem guten Namen und seinen guten Verbindungen dafür gesorgt, dass John an einer der besten Schulen des Landes studieren konnte. Durch dieses Studium – diese Studien eigentlich, denn er interessierte sich für vieles – hat er seine eigenen Gedanken entwickeln können. Und gerade diese Gedanken bringen ihn jetzt in die Niederlande, denn in England ist er seines Lebens nicht mehr sicher. Aufgrund seiner Ideen, aber auch aufgrund einer innigen Freundschaft."

Herr Swart schaltet die digitale Tafel ein, zwei Porträts erscheinen: ein einfach gekleideter Mann mit einem langen, schmalen Gesicht und großer Nase und ein Mann mit langem, üppigem Lockenschopf – Locken, bei denen man sich sofort fragt, ob sie auch echt sind. Seine goldfarbene Kleidung mit dem riesigen weißen Kragen wirkt angeberisch. Swart deutet auf den Mann mit dem Lockenkopf. „Das hier ist Anthony Ashley Cooper, der erste Graf von Shaftesbury."

„Nicht doch!", sagt Bram. „Sicher steinreich?"

„Sicher. Außerdem einflussreich. Und ein Mann mit Mut. Wir wollen ihn der Einfachheit halber hier Ashley nennen. Gut fünfzehn Jahre, bevor John Locke per Schiff in die Niederlande abreiste, begegnete er Ashley zum ersten Mal. Locke war damals ein Stück jünger als auf diesem Bild hier, etwa Mitte dreißig. Gut möglich, dass auch er einen langen Lockenschopf trug, denn das war Mode in jener Zeit. Ashley klopfte bei ihm um ärztlichen Rat an. John Locke war nämlich Mediziner und Ashley hatte Probleme mit der Leber."

„Jetzt kapiere ich gar nichts mehr", mault Sanne. „Ich dachte, Sie würden hier was über Philosophie erzählen. Und jetzt geht es um einen reichen Mann mit Locken und seinen Arzt. Was soll das Ganze?"

„Na, na, na, Sanne. Schlecht geschlafen?"

Meine Mutter, will Sanne sagen. Aber das geht keinen was an. Na ja, außer Loubna.

54

„Ashley war schon als Neunzehnjähriger Mitglied des englischen Parlaments geworden. Als Locke ihn kennenlernte, war er Minister. Ein wichtiger Mann also. Aber auch ein Mann, der sich sehr für andere interessierte. Er kam mit Locke ins Gespräch und war sogleich sehr von ihm beeindruckt. Was für ein intelligenter, vielseitiger, charmanter Mann! Und umgekehrt war Locke schon bald ein Bewunderer Ashleys. Denn auch der war ein kritischer Denker, ein Mann mit interessanten Ideen. Kurz: Die beiden wurden sehr gute Freunde, sogar so gut, dass Locke nach einer Weile bei Ashley einzog."

„Waren sie … Sie wissen schon …", fragt Ilse vorsichtig.

„Ob sie eine Beziehung hatten? Nein, so darfst du es nicht sehen. Ashley hatte ein großes Haus, wo er mit seiner Familie und dem entsprechenden Personal wohnte. Locke konnte problemlos irgendwo untergebracht werden und Ashley so in vielerlei Weise helfen. Schon bald war er viel mehr als nur Ashleys Arzt. Locke wurde Ashleys Berater, ob es nun um die Erziehung seines Sohnes ging, die Gestaltung des Gartens oder die Einrichtung seines Hauses."

„Praktisch, so ein Doktor", murmelt Wouter.

„Ein Multitalent", schlussfolgert Jelle.

„Aber wichtiger als all diese Gelegenheitsarbeiten war, dass Ashley sich mit Locke über Politik, Philosophie und Religion unterhalten konnte. Jeder für sich, aber auch gemeinsam entwickelten sie eine Vision davon, wie es mit ihrem Land weitergehen sollte. Und es sind diese Ideen, die erst Ashley, aber jetzt auch Locke zwingen, außer Landes zu fliehen. Damit sind wir wieder an Bord des Schiffes. Es ist 1683 und Locke ist unterwegs in die Niederlande. Sein Freund Ashley ist ihm dorthin vorausgereist, aber er wurde krank und ist gestorben. Sein Tod liegt einige Monate zurück."

„Spannen Sie uns nicht auf die Folter, Herr Swart", sagt Jelle. „Was für gefährliche Ideen hatten die beiden Freunde denn?"

„Erzähle ich gleich, Jelle. Um Lockes Ansichten zu verstehen und auch, warum der König darüber *not amused* war, muss man mehr von der politischen Lage in England wissen. England hat in dieser Zeit einen König namens Karl II. sowie ein Parlament. Aber dieses Parlament kann meistens nicht das Geringste ausrichten. Der König ignoriert es vollkommen und hat sich allmählich zu einem Alleinherrscher entwickelt. Karl II. meint, er hätte jedes Recht dazu. Schließlich ist er doch nicht umsonst von Gott selbst dazu auserkoren, das Land zu führen!"

„Ach, so einer ist das", sagt Sven. „Ein Diktator!"

„Nennen wir ihn einen absoluten Herrscher. Er und kein anderer ist der Chef. Aber da ist noch etwas und zwar die Religionsfrage. Jahrhundertelang hat die katholische Kirche viel Einfluss auf die Führung des Landes gehabt. Aber seit Martin Luther etwa hundert Jahre zuvor sehr viel Kritik an der katholischen Kirche geäußert hatte, ist die Macht dieser Kirche stark zurückgegangen. In ganz Europa haben sich Gläubige für eine neue christliche Konfession entschieden: den Protestantismus. Auch in England gibt es eine neue Kirche und zwar die anglikanische. Wer nicht zur anglikanischen Kirche gehört, hat es nicht leicht und kann sogar verfolgt werden. Gleichzeitig wird gemunkelt, dass König Karl II. große Sympathie für die Katholiken hege. Von seinem Bruder, dem späteren König Jakob II., weiß man das sogar sicher. Es ist also eine Zeit der Unzufriedenheit und Unruhe. Denn was, wenn England wieder unter den Einfluss der katholischen Kirche gerät? Was würde das für all die Menschen bedeuten, die dem Katholizismus den Rücken zugekehrt haben? Werden sie dann am Ende verfolgt? Und wird die anglikanische Kirche ihre Macht einbüßen?"

„Herr Swart", sagt Bram mit Nachdruck, „also das alles ist ja sehr spannend und so. Aber wer ist der Philosoph und was ist seine Philosophie? Wir haben hier einen Politiker und einen Arzt, der auch als Gartenratgeber auftritt. Wir haben einen bösen König und Ärger innerhalb der Kirche. Was geht denn jetzt ab?"

„So eine Ungeduld am frühen Morgen", meint Herr Swart lachend. „Also gebt acht, denn jetzt kommt es: Der Politiker Ashley regt sich immer mehr über den mangelnden Einfluss des Parlaments auf. Er hält es für mehr als übel, dass der König so viel Macht hat. Und er findet, die Menschen sollten frei in der Wahl ihres Glaubens sein. Ashley äußert seine Kritik auch. Das missfällt dem König. Ashley wird verhaftet, freigelassen, aber später wieder verhaftet. Bis er zuletzt beschließt, in die Niederlande zu fliehen. Locke hat ihm die ganzen Jahre hindurch geholfen, seine Sicht-weise zu schärfen, die richtigen Worte zu finden und sich einen Überblick zu verschaffen, was andere zu diesen Fragen meinen. Er hat ihn auch be-raten. Alle wissen von ihrer Zusammenarbeit und Freundschaft. Also ist auch Locke in Gefahr."

„Das heißt, Locke ist der Philosoph", schlussfolgert Jelle.

„Locke ist der Philosoph. Natürlich, er ist Arzt. Aber er hat auch die großen Philosophen gelesen und moderne Denker wie René Descartes, mit dem wir uns ein andermal beschäftigen. Er denkt viel über das Verhält-nis zwischen König, Parlament und Volk sowie über Religionsfreiheit nach. Denn ‚worum geht es hier wirklich?', fragt er sich und versucht, eine philo-sophische Antwort auf die Probleme seiner Zeit zu finden."

Sanne rutscht ungeduldig auf ihrem Stuhl hin und her.

„Was ist?", flüstert Loubna.

„Tut mir leid, aber ich finde das echt fürchterlich öde."

„Vielleicht kommt es noch?", sagt Loubna hoffnungsvoll. Aber Sannes Gedanken schweifen ab zu dem Gespräch mit ihrer Mutter. Es scheint, als würden sie sich in letzter Zeit nur noch streiten. Sanne kann ihr überhaupt nichts recht machen. Ihre Mutter hat wohl kein bisschen Vertrauen in sie und hält sie anscheinend noch immer für ein Kleinkind, das keine eigenen Entscheidungen treffen kann.

„Sanne?", fragt Herr Swart. „Bist du noch da?"

„Ach, fangen Sie jetzt auch schon an …"

Herr Swart mustert sie prüfend, geht aber nicht auf ihre Bemerkung ein.

„Seit Ashley tot ist und Locke allein in den Niederlanden, kommt er endlich dazu, all die Gedanken aufzuschreiben, die er seit Jahren hat. Es sind natürlich die Ideen, die ihn auch dazu gebracht haben, Ashley zu un-terstützen. Doch jetzt sucht er nach einer Formulierung der philosophi-schen Grundlage für diese Ideen. Locke geht dafür zu den allerersten An-fängen zurück, das heißt zu der Zeit, als sich noch niemand einem König oder einem Staat unterwerfen musste: zur Schöpfung des Menschen. Jeder Mensch, ungeachtet seiner Stellung oder seines Hintergrundes, ist Teil die-ser Schöpfung. Jeder hat darum die gleichen Rechte, meint Locke. Er nennt dies Naturrechte. Damit meint er beispielsweise das Recht auf Freiheit, aber auch das Recht auf Eigentum und das Recht auf eine gute Gesundheit. Und weil jeder Mensch diese Rechte hat, hat jeder Mensch damit auch die moralische Pflicht, die Rechte der anderen zu respektieren. Und weil das nicht immer geschehen wird – der Mensch hat nun mal die unangenehme Gewohnheit, zuerst an sich selbst zu denken –, braucht es gute Gesetze und Regeln. Soweit alles klar?"

Hier und da wird genickt. Herr Swart macht eine kleine Atempause und beginnt durch die Klasse zu wandern.

„Dann geht Locke einen Schritt weiter. Wenn die Naturrechte der Ausgangspunkt sind, was müsste dann die Aufgabe der Regierung sein? Locke kommt zu dem Schluss, der Staat habe dafür zu sorgen, dass die Freiheit, das Eigentum und die Gesundheit der Menschen beschützt werden. Seiner Meinung nach ist genau das auch der ‚Deal‘, den das Volk und der Staat schließen: Das Volk gibt dem Staat den Spielraum, Regeln und Gesetze zu machen, solange dieser Staat sich umgekehrt darum kümmert, dass die Naturrechte der Menschen garantiert sind. Eine Hand wäscht die andere. Er nennt diese Vereinbarung zwischen Volk und Staat einen *social contract* oder Gesellschaftsvertrag, bei dem übrigens Regierung und Bürger als gleichwertige Partner auf gleicher Ebene stehen. Täuscht euch nicht, dies ist ein sehr wichtiger neuer Gedanke, der besagt, dass ein König nicht deshalb auf dem Thron sitzt, weil Gott ihn dazu auserkoren, sondern weil das Volk einen Vertrag mit ihm geschlossen hat. Außerdem besteht das Volk aus *allen* Menschen und nicht nur aus den Adligen und Edelleuten."

„Und Locke kam bestimmt zu dem Schluss, dass der König sich nicht an diesen Gesellschaftsvertrag hielt", bemerkt Jelle.

„Sehr gut, Jelle. In der Tat! Locke sieht einen König, der ganz allein bestimmt, was erlaubt ist und was nicht, und der nicht notwendigerweise – oder vielleicht sogar notwendigerweise nicht – die Interessen seines Volkes im Blick hat. Und Locke findet das nicht in Ordnung. Das Volk hat jeden Grund, den Gesellschaftsvertrag aufzukündigen! Aber da ist noch etwas, das Locke für sehr wichtig hält: die Religionsfreiheit. Auch dafür geht er zum Wesentlichen zurück. Niemand, wirklich gar niemand kennt Gott.

Niemand, das heißt auch nicht der König und das Parlament, kann wissen, was Gottes Absichten sind. Und so kann wirklich niemand behaupten, sein oder ihr Glaube sei absolut wahr. Menschen um ihres Glaubens willen zu verfolgen, kann und darf deshalb nicht sein."

„So wild sind diese Ideen doch gar nicht", stellt Bram fest. „Klingt alles eher vernünftig!"

„Das finden wir heute. Aber in Lockes Zeit waren es gefährliche Ideen, weil sie die Macht des Königs und die der Kirche zur Diskussion stellten. Außerdem denkt Locke nicht bloß nach, sondern er geht weiter: Er will etwas tun! Auch nach dem Tod seines großen Freundes Ashley bleibt er mit Gegnern des Königs in Verbindung. Nicht lange, nachdem Locke in den Niederlanden angekommen ist, wird der katholische Jakob II. König von England. Der Plan ist jetzt, diesen Jakob II. vom Thron zu stoßen. An seiner Stelle soll Wilhelm III. von Oranien König werden."

„Ein niederländischer Wilhelm?", sagt Sven erstaunt.

„Ja, unser Wilhelm. Der ist nämlich mit einer Tochter des englischen Königs Jakob II. verheiratet, und die beiden sind protestantisch. Einflussreiche Protestanten in England sind sehr für Wilhelm. Sie haben nämlich eine Höllenangst davor, dass unter Jakob II. die katholische Kirche wieder an die Macht kommt. Außerdem ist Jakob II. genau wie sein Bruder Karl II. ein absoluter Alleinherrscher. Und von denen hat das englische Volk genug."

„Und? Hat es geklappt?", fragt Sven.

„Ja, das hat es. Locke unterstützte diesen Staatsstreich. Und dass er innerhalb dieses Widerstandes nicht der Erstbeste war, zeigt sich auch daran, dass Locke Mary Stuart, die Frau des neuen englischen Königs Wilhelm III., bei ihrer Reise nach England begleiten durfte."

„Eine richtige Soap!", sagt Sanne. Darüber müssen alle lachen.

„Locke darf nach fünf Jahren in den Niederlanden wieder zurück nach England. Nach dem Tod Karls II. und der Vertreibung Jakobs II. kann ihm nichts mehr passieren. Er hat sein Ideal verwirklicht und in seinem Koffer befinden sich verschiedene Manuskripte, die er in den Niederlanden verfasst hat. Ab jetzt brechen für ihn bessere Zeiten an."

Herr Swart schaut auf seine Uhr. „Nur noch zehn Minuten. Ich muss das

Thema noch rasch zu Ende bringen. Nachdem sich England seiner absoluten Herrscher entledigt hat, gilt es Sorge zu tragen, dass niemals mehr zu
viel Macht in die Hände eines Einzelnen, des Königs oder einer Handvoll
Menschen gelangen kann. Darum meint Locke, dass die gesetzgebende und
die ausführende Gewalt im Staat künftig getrennt werden müssten. Das bedeutet, dass, wer die Gesetze macht, diese nicht gleichzeitig auch umsetzt. In
unserem Land macht das Parlament die Gesetze und die Regierung setzt sie
um. Später kam ein bedeutender Denker namens Montesquieu hinzu und
machte daraus drei Gewalten: die gesetzgebende, die ausführende und die
richterliche Gewalt, oder wie wir heute sagen: Legislative, Exekutive und
Judikative. Aber die Bedeutung dieser ersten, von Locke formulierten Idee
der Gewaltenteilung für die Entwicklung der Demokratie in ganz Europa ist
nicht zu unterschätzen."

Sanne seufzt tief. „Es liegt bestimmt an mir, aber ich kann mit diesem
Locke nicht viel anfangen. Ich meine: Ist ja schön, dass er lauter tiefe Gedanken aufgeschrieben hat, von denen wir auch heute noch was haben,
wirklich sehr schön und Hut ab und so, aber *let's get on with our lives*, ja?!"

„Mensch, Sanne. Könntest auch du vielleicht mal dein Gehirn einschalten?", sagt Sven. Seit er seinen Vater im Stadtrat in Aktion gesehen hat, hat
er mehr Respekt vor so etwas wie dem demokratischen Prozess.

Aber Herr Swart würgt die Diskussion ab. „Ich möchte euch noch eine
Frage mitgeben, über die ihr in den nächsten Tagen nachdenken sollt", sagt
er. „Was oder wer macht, dass du bist, wer du bist?"

„Aber das hatten wir doch schon", sagt Sanne. „Letzte Woche oder so."

„Nein, da habe ich euch gebeten, aufzuschreiben, wer ihr seid. Jetzt bitte
ich euch zu formulieren, wer oder was macht, dass ihr seid, wer ihr seid."

„Kompliziert", mault Sanne.

„Sanne!" Beim Verlassen des Klassenraums kommt Wouter auf sie zu. „Bram
und ich gehen Samstag zu Marktpop. Kommst du mit?"

„Ich?"

„Na ja, wir dachten, das würde dir vielleicht gefallen", sagt Wouter plötzlich ganz schüchtern.

Sanne denkt an das alljährliche Musikfestival in der Innenstadt. Sie war noch nie dort, kennt es aber von Erzählungen. „Ist bestimmt cool", sagt sie, und zum ersten Mal an diesem Tag bringt sie ein Lächeln zustande.

„Also abgemacht! Wann genau und wo wir uns treffen, das vereinbaren wir noch, in Ordnung?"

„Mich fragen sie nie", sagt Loubna, die neben Sanne hergeht.

„Sie wissen, dass du so etwas nicht darfst."

„Und du? Darfst du eigentlich?"

„Na klar!", sagt Sanne.

Raclette

Als sie sich an diesem Abend mit an den Tisch setzt, hat Sannes Mutter eine Neuigkeit. „Wir bekommen dieses Wochenende Besuch", erzählt sie, während sie den Reis auftut.

„Wen denn?", fragt Thomas.

„Opa und Oma kommen vorbei."

„Juhu!" Thomas hüpft vor Begeisterung auf und ab.

„Sie kommen mit dem Wohnmobil, dann können sie auch über Nacht bleiben", fährt Mutter fort.

„Gibt es dann wieder Rackelett?", fragt Thomas immer noch hüpfend.

„Raclette, Doofkopp", sagt Sanne. „Ach, übrigens: Ich bin Samstagabend nicht da."

„Ach", sagt Mutter erstaunt. „Und wo bist du, wenn ich fragen darf?"

„Ich gehe mit zwei Jungs aus meiner Klasse zu Marktpop."

„Wirklich?", sagt Mutter. „Und wer, bitte schön, hat dir die Erlaubnis dazu gegeben?"

„Ach bitte, Ma. Alle gehen hin."

„Du meinst wohl, zwei Jungs, nicht alle. Außerdem ist mir gleich, was andere tun. Es geht hier um dich, nicht um andere."

„Daaaaas heißt ...", sagt Sanne irritiert.

„Daaaaas heißt, aus der Sache wird nichts."

„Weil?"

„Weil? Ich halte dich einfach für zu jung, um dort mit zwei Jungs rumzuhängen."

„Jetzt stell dich doch nicht so an! Ganz viele Leute in meinem Alter gehen auf solche Festivals. Und ich mache bestimmt keinen Scheiß."

„Es geht nicht nur darum, ob ich dir vertraue. Es geht auch um die anderen, die dort sind, und ob man denen trauen kann."

„Was meinst du denn damit schon wieder?"

„Ach, Kind. Du bist noch so naiv."

Jetzt kann Sanne nicht mehr an sich halten. „Was denn, naiv! Glaubst du, ich werde mit Drogen experimentieren und mit irgendwelchen Jungs im Wäldchen rummachen? Was denkst du eigentlich von mir?!"

„Du hörst nicht zu, Sanne. Ich sage, dass ich anderen nicht unbedingt vertraue. Was, wenn irgendwer dir etwas in dein Getränk mischt? Bemerkst du das dann? Das ist es, worüber ich mir Sorgen mache!"

„Und deshalb willst du mich einsperren, bis ich erwachsen bin? Ist das deine Lösung?"

„Ich kann dir erst mehr erlauben, wenn ich sicher bin, dass du die Spielregeln kennst und dich daran hältst."

Sanne wirft ihr Besteck auf den Tisch, springt auf und stürmt aus dem Zimmer. „Und ich gehe doch!", tobt sie. „Ich gehe doch, damit du das nur weißt!"

In ihrem Zimmer stürzt sie sich weinend vor Empörung auf ihr Bett. Was soll sie nur machen? Wie soll sie denn jemals lernen, was sie tun kann und was nicht, wenn sie es nicht ausprobieren darf? Wie kann sie beweisen, dass sie sehr wohl vernünftig ist und nicht naiv, wenn sie keine Chance bekommt?

Sie sucht ihr Handy und schickt Wouter eine SMS. Ich darf nicht mit zu Marktpop. Aber ich komme natürlich trotzdem.

Warum nicht?

Weil meine Mutter denkt, dass da irgendwelche unheimlichen Typen rumlaufen, die mir was antun könnten. Und weil meine Mutter eine – wie hieß das noch mal? – eine absolute Herrscherin ist.

Und du wirst sie entmachten?

So in der Art.

„Guten Morgen ohne Sorgen", sagt Herr Swart, während er einen Fernseher auf einem Wagen in den Klassenraum rollt.

„Was schauen wir uns an, Herr Swart?", fragt Tijmen.

„'nen schönen Actionfilm?", witzelt Wouter.

„Das werdet ihr gleich sehen, Leute. Aber erst möchte ich kurz mit euch über meine Frage vom vergangenen Montag sprechen. Was oder wer macht, dass du bist, wer du bist? Wer kann dazu etwas sagen?"

Als Erster hebt Tijmen zögernd die Hand. „Ich denke, ich bin, wer ich bin, weil ich bestimmte Gene habe. Und die habe ich von meinen Eltern geerbt."

„Gene. Großartig. Das merken wir uns. Wer weiß sonst noch was?"

„Ich", sagt Jelle. „Ich bin das Ergebnis meiner Erziehung und meines sozialen Umfeldes."

„Oohooo", sagt Bram. „Soziales Umfeld …"

Aber Herr Swart ignoriert ihn. „Interessant, Jelle. Und was verstehst du darunter?"

„Das hier", sagt Jelle und zeigt in die Runde. „Meine Familie natürlich. Meine Freunde. Sie. Aber auch die Leute in meiner Straße, die Jungs, mit denen ich Hockey spiele, vielleicht sogar der Bäcker, bei dem ich immer Brot holen muss."

Loubna hebt ebenfalls die Hand. „Ich glaube, Allah macht, dass ich bin, wer ich bin." In der Klasse wird es für einen Moment ganz still.

„Was meinst du, Ilse?", fragt Herr Swart freundlich.

„Was Bram gesagt hat. Das mit den Genen, meine ich."

„Und wann bekommen wir diese Gene?"

Ilse schaut ihn verwundert an. „Bei der Geburt natürlich!"

„Oder schon früher?", sagt Bram. „Bei der Zeugung sozusagen."

Wouter fängt an zu grinsen. Und darüber muss Sven jetzt lachen.

„Mannomann", sagt Sanne. „Woran Jungs am frühen Morgen so denken!"

Herr Swart geht zu Brams Tisch und nimmt dessen Schmierheft. Er reißt ein leeres Blatt heraus und wedelt es in der Luft hin und her.

„Leer", sagt er. „Ganz und gar leer. Unbeschrieben. Jungfräulich."

„Ja, das sehen wir auch. Aber was wollen Sie uns damit sagen?", fragt Wouter.

„Ich habe euch erzählt, wie Locke über die großen politischen, religiösen und gesellschaftlichen Fragen seiner Zeit dachte. Aber er dachte über viel mehr Themen nach. Zum Beispiel fragte er sich auch, wie ein Mensch an sein Wissen gelangt. Bekommt er das bei seiner Geburt mit oder entsteht Wissen unter dem Einfluss eigener Erfahrungen? Locke kommt zu dem Schluss, dass Menschen bei der Geburt wie ein unbeschriebenes Blatt sind, eine *tabula rasa*. Das gesamte Wissen entsteht erst hinterher im Hier und Jetzt, beeinflusst von den eigenen Erfahrungen und der Art und Weise, in der man dann über diese Erfahrungen nachgedacht hat."

„Hört sich ganz schön überholt an", sagt Bram. „Ich meine: bei dem, was wir heute von Vererbung und DNA und so wissen."

„Ich finde es eigentlich gerade schön", meint Sanne nachdenklich.

Herr Swart hebt überrascht den Kopf. „Ja?!"

„Na ja, das bedeutet, dass ich meinen eigenen Weg gehen kann, ungestört von dem, was andere vor meiner Geburt in mich hineingestopft haben."

Herr Swart nickt. „Nun dachte Locke weniger an Vererbung, wenn er die Frage erörterte, ob unser Charakter bereits vor unserer Geburt feststeht. Die Frage war vielmehr, ob Gott bereits alles in den Menschen hineingelegt hatte, oder ob der Mensch seinen Weg selbst finden musste."

„Also eigentlich das, was Loubna vorhin über Allah gesagt hat", meint Sanne.

Loubna schaut etwas verlegen, nickt aber.

„Das heißt, wir haben hier zwei Freundinnen", sagt Swart. „Sanne folgt Locke und Loubna denkt, dass Allah das Leben des Menschen bestimmt. Und das Schöne ist, dass wir dank solcher Menschen wie Locke, die sich für die individuelle Freiheit der Menschen eingesetzt haben, jetzt gegenseitig unsere jeweilige Meinung respektieren können. Denn wenn wir alle gleichwertig sind, wie Locke behauptet, dann zählt die Meinung eines jeden Menschen gleichwertig mit."

Er schweigt einen Moment, geht nach vorn und schaltet den Fernseher ein.

„Wenn ich richtigliege, habt ihr Locke jetzt als einen Vorkämpfer von Freiheit und Demokratie kennengelernt – auch wenn er das in seiner Zeit

selbst nicht so genannt hätte. Er wollte nicht länger von einem König regiert werden, der sämtliche Macht an sich riss, sondern er war der Meinung, das Volk solle auf der Grundlage von Gleichwertigkeit einen gesellschaftlichen Vertrag mit der Regierung abschließen. Er fand, die Menschen sollten bei der Wahl einer Glaubensrichtung ihrem eigenen Gewissen folgen. Und er glaubte außerdem, die Menschen seien für die Ausprägung ihres Charakters und für ihre Entscheidungen weitgehend selbst verantwortlich. Denn schließlich kämen sie jeweils als unbeschriebenes Blatt zur Welt.

So, und jetzt möchte ich euch ins vorige Jahrhundert mitnehmen und gleichzeitig zu der ersten Philosophin, von der ich euch erzählen will." Er klickt Lockes Gesicht auf der digitalen Tafel weg und zeigt stattdessen ein Schwarz-Weiß-Foto von einer schon etwas älteren Frau mit starken Ringen unter den Augen und grauschwarzen Locken. Zwischen zwei Fingern hält sie eine Zigarette. „Das hier ist Hannah Arendt", sagt Herr Swart. „Ich werde euch gleich von ihr berichten. Aber zuerst möchte ich euch etwas zeigen. Ilse, ziehst du bitte mal die Vorhänge zu? Und Tijmen, schaltest du das Licht aus?"

Sie sehen einen Mann, der einen Raum betritt, flankiert von zwei Männern in Uniform. Es sind scheinbar Polizeibeamte, aber nicht solche, denen man hierzulande auf der Straße begegnet. Das hier ist irgendwo anders. Die Bilder sind schwarz-weiß und vielleicht schon fünfzig Jahre alt. Die drei Männer setzen sich. Der Raum, in dem sie sitzen, ist eine Art Würfel aus Glas. Ein dritter Beamter setzt sich sofort neben den Glaswürfel. Er wischt etwas von seiner Hose und scheint nicht zu bemerken, dass er gefilmt wird.

Der Mann in der Mitte trägt einen dunklen Anzug, dazu ein weißes Hemd und eine dunkle Krawatte. Er hat kurze, dunkle Haare, eine Brille und eine scharf geschnittene Nase. Ein ganz gewöhnlicher Mann. Nichts Besonderes. Er scheint entspannt dazusitzen.

„Wer ist das?", fragt Wouter.

„Pssst!", sagt Ilse.

„Das hört ihr gleich selbst", sagt Herr Swart leise.

Dann schwenkt die Kamera durch den Raum. Rechtwinklig zu dem Glaswürfel stehen viele Tische und Stühle. Überall gibt es Mikrofone. Ein Mann in einer schwarzen Robe reibt sich deutlich angespannt die Hände und schaut auf seine Uhr. Hinter den Tischen und Stühlen gibt es viele Stuhl-reihen. Alle Stühle sind besetzt. Die Anwesenden beobachten den Mann im Glaswürfel ganz genau. Ist er neu für sie? Wer sind alle diese Menschen? Wer ist dieser Mann? Offenbar erhält er Anweisungen über die Mikrofone direkt vor seiner Nase. Sie sitzen schon einige Minuten da und betrachten den Mann. Jemand sagt etwas auf Englisch.

„*Solemn intonation*, was ist das?", fragt Bram.

„Er sagt, er soll feierlich sprechen", sagt Jelle.

„Wer denn?"

„Das weiß ich auch nicht."

Der Mann in dem Glaswürfel verzieht eigenartig den Mund. Dann steht er, zusammen mit den Polizisten hinter ihm, plötzlich auf. Die Kamera schwenkt auf drei leere Stühle, auf die drei Männer in Roben zusteuern.

„Ja klar, eine Gerichtsverhandlung!", sagt Sven. Jetzt sehen sie auch die Abbildung eines siebenarmigen Leuchters, der Menora, die über dem mitt-leren Mann in Robe hängt.

„Israel", sagt Jelle. „Das ist in Israel!"

„Stimmt", sagt Herr Swart und hält das Bild an. „Was haben wir hier, Leute?"

„Einen Gerichtsprozess in Israel", sagt Jelle.

„Ja. Aber denkt noch etwas weiter nach. Worum mag es hier gehen?"

„Der Mann in dem Glaskasten hat irgendwas getan", sagt Ilse.

„Und zwar etwas Schlimmes, sonst säße er nicht in einem Glaskäfig", ergänzt Bram.

„Es ist schon lange her, denn es ist schwarz-weiß", sagt Loubna.

„Das heißt, Zweiter Weltkrieg", kombiniert Sanne. „Oder?"

Herr Swart nickt. „Das hier ist Jerusalem, April 1961. Aus der ganzen Welt sind Journalisten nach Israel gekommen, um einem wichtigen Pro-zess beizuwohnen. Der Mann in dem Glaswürfel heißt Adolf Eichmann. Er gehörte zur Spitze der Nazis. Eichmann ist für die Deportation von Juden in die Konzentrationslager verantwortlich gewesen, in denen der übergroße Teil der Gefangenen umgebracht wurde. Er musste dafür sorgen, dass genug Züge zu den Konzentrationslagern fuhren und dass sie rechtzeitig abfuhren und ankamen. Damit hat er eine entscheidende Rolle innerhalb des Naziregimes gespielt. Er wird als Schreibtischmörder der schlimmsten Sorte angesehen. Ein Mann, der von seinem Schreibtisch aus alles daransetzte, möglichst viele Juden umbringen zu lassen. Eichmann gelang nach dem Krieg die Flucht, aber 1960 wurde er in Argentinien gefasst, wo er unter falschem Namen untergetaucht war. Jetzt muss er sich genau in Israel, wohin so viele europäische Juden gezogen sind, die den Krieg überlebt haben, für seine Taten verantworten. Im Saal sitzen Hunderte Überlebende aus Konzentrationslagern. Unter ihnen befindet sich auch Hannah Arendt, unsere Philosophin."

„War sie in einem Konzentrationslager?"

Herr Swart schüttelt den Kopf. „Hannah Arendt ist zwar Jüdin. Sie wohnt in Deutschland, als Adolf Hitler 1933 an die Macht kommt. Damals ist sie 26 Jahre alt. Hannah Arendt merkt schon bald, dass das Leben für Juden in Deutschland unerträglich werden wird. Sie kann nicht anders, als ihr Land zu verlassen, und so landet sie über Prag und Genf in Frankreich. Aber die Nazis fallen auch in Frankreich ein. Hannah Arendt schafft es schließlich 1941 in die Vereinigten Staaten. Da hat sie schon eine kurze Beziehung mit dem berühmten Philosophen Martin Heidegger und eine Ehe mit dem Schriftsteller Günther Stern hinter sich. Auch ihr Philosophiestudium hat sie abgeschlossen. Aber in den Vereinigten Staaten, wo sie sich mit ihrem zweiten Mann Heinrich Blücher niederlässt, ist sie nur ein Neuankömmling unter vielen: Sie muss ganz von vorn anfangen, und das schafft sie. 1951 erscheint ihr Buch *The Origins of Totalitarianism*, und das macht sie mit einem Schlag zu einer bekannten Philosophin.

1961, sie ist dann 54 Jahre alt, genau wie Eichmann, reist sie nach Israel, um dort als Journalistin für die Zeitschrift *The New Yorker* über den Prozess zu berichten. Dieser Bericht und das Buch, das sie später über diesen Prozess schreibt, werden überall viel diskutiert. Sie schafft sich damit auch Feinde. Das erkläre ich euch gleich. Erst noch einige Bilder."

Wieder schauen sie auf den Mann in dem Glaskäfig. „Eichmann hat inzwischen gehört, dass fünfzehn Anklagen gegen ihn vorgebracht werden."

Im Bild erscheint ein Mann in einer schwarzen Robe, bebrillt und kahlköpfig. „Das ist Gideon Hausner, der Generalstaatsanwalt im Namen des jüdischen Volkes", sagt Herr Swart. „Die Untertitel sind englisch, also konzentriert euch bitte. Ich habe die wichtigste Passage hier für euch auf Papier." Er geht die Bänke entlang und schaltet anschließend das Bild wieder ein.

Wenn ich hier vor Ihnen stehe, Richter von Israel, um die Anklage gegen Adolf Eichmann zu erheben, dann stehe ich nicht allein. Mit mir an diesem Ort und zu dieser Stunde stehen sechs Millionen Ankläger. Aber sie können nicht aufstehen und mit dem Finger anklagend auf den Mann zeigen, der hier auf der Anklagebank sitzt, und schreien: „Ich klage an!" Denn ihre Asche liegt aufgetürmt auf den Hügeln von Auschwitz und den Feldern von Treblinka oder sie wurde von den Flüssen Polens weggetragen; ihre Gräber sind über ganz Europa verstreut. Ihr Blut schreit auf, aber ihre Stimmen können wir nicht hören. Darum werde ich für sie sprechen.

„Heftig", sagt Sanne leise.

„Das ist es", sagt Herr Swart. „Der Krieg war 1961 bereits sechzehn Jahre vorbei, aber die Überlebenden hatten tagtäglich mit Trauer, Angst und Schmerz zu tun. Dennoch war bis dahin kaum über die sechs Millionen ermordeter Juden und die grauenhaften Erfahrungen in den Lagern gesprochen worden. Es war zu schwierig. Während dieses Prozesses gegen Eichmann werden 112 Zeugen ihre Geschichte erzählen, und so hört die ganze Welt, was sich wirklich abgespielt hat. Die Berichte sind grausig. Ich spiele euch einen vor:"

Eine junge Frau kommt ins Bild. Sie heißt Esther und sie hat Auschwitz überlebt. Auf einem Foto aus dem Lager zeigt sie auf sich selbst. Auf der Aufnahme trägt sie ein weißes Kopftuch. Sie wird von lauter Frauen umringt, von denen eine ihre Schwester ist. Esther erzählt die Geschichte des Fotos. Ihre Schwester hatte ein Baby auf dem Arm und ein fünfjähriges Kind bei sich. Esthers Mutter stand auch in der Näher. Ein SS-Mann deutete auf sie und fragte, ob das ihre Mutter sei. Ihre Schwester bestätigte das. Anschließend sagte der SS-Mann, sie solle ihre beiden Kinder ihrer Mutter geben. Esthers Schwester weigerte sich. Der SS-Mann sagte: „Wenn du am Leben bleiben willst, musst du die Kinder deiner Mutter geben." Sie weigerte sich noch immer. Da nahm der SS-Mann die Kinder und gab sie Esthers Mutter. Später stellte sich heraus, dass sie alle drei umgebracht worden waren.

Es ist sehr still in der Klasse.

Herr Swart geht zu dem Monitor, sucht und lässt dann den Film weiterlaufen. Sie sehen das Gesicht Eichmanns. Es zeigt keinerlei Gefühlsregung. Stolz und aufrecht sitzt er da. Schaut durch den Saal, als wollte er sagen: Ihr könnt mir nichts tun. Ihr könnt mir wirklich nichts tun. Dann erhebt er sich und schwört, die Wahrheit zu sagen. Herr Swart zappt von einer Aussage Eichmanns zu einer nächsten:

„Ich habe Befehle ausgeführt."

„Ich habe getan, was von mir verlangt wurde."

„Ich musste gehorchen."

„Ich war nicht in der Position, Vorschläge zu machen."

„Ich bin nicht schuldig."

Dann schaltet er das Bild aus. Noch immer ist es mucksmäuschenstill in der Klasse.

„Hannah Arendt sitzt im Saal und sieht und hört Eichmann, dort in seinem Glaskäfig. Und sie ist fassungslos. Dieser Mann, verantwortlich für den Mord an sechs Millionen Juden, zuckt noch nicht mal mit der Wimper. Sie ist verwirrt. Sie hatte geglaubt, eine teuflische Person zu sehen, einen unheimlichen Mann, eine widerwärtige Gestalt. Aber das ist er ganz und gar nicht. Er ist so normal, so nichtig, so unbedeutend! Er ist der typische Mann von nebenan, dem man beim Bäcker begegnet. Ein fleißiger kleiner Beamter. So sieht ‚das Böse' offenbar aus: stinknormal. Das hier war kein Mann mit einem brillanten, aber teuflischen Geist, das hier war jemand, der einfach tat, was ihm aufgetragen wurde. Und das berührt Hannah Arendt enorm."

„Aber das hört man doch viel öfter", sagt Bram. „Dieser Mann neulich in den Nachrichten beispielsweise, der jahrelang eine Frau eingesperrt gehalten und sie wie ein Tier behandelt hat. Von dem sagten Verwandte und Nachbarn später doch auch, auf sie hätte er wie ein ganz normaler Mann gewirkt."

„Ja, genau wie dieser Serienvergewaltiger, der anscheinend ein ganz lieber Ehemann und Vater war", sagt Loubna.

Herr Swart nickt. „Hannah Arendt nannte es ‚banal', die ‚Banalität des Bösen'. Oder aber: himmelschreiend normal. Eichmann schien sich kaum gefragt zu haben, ob das, was er tat, auch gut war. Er legte Wert darauf, morgens pünktlich zur Arbeit zu erscheinen und die Aufträge, die er bekam, möglichst gut auszuführen. Und diese Banalität bedeutete den Tod von sechs Millionen Menschen."

Jelle hebt die Hand. „Aber stand er dann gar nicht dahinter? Ich meine: Er wird doch wohl gewusst haben, dass die Leute umgebracht wurden?"

„Genau! Das war auch sofort ein Teil der Kritik an Hannah Arendt, nachdem ihre Prozessberichte erschienen waren. ‚Er war durch und durch antisemitisch', sagten ihre Kritiker. ‚Er führte nicht lediglich etwas aus: Er wusste, was er tat, und er tat es aus Überzeugung.' Manche der Überlebenden waren wirklich wütend auf sie: Indem sie es als ‚banal' hinstellte, habe sie das Böse von Eichmann, diesem gigantischen Verbrecher, bloß beschönigt. Und das, obwohl sie selbst Jüdin sei. Wie sie ihrem Volk so habe in den Rücken fallen können!? Dieser Mann sei schlimmer als der Teufel! Bis zum heutigen Tag sind viele Menschen mit Hannah Arendts Schlussfolgerung nicht einverstanden."

„Ist vielleicht auch was dran", sagt Sven.

„Weil?"

„Wenn man so viel verloren hat, dann will man nicht, dass er als ‚normal' bezeichnet wird."

Herr Swart nickt. „Trotz aller Kritik beharrte Arendt auf ihrem Standpunkt. Sie fand, es sei ihr gelungen, ihre eigenen Gefühle auszuschalten und Eichmann als das zu sehen, was er eigentlich war. Sie bagatellisiere die Folgen dieses Bösen – die Morde – nicht, sondern sie spreche davon, wie das Böse in Form eines Mannes wie Eichmann aussähe, nämlich so fürchterlich gewöhnlich. Und davon, wie es so weit habe kommen können: einfach, weil jemand den Auftrag gegeben und ein anderer diesen Auftrag ausgeführt habe."

Dann schellt es. „Schon wieder vorbei!", sagt Herr Swart. „Schade! Ich will euch noch mehr von Hannah Arendt erzählen, nächste Woche dann. Danke schön."

„Heftig!", sagt Wouter beim Rausgehen zu Bram.

„Aber total interessant", sagt Bram. „Ich habe mit meinem Vater und meinen Brüdern viele Kriegsfilme gesehen. Ein Wahnsinn, was damals mit den Juden passiert ist."

Wouter nickt. „Ich frage mich öfter, ob so etwas wieder passieren kann. Die Leute waren damals doch nicht so anders als die von heute."

„Was hat dieser Locke noch mal über ‚Erfahrung' gesagt? Irgendwas wie: Die Menschen kommen an ihr Wissen durch Erfahrungen, die sie machen."

„Ja, aber bedeutet das denn etwas Gutes? Die Menschheit hat zwar erfahren, was die Folgen des Judenhasses sind, aber wir selbst nicht. Unsere Generation, meine ich. Könnten wir auch wieder so dumm und grausam sein?"

Bram zuckt mit den Schultern.

„Wouter!", klingt es hinter ihnen. Sanne kommt angelaufen. „Ich komme doch mit, hört ihr?", sagt sie.

„Okay", sagt Wouter. „Schön!"

Befehl ist Befehl

Ein Kleid. Nein, einfach eine Jeans. Ein kuscheliger Pullover, es wird abends nämlich schon kühl. Nein, eine schöne Bluse. Das heißt aber später frieren. Sanne steht am Samstagnachmittag lange vor ihrem überquellenden Kleiderschrank und überlegt, was sie am Abend anziehen soll. Da klopft es an der Tür.

„Ja?"

Ihre Mutter kommt herein. „Ich möchte, dass du kurz nach unten kommst und deine Sachen aufräumst. Opa und Oma sind in ein paar Stunden da."

„Gut."

Mutter zeigt auf das Bett, wo Sanne verschiedene Kleiderkombinationen ausgebreitet hat. „Was ist das?"

„Für heute Abend."

„Du weißt, Sanne, dass du heute Abend hier bei uns zu Hause bleibst."

„Nein, das tue ich nicht", sagt Sanne herausfordernd.

„Ich lasse mich jetzt auf keine Diskussion ein, junge Dame", sagt ihre Mutter streng. *Junge Dame.* Oh, wie Sanne das hasst! „Du bleibst zu Hause und fertig."

Sanne will bis drei zählen, aber sie fühlt, dass der Zorn schon von ihr Besitz ergreift. „Du verbietest es mir?"

„Ja, Sanne. Wenn du es unbedingt hören willst: Ich verbiete es dir."

„Heißt das, *Befehl ist Befehl?*"

Ihre Mutter guckt auf einmal sehr verletzt. Dann sagt sie leise: „Was für eine üble Bemerkung, Sanne." Sie schaut Sanne lange wortlos an, geht dann und macht die Tür hinter sich zu.

Sanne hat ihren Zorn mit einem Schlag vergessen. Es war in der Tat eine üble Bemerkung. Sie kann sich selbst nicht leiden. Soll sie zu ihrer Mutter gehen und sich dafür entschuldigen? Aber ihre Mutter ist auch nicht immer nett. Und es ist erst recht nicht nett, dass sie sie wie ein Kleinkind behandelt und ihr verbietet, zu Marktpop zu gehen. Oder etwa nicht?

Zögernd setzt Sanne sich auf ihr Bett. Dann sieht sie, wie ihr Handydisplay aufleuchtet. Eine Nachricht von Wouter.

„Hi S! The Jumpers kommen auch! Super! Also zieh dich warm an, würde ich sagen! Treff um 21h beim Eingang. B & W"

The Jumpers! Woooow!!!! Die hatte sie schon immer mal sehen wollen. Einfach großartig, die Jungs. Und süß!

„Super! Bis gleich", tippt sie zurück. Schön, dass damit auch gleich entschieden ist, was sie anziehen wird. Ihren warmen Jumper …

„Hi! Da bin ich", sagt sie ein paar Stunden später, als sie Wouter und Bram endlich in der langen Schlange am Eingang zu Marktpop gefunden hat.

„Schöner Pulli", meint Bram und grinst.

„Noch Ärger mit deiner Mutter gehabt?", erkundigt sich Wouter.

Sanne schüttelt den Kopf. „Ach was, nicht die Bohne." Aber sie sieht das Gesicht ihrer Mutter noch vor sich, als sie im Flur in ihre Schuhe schlüpfte. Mutter hat überhaupt nichts gesagt, sondern sie einfach gehen lassen. Unterwegs beschlich Sanne deswegen ein eigenartiges Gefühl. Aber als sie die Jungs sieht, kann sie es abschütteln. Sie ist jetzt hier. Und sie hat Lust. Los geht's!

Sie schlendern auf das Festivalgelände und suchen sich einen Platz in der Menge. Die Musik dröhnt ihnen entgegen. Sanne überlegt, dass sie noch nie so viele Menschen auf einem Haufen gesehen hat. Alle um sie her tanzen, lachen und trinken.

„Bierchen?", brüllt ihr Wouter ins Ohr.

Bierchen? Sanne wirft ihm einen erstaunten Blick zu. Sie trinkt noch keinen Alkohol. Auf den Partys, zu denen sie geht, wird noch gar kein Alkohol ausgeschenkt. Sie schüttelt den Kopf. „Lieber 'ne Cola!"

Als wäre es die normalste Sache der Welt, kommt Wouter kurz darauf mit einer Cola und zwei Bier zurück.

„Finden eure Eltern das gut?", schreit sie, um die Musik zu übertönen.

Aber damit erntet sie nur ein Lachen von Bram und Wouter. „Das brauchen die doch nicht zu wissen!", ruft Bram zurück. Sanne grinst schief.

Sie zwängen sich durch die Masse, um etwas näher an die Bühne zu kommen. Dann betreten *The Jumpers* die Bühne und tosender Jubel braust auf. Die Bandmitglieder verbeugen sich lächelnd vor dem außer Rand und Band geratenen Publikum und beginnen zu spielen. Sanne kann ihre Augen nicht von Bas, dem Leadsänger, losreißen. Der ist so was von süß! Sie spielen ihren großen Hit *Justice* und das Publikum tanzt mit. Danach folgt *So plain* und Sanne ist im siebten Himmel. „Cool, was?", schreit sie Bram zu, der Schluck für Schluck sein Bier in sich hineinkippt.

„Alle Jumper an heute Abend?", ruft der Sänger Bas ins Mikrofon.

Erneut braust Jubel auf. Dann ruft jemand: „Jumper aus! Jumper aus!" Und zu Sannes Verwunderung übernimmt einer nach dem anderen diesen Schrei, bis aus der Masse ein enormes Gebrüll aufsteigt: „Jumper aus! Jumper aus!"

Vor Sanne stehen zwei Mädchen, die tatsächlich ihre Pullover ausziehen und jetzt nur noch im Hemdchen dastehen. Sanne schaut unsicher zu Wouter, der das Ganze sehr lustig findet und seinen Pullover auch auszieht.

„Sehr schön, Leute, aber behaltet eure Sachen besser an!", ruft Bas noch ins Mikrofon, aber da gibt es schon kein Halten mehr. Die Fans ziehen nicht nur selbst ihre Pullis und Sweatshirts aus, sondern hier und da fummelt jetzt auch schon jemand an den Klamotten der anderen herum. „Finger weg!", schreit ein Mädchen einen Typ an, der sich an ihren Sachen zu schaffen macht. „Das ist nicht lustig!", hört sie eine hinter sich, die offenbar ein ähnliches Problem hat.

„Jetzt du!", ruft Bram, der auch seinen Pulli ausgezogen hat und mit nacktem Oberkörper neben Sanne steht. Aber sie denkt gar nicht daran. „Ich finde das nicht witzig!", versucht sie ihm über den Lärm hinweg zuzurufen.

Die Atmosphäre des Konzerts scheint zu kippen. Es wird gelacht, aber auch geschrien und geschubst. Bas versucht wieder, die Gemüter zu beruhigen, aber etwas scheint losgetreten zu sein, das selbst er nicht mehr stoppen kann. Eine kleine Gruppe deutlich angetrunkener Jungs ist völlig durchgeknallt. Ein paar lachende Mädchen ziehen mit den Hüften wackelnd langsam auch ihre Oberteile aus und stehen nur noch im BH auf dem Gelände.

Sanne sieht Polizeibeamte. Bis jetzt hatte sie sich nur zunehmend unwohl gefühlt. Aber jetzt fühlt sie sich regelrecht bedroht. „Ich will hier weg!", ruft sie Wouter zu. Aber der ist zu sehr im Bann des Geschehens, er hört sie nicht. „Ich finde das nicht mehr witzig!", schreit sie in Brams Richtung.

„Ach, sei doch nicht so zimperlich", schreit er durch den Lärm. „Ist doch nur ein Spiel!"

Aber Sanne weiß genug. „Tschau!", ruft sie ihm bissig zu und zwängt sich durch die wilde Masse zum Ausgang des Geländes. Sie sieht gerade noch, wie Fotografen Fotos von der wild gewordenen Menge machen. Dann läuft sie mit pochendem Herzen zu ihrem Fahrrad. Nichts wie weg von hier!

Als Sanne an diesem Montag zur Schule radelt, fragt sie sich, was sie zu Wouter und Bram sagen soll. Eine knappe Stunde, nachdem sie gegangen war, hat Wouter ihr noch eine SMS geschickt. Wo bist du? Anstandshalber hatte sie geantwortet, sie sei zu Hause, denn sie wollte nicht, dass sich die Jungs ihretwegen Sorgen machten. Aber fürs Erste hat sie genug. Mutter hatte sie nach Hause kommen hören und war in ihr Zimmer gekommen, als sie schon im Bett lag. Sie hatte Sanne übers Haar gestreichelt und ihr einen Kuss gegeben. Aber sie hatte nicht ein Wort über ihre Aktion verloren, und tags darauf, am Sonntag, ebenso wenig. Und Sanne weiß nicht, ob sie sich nun darüber freuen soll oder nicht.

Sie sieht Wouter und Bram erst, als sie zusammen mit Loubna in die Klasse kommt, wo Herr Swart schon wartet. Wouter federt von seinem Stuhl hoch und kommt auf sie zu. „Das mit dem Bier", flüstert er, „das erzählst du doch nicht weiter?"

Sie guckt erstaunt. „Wieso? War das denn nicht cool?"

„Geht meine Eltern auf keinen Fall was an."

„Aha, ein heimlicher Trinker!", sagt Sanne zynisch. Er hätte ja auch mal fragen können, wie es für sie war. Oder sonst etwas sagen können. Irgendwas. Aber es geht ihm nur um die eigene Haut. Ätzend. Bram grinst sie dämlich an. Was für eine blöde Idee, mit den beiden mitzugehen. Mit diesen Trotteln.

Herr Swart schaut aufgeweckt wie immer in die Klasse. „Schönes Wochenende gehabt, meine Denker?", fragt er freundlich.

„Mwahhh", sagt Sanne.

„Wunderbar, vielen Dank", meint Jelle lachend. Der ist immer so was von wach!

Herr Swart bringt das Foto von Hannah Arendt wieder zum Vorschein, aber auch das von John Locke.

„Locke sagte, die Regierung könne nur deshalb agieren, weil das Volk ihr das gestatte. Er sprach von einem Gesellschaftsvertrag zwischen Volk und Regierung. Das Volk gestattet der Regierung, die Gesetze zu machen, sofern es im Gegenzug in seiner Freiheit und Gesundheit geschützt und ihm Besitz gegönnt wird. Diese Zutaten bilden heutzutage die Elemente unserer Demokratie. Wir wählen ja unsere Volksvertreter und schenken ihnen das Vertrauen, dass sie auf der Grundlage der Vorstellungen sowie der gegebenen Versprechungen ihrer jeweiligen politischen Parteien unsere Belange vertreten. Die Bürger haben Rechte und Pflichten. Aber das gilt ebenso für die Regierung."

Sanne schaut aus dem Fenster. Politik. Wieder Politik. Die letzte Stunde über den Zweiten Weltkrieg fand sie interessant, aber das hier klingt wie eine weitere Lektion in Gemeinschaftskunde.

„Letzte Woche habe ich euch jenen berühmten Prozess gegen Eichmann in Jerusalem gezeigt. Der Zweite Weltkrieg lag sechzehn Jahre zurück. Hannah Arendt nimmt uns mit in die Jahre vor dem Krieg. Deutschland war eine Demokratie. Die Bürger durften ihre eigene Regierung wählen. Und dann Adolf Hitler. Wie kam er 1933 an die Macht? Und was tat er, nachdem er die Unterstützung und das Vertrauen des Volkes gewonnen hatte? Er nahm den Juden ihre Bürgerrechte. Innerhalb kürzester Zeit verwandelte sich Deutschland von einer Demokratie in einen totalitären Staat, einen Staat, in dem ein Mann das alleinige Sagen hatte: ein absoluter Herrscher wie die Könige zur Zeit John Lockes. Und was schlussfolgern wir daraus?"

Stille.

„Na los, Leute, denkt nach, auch wenn Montagmorgen ist!"

Sven hebt vorsichtig die Hand. „Dass die Demokratie nicht allein selig machend ist?"

„Und?"

„Dass man auch falsche Entscheidungen treffen kann?", sagt Loubna zögernd.

„Haargenau!", sagt Herr Swart. „In Deutschland hat nicht nur das normale Wahlvolk Hitler an die Macht geholfen. Kurz nach seinem Antritt erbat Hitler vom Parlament die Zustimmung zu sehr weitgehenden Sonderbefugnissen, um im Land Ordnung zu schaffen. Und er bekam diese Zustimmung. Danach verbot er alle Parteien außer seiner eigenen. Er verblüffte das deutsche Volk mit seiner Vision der Zukunft und entwarf ein prächtiges Bild dessen, was er für das Land tun würde. Alle, die Kritik äußerten, wie Sozialisten und Kommunisten, wurden verhaftet. Erst isolierte er die Juden, indem er ihnen die verschiedensten Rechte entzog. Er zählte darauf, dass sie das Land schon verlassen würden, wenn man ihre Möglichkeiten immer weiter einschränkte. Später begann er sie auch zu verfolgen. Der Prozess gegen Adolf Eichmann hat uns gezeigt, wohin dies letztlich geführt hat: zu dem Mord an sechs Millionen Juden, aber auch an geistig Behinderten, Zeugen Jehovas, Homosexuellen, Sinti und Roma sowie politischen Gegnern."

Herr Swart zeigt auf das Foto von Hannah Arendt. „Das war das Deutschland, aus dem Hannah Arendt geflohen ist, und bestimmt lässt sich ihr gesamtes Werk als Philosophin irgendwie auf die Ereignisse in Deutschland zurückführen. Ihre Vorstellung davon ist in etwa folgende:"

Er nimmt einen Schluck Kaffee und scheint einen Moment nach den richtigen Worten zu suchen. Dann zeigt er auf Sven. „Du bist frei." Dann auf Sanne. „Und du." Auf Tijmen. „Und du auch, Tijmen. Ihr seid alle frei. Frei zu denken, zu sprechen, zu handeln."

„Na, das bleibt noch dahingestellt", murmelt Sanne. Aber dann sieht sie ihre Mutter vor sich, die sich über sie beugt, um ihr übers Haar zu streichen. Ihre Mutter, die mit Sannes Entscheidung überhaupt nicht einverstanden war, die sie aber trotzdem gehen ließ, nachdem sie diese drei Wörter benutzt hatte … Sanne spürt, wie sie vor Scham rot wird. Dieses „Befehl ist Befehl" hätte sie nicht sagen dürfen.

„Und das Letzte – *Handeln* – ist für Hannah Arendt ein ganz wichtiger Begriff. Hier", sagt Herr Swart, nimmt seinen Stift und lässt ihn auf den Boden fallen. „Man kann sagen, ich hätte, indem ich den Stift habe fallen lassen, gehandelt. Aber das ist es nicht, was Hannah Arendt mit ‚Handlung' meint. Ich nehme die Wahlen als Beispiel dafür, was sie im philosophischen Sinn unter Handeln versteht. In regelmäßigen Intervallen begeben wir uns zur Wahlurne und wählen unsere Volksvertreter. In wenigen Jahren seid auch ihr so weit. Mit der Handlung, die ihr dann ausführt, indem ihr für einen bestimmten Kandidaten und eine bestimmte Partei stimmt, gebt ihr faktisch die Richtung an, in die es eurer Meinung nach gehen soll. Das ist das Handeln, von dem Hannah Arendt spricht: An das, was man tut, nämlich das Ausfüllen des Wahlzettels, hat man eine Sichtweise, einen Kurs geknüpft. ‚Handeln' ist also sehr viel mehr als einfach nur ‚tun'. Du hast darüber nachgedacht. Du stehst dahinter. Es hat Bedeutung und Sinn für dich. Das alles ist Handeln. Aber, sagt Arendt, ist uns eigentlich bewusst, dass wir handeln, wenn wir unsere Stimme abgeben? Wissen wir auch wirklich, wofür wir uns entscheiden? Haben wir uns in die Sache vertieft? Begreifen wir, dass jede Stimme zählt, dass wir mit dieser Stimme Einfluss ausüben? Oder tun wir einfach nur irgendwas? Es gibt auch Menschen, die nicht wählen gehen.

Weil sie keine Zeit haben, weil sie meinen, es hätte keinen Sinn, oder andere Dinge an diesem Tag für wichtiger halten. Sie handeln nicht, weil sie die Freiheit haben, nicht wählen zu gehen. Ist ihnen dabei klar, was sie tun?"

„Sie rennen da offene Türen ein, Herr Swart", sagt Sven.

„Findest du, Sven?", fragt Swart kritisch. „Hannah Arendt hält eine Warnung für durchaus angebracht. Hitler hat seine Macht auf demokratischem Weg erhalten. Die Freiheit zu wählen, die Freiheit zu handeln ist ein sehr wichtiges Privileg, mit dem niemand leichtsinnig umgehen sollte. Hannah Arendt verweist auch auf die dazugehörige Verantwortung. Sie sieht uns Menschen nachdrücklich als Teil dieser Welt. All unsere Handlungen wirken sich auf sie aus: kommen ihr zugute, inspirieren sie, bedrohen sie. Es dreht sich also nicht nur um unser eigenes kleines Stückchen Freiheit. Freiheit existiert in Beziehung zueinander. Wir sind innerhalb dieser Welt alle miteinander verbunden. Darum müssen wir bewusst mit jedem Schritt umgehen, den wir machen. Könnt ihr mir folgen?"

„Das heißt", beginnt Sanne vorsichtig, „ich bin frei, weil der andere mir die Freiheit gibt?"

„Stimmt. Und der andere ist frei, weil du ihm die Freiheit gibst. Freiheit bedeutet also immer Handeln, sich bewusst entscheiden und das in die Praxis umsetzen. Indem man selbst etwas tut, beteiligt ist und echte Entscheidungen trifft, bekommt die Freiheit Wert und Bedeutung. Und weil es *unsere* Freiheit ist, verleiht uns das auch als Person Bedeutung. Wenn wir nicht ernsthaft mit der Freiheit umgehen, verliert nicht nur die Freiheit, sondern verlieren auch wir selbst an Bedeutung."

„Und wenn jemand einem die Freiheit wegnimmt, so wie Hitler den Juden?", fragt Jelle.

„Dann kann man nicht mehr handeln in der Welt und büßt als Mensch an Bedeutung ein. Das ist faktisch das, was unter Hitler geschah."

Herr Swart greift nach seinem Becher, nimmt einige Schlucke und sagt: „Für Hannah Arendt war Denken sehr wichtig, so wie es das für jeden Philosophen ist. Aber ihrer Ansicht nach hatte sich die Philosophie zu sehr auf eine Art Studierzimmerdenken beschränkt, mit dem Ergebnis einer Philosophie, die nur mehr wenig mit dem normalen Leben zusammenhing. Sie dagegen wollte genau auf das Leben schauen und beschreiben, was sie sah. Ihre Schlussfolgerung war, dass viele philosophische Betrachtungen über den Menschen als Individuum in gewisser Weise hohl und sinnlos sind, denn als Mensch befinden wir uns immer inmitten anderer. Wir sind Teil der Welt und immer mit anderen in Interaktion. Das heißt nicht, dass wir keine Freiheit besäßen. Unsere Freiheit liegt darin, dass wir uns dafür entscheiden können, *selbst* in der Welt zu handeln. Jeder Mensch ist einzigartig, meint sie, und jeder Mensch kann seiner Eigenheit durch Handeln Ausdruck verleihen. Wenn der Mensch in seinem Handeln er oder sie selbst sein kann, dann bedeutet das Freiheit. Indem wir in der Gesellschaft aktiv sind, indem wir handeln, werden wir als Mensch gewissermaßen zum zweiten Mal geboren. Wir akzeptieren unsere Stellung inmitten der Menschen und arbeiten an der Welt mit."

„Das gefällt mir", sagt Sven nachdenklich. „Gewissermaßen Ja sagen zu der eigenen Stellung in der Welt."

„Ja", sagt Herr Swart, „aber dann auch etwas mit dieser Stellung machen wollen. Handeln also. Das ist für Hannah Arendt das allerhöchste Gut. Aber in ihrer Philosophie ist *Arbeit* auch wichtig. Kurz zusammengefasst: Arbeit ist Hannah Arendt zufolge, was wir tun, um als Mensch schlichtweg am Leben zu bleiben, um zu essen und die Rechnungen zu bezahlen. Arbeit ist unfrei, denn wenn wir sie nicht tun, dann sterben wir als Art aus."

„Warten Sie mal", sagt Sven. „Was bedeutet das für jemanden wie Eichmann? War er denn jemand, der Arbeit verrichtete, oder jemand, der handelte?"

„Sehr gut", sagt Swart zufrieden. „Eichmann wiederholte immerfort, er habe nur getan, was ihm aufgetragen wurde. Er sagte, er habe nicht anders gekonnt. In Arendts Gedankengang wäre er somit einer, der nur damit beschäftigt ist, sein Brot zu verdienen und zu überleben, also einer, der arbeitete. Jemand, der handelt, hat selbst eine bewusste Entscheidung getroffen und steht vollkommen dahinter. Handeln geht also weiter, als einfach nur seine Arbeit tun."

„Aber was, wenn Eichmann nicht einfach nur ein Ausführender war, sondern davon überzeugt, dass Hitlers Ideen der Welt guttun würden?"

Herr Swart nickt. „Nach dem Erscheinen von Hannah Arendts Artikeln über den Eichmann-Prozess waren sehr viele Leute sehr böse und kritisch gerade in Bezug auf diesen Punkt: Sie waren davon überzeugt, dass Eichmann nicht nur ein einfacher, unkritischer Arbeiter gewesen war, sondern im Gegenteil jemand, der seine Aufgaben aus voller Überzeugung ausgeführt hatte. Also einer, um bei der philosophischen Begrifflichkeit Arendts zu bleiben, der sehr wohl gehandelt hat."

„Dann klingt Handeln auf einmal ein ganzes Stück weniger idealistisch und schön", seufzt Jelle.

„In der Tat. Eichmann nahm Menschen die Möglichkeit zu handeln. Er nahm ihnen etwas weg."

Herr Swart wartet einen Moment.

„Die Entscheidung, in der Welt zu handeln, hat große Folgen für das Denken. Das wird damit zu einer ernsthaften Angelegenheit, denn schließlich hat es damit eine direkte Rückwirkung auf die Welt. Wenn wir unsere Stellung in der Welt ernst nehmen, wenn wir in der Welt handeln wollen, dann *müssen* wir nachdenken. Nicht einfach nur tun, was andere tun. Nicht einfach nur sagen, was andere sagen, sondern selbst nachdenken. Wir müssen uns immer der Tatsache bewusst sein, dass wir in der Welt sind und unser Denken somit aufs Engste mit anderen zusammenhängt."

„Hätte der Zweite Weltkrieg verhindert werden können, wenn die Leute selbst nachgedacht hätten?", fragt Tijmen. „Ich meine: Eichmann hat gesagt, er hätte einfach nur getan, was ihm aufgetragen wurde. Einmal abgesehen davon, ob das stimmt oder ob er doch ein Nazi durch und durch war: Sind nicht viele Menschen so? Dass man einfach tut, was einem gesagt wird?"

Herr Swart nickt. Sanne wirft Wouter einen grimmigen Blick zu. Tun, was einem gesagt wird. Tun, was alle anderen tun. Saublöd! Aber Wouter guckt nicht zurück.

„Auch Hannah Arendt war klar, dass es den Leuten lieber gewesen wäre, sie hätte Eichmann als einen Teufel beschrieben. Sie jedoch sah einen mickrigen, unscheinbaren kleinen Beamten und schlussfolgerte, das Böse sei ‚banal': ohrenbetäubend öde und normal. Das war ihre Schlussfolgerung nach mannigfachem Erforschen, Zuhören und Nachdenken. Das war es, was sie sagen wollte. Sie traute sich, anders zu denken und anders zu sprechen, auch wenn die Welt deswegen über sie herfiel. Und dazu ermuntert sie auch uns."

Sanne nickt. „Ja."

„Was denn: ,Ja'?", fragt Loubna.

„Einfach ja eben; sich trauen, selbst nachdenken", sagt Sanne. „Das gefällt mir."

„Mama", sagt Sanne am Abend, als sie mit ihrer Mutter die Geschirrspülmaschine einräumt. „Ich hätte das nicht zu dir sagen sollen. Das mit Befehl und so. Du weißt schon."

Mutter hält inne und nimmt Sannes Gesicht zwischen ihre Hände. „Und ich hätte dir mehr vertrauen sollen."

Sanne fühlt, wie ihr die Tränen kommen. Mutter drückt sie nochmals fest und nimmt dann eine schmutzige Auflaufform. „Und die packst du jetzt bitte noch in den Geschirrspüler!", kommandiert sie – mit einem Lächeln.

Ich denke, also bin ich

„Schöne Hose, die du da anhast", sagt Sanne zu Loubna. „Neu?"

Loubna nickt. „Eine Überraschung von meiner Mutter. Ich selbst finde, sie macht mich dick."

„Du und dick? Also echt!"

Sie werden unterbrochen, denn Herr Swart steht auf und macht die Tür zu – der Unterricht fängt an. „Tolles Geschenk, übrigens", sagt Sanne schnell noch.

„Was", fragt Herr Swart laut, um das Stimmengewirr zu übertönen, „was in eurem Leben ist absolut sicher?"

Stille.

„Wouter?"

Der schweigt.

„Komm, denk nach, Wouter: Was ist so sicher, dass sich nichts dagegen vorbringen lässt?"

„Dass meine Mutter mich morgens aufweckt?"

Lautes Gelächter. Herr Swart lacht auch. „Offenbar bist du aber noch nicht munter genug, um nachzudenken."

„Sie verlangen aber auch viel, Herr Swart!", sagt Loubna. „Es ist Montagmorgen halb neun!"

„Guten Morgen, Loubna! Du bist also schon wach! Schön! Kannst du mir vielleicht sagen, was für dich so sicher ist, dass du nie daran zweifelst?"

„Dass sie das schönste Mädchen der Klasse ist", ruft Tijmen spontan und wird auf der Stelle rot bis über die Ohren. Gelächter.

„Gut", sagt Herr Swart. „Wir machen es anders. Wer von euch hat schon mal einen Traum gehabt, der so ungewöhnlich war, dass er ihm oder ihr noch lange Zeit im Kopf herumgegeistert ist?"

Ilse hebt zögernd die Hand. „Ich hab mal geträumt, meine kleine Schwester wäre sehr krank. Als ich aufwachte, wusste ich, dass es nicht so war, aber ich musste trotzdem weinen."

Für einen Moment wird es ganz still in der Klasse. Herr Swart nickt. „Das ist in der Tat ein sehr unangenehmer Traum. Hattest du den öfter?"

Ilse schüttelt den Kopf.

„Ich will euch heute die Geschichte von einem Mann erzählen, der sehr viel über die Frage nachgedacht hatte, was in seinem Leben für ihn völlig gewiss sein konnte. Vor fast vierhundert Jahren hatte er einen Traum."

Wouter faltet seinen Schal vor sich auf dem Tisch zu einem Kissen zusammen und legt den Kopf darauf. Zeit für ein Nickerchen.

„Es ist der 10. November 1619", beginnt Herr Swart. „Wir sind in Deutschland, und zwar in einem Heerlager in Neuburg an der Donau. Wir sehen einen jungen Mann: René Descartes. Er hat langes, dunkles Haar, dicke Augenbrauen und eine kräftige Nase. René Descartes kommt aus Frankreich und ist Soldat. Besser gesagt: eine Art Soldat. Er hat sich zwar dem Heer angeschlossen, aber ob er wirklich kämpfen will, weiß er nicht. Das muss sich noch zeigen."

„Ist doch verrückt", unterbricht ihn Bram. „Wenn man keine Lust zu kämpfen hat, geht man doch nicht zur Armee?"

„Du musst es in der damaligen Zeit sehen, Bram. Reisen war nicht so einfach und erst recht nicht so sicher wie heute. Mit einer Armee umherzuziehen war sicherer, als allein unterwegs zu sein."

„Hm", sagt Bram.

„Er hofft, dass seine Reise ihn zu dem Ort des Geschehens bringt. Er will aus der Nähe sehen, wie es ist, für große Ideale zu kämpfen. Er will neue Orte sehen, interessanten Menschen begegnen. Er will lernen, lernen und nochmals lernen. Und sonst eigentlich nichts. Oder doch: eigene Gedanken entwickeln, als Ergebnis der ganzen Lernerei. Das ist es, was er will. Aber jetzt herrscht Winter, das Heer hat sein Lager aufgeschlagen – und nichts passiert. Er langweilt sich, denn mit den meisten Soldaten lässt sich kein gutes Gespräch führen."

Herr Swart geht zwischen den Reihen durch. „Langweilst du dich auch, Wouter?", sagt er ihm laut ins Ohr. Wouter fährt hoch, setzt sich aufrecht hin und brummt irgendwas vor sich hin. Herr Swart sieht ihn streng an, fährt dann aber fort.

„Eines Tages ist er in Neuburg in einem Raum, wo ein wunderbar warmes Fußstövchen für ihn bereitsteht. Er genießt die Wärme, spürt die Entspannung und beschließt, beides zum Nachdenken zu nutzen.

René Descartes lehnt sich also zurück und schließt die Augen. Er denkt nicht an schöne Frauen oder an gutes Essen. Er denkt an bedeutende Philosophen und Wissenschaftler und an deren Theorien. Descartes hat ihre Ideen studiert und im Gedächtnis behalten. Von Zeit zu Zeit holt er eine dieser Theorien in Gedanken aus seinem Kopf hervor, nimmt sie in die Hand und betrachtet sie von allen Seiten. Nie kritiklos glauben, was sie sagen, die großen Wissenschaftler, sondern selbst nachdenken! Und am liebsten dort weiterdenken, wo sie aufgehört haben. Eigentlich träumt René Descartes genau davon. Von einem brillanten neuen Gedanken. Der ihn zu einem mindestens ebenso großen oder besser: zu einem noch größeren Denker macht."

Herr Swart schließt jetzt selbst die Augen. Sein Kopf ist ein wenig zurückgelehnt. „Das Dumme an der Wissenschaft ist natürlich, dass es so viele verschiedene Perspektiven gibt", fährt er fort. „Wer hat recht? Alle ein wenig? Der eine mehr als der andere? Wie dem auch sei: René Descartes überlegt sich, dass man sämtliche Perspektiven anzweifeln kann. Alle haben schließlich etwas miteinander zu tun, und ‚die' Wahrheit besitzt niemand."

„Und was soll das Ganze dann?", fragt Jelle.

„Das ist vielleicht eine blöde Frage!", sagt Bram.

„Philosophieren heißt Fragen stellen", weist Herr Swart ihn zurecht. „Und es ist eine sehr wesentliche Frage, die Jelle stellt. Soll man nach ‚der' Wahrheit streben? Was ist ‚Wahrheit' eigentlich? Und wie weit geht man bei der Suche danach? Oder muss man akzeptieren, dass es ‚Wahrheit' nicht gibt?"

„Es kann auch schön sein, viele verschiedene Sichtweisen zu haben. Dann findet jeder das, was zu ihm passt", sagt Jelle.

„Sicher, Jelle. Aber Descartes sieht darin doch eher ein Problem. Denn was soll man denn glauben, was ist sicher, wenn jeder etwas anderes sagt? Wissenschaftler studieren ihre jeweiligen Theorien und fügen anschließend etwas Eigenes hinzu. Oder behaupten, dass es anders ist. So fällt der ursprüngliche Gedanke allmählich unter den Tisch."

„Und was war mit diesem Traum?", unterbricht Sanne ungeduldig.

„Ja, ja, gleich!", meint Herr Swart lachend. „Descartes träumt von einer neuen Philosophie. Einer Philosophie, die gewissermaßen die Grundlage aller Gedanken, den Nährboden aller Wissenschaften bildet. Oder den Himmel darüber. Eine Lehre jedenfalls, die sämtliche Ideen der vorangegangenen Jahrhunderte, die er allesamt studiert hat, zusammenführt. Eine Philosophie, die so wahr ist, dass niemand sie mehr anzweifeln muss.

Gerade habe ich euch erzählt, dass sich das alles in der ersten Hälfte des 17. Jahrhunderts abspielt. Wenn es um den Anfang und das Ende von allem geht, woran denken die Menschen in jener Zeit dann automatisch?"

„An Gott natürlich!", sagt Sven.

„In der Tat. An Gott. Und an ihn denkt René Descartes natürlich auch. Schon seit Jahrhunderten sagen Wissenschaftler, Gott stünde am Anfang und Ende von allem. Gott sei die einzige Wahrheit. Aber stimmt das denn?, fragt sich Descartes. Dieser Gedanke erschreckt sogar ihn selbst. Er ist ein frommer Mann. Er zweifelt nicht an Gott. Aber er fragt sich, ob er nicht eine ganz neue Philosophie erdenken kann, ohne damit Gott als Schöpfer von Himmel und Erde unrecht zu tun. Descartes merkt, dass ihn seine Gedanken in Unruhe versetzen. Dann stockt ihm der Atem. Er sieht etwas. Seine Augen sind nach wie vor geschlossen, aber er sieht etwas. Descartes schüttelt den Kopf hin und her, als wolle er sich davon überzeugen, dass er wach ist. Er öffnet die Augen und schließt sie wieder, aber es ist immer noch da. Es sieht aus wie eine große Zeichnung, ein Schema voller Zahlen und Linien. Er kann keine Worte dafür finden. Er kann es nicht beschreiben. Aber er weiß, was es bedeutet. Schlagartig weiß er es: Es gibt tatsächlich eine neu zu erdenkende Philosophie, die alle anderen Philosophien miteinander verbindet. Die über allen steht und ihnen gleichzeitig zugrunde liegt. Eine Wahrheit. Eine echte Wahrheit und doch anders als Gott. Er hat eine Skizze davon gesehen. Eine Skizze in seinem Kopf."

„War das sein Traum, Herr Swart?"

„Ja, Sanne. Ein Traum am helllichten Tag."

„Haben Sie vielleicht ein Bild von dem, was er gesehen hat?"

„Nein, das gibt es leider nicht. Aber später wird es ihm gelingen, alles aufzuschreiben. Habt Geduld."

„Ziemlich vage, das Ganze", murmelt Sanne.

„Man könnte das, was er gesehen hat, als Vision bezeichnen", fährt Herr Swart fort. „Aber er hat noch mehr Träume."

„Und wie ging es weiter?", fragt Jelle ungeduldig.

„Descartes will augenblicklich an die Arbeit. Er gibt sich große Mühe, seine Erkenntnis aufzuschreiben, die er durch den Anblick der Zeichnung gewonnen hat. Aber viel mehr als einige Ausrufe und noch mehr Durchgestrichenes bringt er nicht zustande. Unruhig geht er zu Bett.

In dieser Nacht schreckt er ganze drei Mal aus verwirrenden und beängstigenden Träumen hoch. Doch als der Morgen anbricht, ist es, als hätten diese drei Träume ihm eine Botschaft überbracht. Wie er am Tag davor schlagartig gesehen hat, dass eine alles umfassende neue Philosophie tatsächlich existiert, so weiß er jetzt sicher, dass er derjenige sein wird, der sie formuliert. Er, René Descartes. Es ist der 11. November 1619, und er weiß, sein Leben wird nie mehr dasselbe sein. René Descartes hat von nun an eine Lebensaufgabe." Herr Swart hält kurz inne, um die Worte wirken zu lassen.

„In den darauffolgenden Tagen, Wochen und Monaten versucht Descartes aufzuschreiben, was er gesehen hat, aber ohne Erfolg. Es ist zum Verrücktwerden! Er weiß, dass es da ist und dass er es aufschreiben muss. Er muss, er muss! Er hat einen Auftrag. Aber es gelingt ihm nicht.

Jahre vergehen. René Descartes reist von Land zu Land. Er ist ruhelos. Er trifft interessante Menschen, die mit ihm mitdenken und ihn dazu ermuntern, weiterzuschreiben. Aber ‚das‘ Buch mit ‚der‘ Philosophie kommt und kommt nicht. Letztendlich dauert es achtzehn Jahre, bis René Descartes seine Philosophie aufgeschrieben hat.“

„Du meine Güte!“, sagt Loubna spontan. „Das ist lange! Musste er denn nicht arbeiten?“

„Nein, zum Glück besitzt seine Familie Geld, weswegen ihm alle Zeit bleibt. Sonst wäre das Buch wahrscheinlich nie zustande gekommen, denn dann hätte er keine Zeit gehabt, so lange und tief nachzudenken.“

„Manche Menschen haben alles“, seufzt Loubna. „Intelligenz, Reichtum, Berühmtheit.“ Darüber muss die Klasse lachen.

„Ob er glücklich war, weiß ich nicht, Loubna“, sagt Herr Swart. „Aber zufrieden ist er sicher, wenn ich euch jetzt zum Sommer 1637 mitnehme. René Descartes ist unterwegs von Alkmaar nach Leiden.“

„Alkmaar?“, ruft Sven überrascht. „Was hat ein weltberühmter Philosoph denn in Alkmaar verloren?“

„Descartes hat in verschiedenen europäischen Ländern gewohnt, am längsten aber in den Niederlanden. In Amsterdam beispielsweise, und in Leiden und Franeker. Aber auch in Alkmaar und Egmond-aan-Zee. Er hatte hier einige gute Freunde und liebte die offene Atmosphäre im Land: Hier brauchte man unter Gelehrten nicht zu befürchten, jemanden mit seinen Gedanken zu schockieren. Und er hatte hier eine Tochter bekommen, in die er ganz vernarrt war.

Er ist also gerade unterwegs von Alkmaar zu seinem Verleger in Leiden. Descartes ist kurz davor, der Welt endlich sein Buch mit seiner neuen Philosophie zu präsentieren. Er will einen tüchtigen Stapel von seinem Verleger mitnehmen und allen, von denen er meint, sie sollten es lesen, ein Exemplar schicken. Er ist 41 Jahre alt und freut sich wie ein Kind. Er kann es kaum erwarten, sein Buch in den Händen zu halten. Und das hier ist es.“ Herr Swart nimmt ein Buch von seinem Pult und hält es hoch. „*Discours de la Méthode*“, liest er vor. „Wer kann mir das übersetzen?“ Stille. „Ilse?“

„Etwas mit einer Methode?“

„Stimmt! Man könnte es übersetzen mit ‚Abhandlung über die Methode‘, aber oft sagen wir einfach ‚Über die Methode‘.“

„Ein langweiliger Titel“, sagt Sanne. „Ist doch wahr!“, verteidigt sie sich, als die Klasse zu lachen anfängt. „Da arbeitet man achtzehn Jahre an einem Buch, und dann nennt man es ‚Über die Methode‘. Wie lahm!“

„Methode könnte man in diesem Fall auch mit ‚der Weg‘ übersetzen. Descartes will uns einen Weg zeigen, über den wir zu Wissen gelangen. Und das ist überhaupt nicht langweilig“, sagt Herr Swart. Er nimmt einen Stapel Papiere von seinem Pult und geht die Bänke entlang. „Ich habe euch ein Stück seines Textes kopiert und möchte gern, dass ihr es bis nächsten Mittwoch lest.“

„Schreiben wir darüber dann eine Arbeit?“, fragt Wouter ängstlich.

Herr Swart schüttelt den Kopf. „Ich will euch nicht nur von Descartes erzählen. Ich finde, ihr sollt auch selbst etwas von ihm lesen. Einfach lesen und seinen Stil, seine Sichtweise entdecken.“

Loubna packt den Text seufzend in ihre Tasche. „Zuhören finde ich ganz schön, aber selbst lesen …“

„Leute“, sagt Herr Swart, „die Stunde ist noch längst nicht vorbei. Legt den Text jetzt noch beiseite, dann erzähle ich weiter. Descartes ist froh und aufgeregt, aber auch ein wenig besorgt. Nicht umsonst steht sein Name nicht auf dem Einband. Er weiß, dass in seinem Buch Dinge stehen, mit denen er sich Feinde machen wird, sehr mächtige Feinde vielleicht. Was meint ihr: An wen denkt er wohl?“

„Sie sagten doch irgendwas von Gott …“, sagt Ilse vorsichtig.

„Sehr gut! Aber wer ist dann dieser mächtige Feind?“

„Die Kirche?“

„Genau! Nun müsst ihr wissen, dass ein wissenschaftlicher Kollege, Galileo Galilei, wenige Jahre zuvor vom Papst lebenslänglichen Hausarrest bekommen hat, weil er behauptet hatte, die Erde drehe sich um die Sonne. Lebenslänglich! Le-bens-läng-lich. Und das, obwohl er fundierte wissenschaftliche Argumente für seine These hatte. Aber der Kirche ist diese Vorstellung ein Gräuel. Für die Kirche ist die Erde der Mittelpunkt der Schöpfung, um sie dreht sich alles. Die Erde, die Menschen: Sie bilden den

Höhepunkt der Schöpfung Gottes. Und jetzt kommt Galilei und sagt, die Erde würde sich um die Sonne drehen anstatt umgekehrt. Schon ein solcher Gedanke ist unerhört!

Descartes will sich nicht wie Galilei die Wut der Kirche aufhalsen. Er mag weder Streit noch Ärger. Außerdem ist er ein gläubiger Christ und Anhänger der Kirche. Trotz allem. In der nächsten Stunde erzähle ich euch, dass seine Sorgen nicht unbegründet waren …"

„Ach, schade!", sagt Jelle.

„Sehr schade, aber ich habe auch eine gute Nachricht. Mittwoch kommt ihr zur ersten Stunde nicht in die Schule, sondern wir treffen uns um Viertel nach acht vor dem Dom. Da geht unsere Geschichte weiter. Und was den Text angeht, den ihr vorhin von mir bekommen habt: Bitte versucht zu entdecken, was genau der Kern von Descartes' Philosophie ist."

Gebäck

„So ein Trottel, was, der Tijmen", sagt Loubna leise, als sie aus dem Klassenraum gehen.

„War doch eigentlich ganz süß", meint Sanne grinsend. „Die einzige Sicherheit, die wir im Leben haben, ist, dass Loubna die Schönste der ganzen Klasse ist", äfft sie ihn nach.

„Pst!", zischt Loubna. „Ich schäme mich zu Tode! Ganz interessant eigentlich, dieser Descartes", sagt sie schnell noch, um das Thema zu wechseln.

„Er bekommt Ärger, hat Swart gemeint."

„Den bekommt man immer, wenn man anders denkt oder ist als die andern", sagt Loubna. Zum Beispiel, wenn deine Eltern Muslime sind, denkt sie noch. Oder wenn du dicker bist als die anderen Mädchen in der Klasse. Aber das sagt sie besser nicht. Sanne ist doch eine viel zu gute Freundin, um so etwas zuzugeben. Sie sagt immer, Loubna sähe schön aus. Ist natürlich Unsinn.

„Loubna?"

Tijmen ist hinter ihr hergerannt und strahlt sie jetzt atemlos an. „Wir gehen heut Nachmittag nach der Schule mit ein paar Leuten in die Stadt, Pommes essen. Kommst du mit?"

„Schön! Darf ich auch mitkommen?", fragt Sanne spontan.

Aber Loubna schüttelt den Kopf. „Tut mir leid. Ich habe versprochen, auf meine beiden kleinen Geschwister aufzupassen." Er braucht nicht zu wissen, dass sie sich vor den Pommes drücken will. Viel zu fett sind die.

„Ach, schade!", sagt Tijmen enttäuscht.

„Darf ich trotzdem mit?", fragt Sanne.

„Klar doch."

Als Loubna an diesem Nachmittag heimkommt, riecht sie schon das honigsüße Zeug, das ihre Mutter vormittags gebacken hat. Ach, die Mama. Immer muss sie backen. Besonders Vaters Bauch wird dicker und dicker. Ein Kuchenteller mit dem verführerischen Gebäck steht auf dem Küchentresen, daneben liegt ein Zettel mit der Handschrift ihrer Mutter: „Iss mich!" Aber Loubna widersteht der Versuchung. Von dem ganzen Süßkram wird sie doch bloß dick. Noch dicker.

Es ist still im Haus. Montags kommt sie immer als Erste nach Hause. Sie schleppt sich und ihre Tasche die Treppe hinauf in ihr Zimmer und lässt sich auf ihr Bett plumpsen. Zwei Uhr mittlerweile und viele Hausaufgaben. Und ein knurrender Magen. Der hat Pech. Denn seit einigen Wochen isst Loubna mittags nichts mehr. Völlig überflüssig, dieses ständige Futtern. Erst muss sie was gegen ihren dicken Hintern tun. Danach etwas intensiver Sport treiben und dann vielleicht schauen, ob es mittags wieder Butterbrote geben darf. Sie zieht ihre Tasche heran und sucht ihren Kalender. Die Arbeit wartet!

Als sie den Kalender aus der Tasche nehmen und nachschauen will, wie viele Hausaufgaben sie hat, fällt ihr Blick auf den Text von Herrn Swart. Sie geht in die Küche, kocht sich einen Tee und beginnt zu lesen.

Der gesunde Menschenverstand ist die am besten verteilte Sache auf der Welt. Denn jeder denkt, so gut mit ihm ausgestattet zu sein, dass selbst diejenigen, die mit kaum einer anderen Sache zufrieden sind, sich gewöhnlich nicht mehr davon wünschen, als sie bereits besitzen.*

Schräg, denkt Loubna. Als ersten Satz in einem fast vierhundert Jahre alten philosophischen Buch würde man das doch bestimmt nicht erwar-

---

* Zitiert aus René Descartes, *Discours de la Méthode* Französisch-Deutsch. Übersetzt und herausgegeben von Christian Wohlers. Hamburg: Felix Meiner Verlag 2011, S. 5.

ten. Gut, der Satz ist zwar etwas lang, aber wenn man ihn zweimal liest, ist klar, was Descartes damit meint. Sie liest weiter. Descartes redet immerfort von diesem gesunden Menschenverstand. Von dem gesunden Menschenverstand anderer Leute. Von seinem eigenen gesunden Menschenverstand. Vom Studieren. Von Theologie, Mathematik, Dichtkunst, Philosophie.

Herr Swart hat sie gebeten zu entdecken, worum es Descartes ging. Loubna versteht nicht alles, was da steht, aber anscheinend geht es ihm um Wissen. Oder um Verstand. Oder lernen. Etwas in der Art. Sie kritzelt die drei Wörter an den Anfang des Textes. Dann versucht sie weiterzulesen, aber der Text wird jetzt doch etwas schwieriger.

Wieder fallen ihr Wörter auf, die alle miteinander zusammenzuhängen scheinen: Forschung, Nachdenken, Meinung, Studium. Und Descartes sagt, dass er sich damit schon in jungen Jahren beschäftigt hat. Mit Nachdenken und Lesen und so. Ziemlich verrückt eigentlich, denkt Loubna. Ausgehen, Shoppen, Spielen oder Kleidung scheinen ihn überhaupt nicht zu interessieren. Er liest und grübelt nur immerzu.

Dann hört sie die Haustür und die Stimmen ihrer Mutter und der kleinen Geschwister. Sie legt den Text beiseite.

Renatus Cartesius

Mittwoch früh um Viertel nach acht stehen sie vor dem Dom. Herr Swart ruft alle auf dem Platz vor der Kirche zusammen. „Wer hat den Text von Descartes gelesen?" Die meisten Hände gehen in die Höhe. „Brav, Leute, brav", meint Swart lächelnd. „Und: Worum geht es ihm? Jemand eine Idee?"

„Um Wissen", sagt Jelle.

„Wouter?", versucht es Herr Swart, aber der zuckt nur mit den Schultern.

„Um gesunden Menschenverstand", ergänzt Sven.

„Was hältst du davon, Loubna?", fragt Herr Swart.

„Ich finde es etwas verrückt", sagt sie vorsichtig.

„Warum?"

„Als er so alt war wie wir, hat er immer nur nachgedacht."

„Das heißt?"

„Es gibt doch noch ganz andere Dinge, mit denen man sich in unserem Alter beschäftigen kann."

„Zum Beispiel?"

„Freundschaft, Ausgehen, sein Äußeres."

Herr Swart nickt. „Er war kein Durchschnittsjugendlicher, das stimmt. Gut von euch, dass ihr den gesunden Menschenverstand und das Wissen herausgelesen habt. Genau darum dreht sich nämlich alles. Kommt, wir gehen hinein und dann erzähle ich euch, weshalb wir hier sind."

Sie trotten hinter Herrn Swart in den Dom.

„Ich bin hier noch nie gewesen", sagt Tijmen, der sich an Loubnas Seite geschoben hat.

„Ich auch nicht", sagt sie leise. Ihre Eltern gehen nicht mal jede Woche mit ihren Kindern in die Moschee, und in eine Kirche kommt sie gleich gar nicht.

Sie suchen sich einen Platz in einem der Seitenschiffe des Doms.

„Ich habe euch erzählt, dass Descartes nach achtzehn Jahren endlich sein Buch in den Händen hielt. Dass er sich freute, aber auch besorgt war. Wir gehen jetzt wieder zwei Jahre weiter in der Zeit. Man schreibt das Jahr 1639, und hier vorne in der Kirche sitzt eine Reihe von Hochschullehrern der Utrechter Universität. Die gibt es erst seit einigen Jahren."

„War Descartes einer von ihnen?", fragt Jelle.

„Nein", antwortet Herr Swart. „Der war einfach bei sich zu Hause, irgendwo auf dem Lande. Hier geht es heute um jemand ganz anderen. Und zwar um Henricus Reneri. Reneri war Professor für Philosophie und ist soeben mit 46 Jahren gestorben. Seine Kollegen sind jetzt hier, um seiner zu gedenken und ihn zu begraben. Einer der Anwesenden ist Gisbertus Voetius. Er ist Professor für Theologie und ein wichtiger Mann an der Universität. Stellt euch mal vor, wie Voetius in den Dom kommt: eine lange, schwarze Robe, ein kleiner, flachsfarbener Bart. Er sucht sich einen Platz zwischen seinen Kollegen, nickt einigen bekannten Gesichtern im Kirchenraum zu. Er kennt nicht alle hier. Aber verlasst euch darauf, dass alle anderen ihn sehr wohl kennen!

Jetzt wird es still. Antonius Aemilius, Professor für Geschichte und

Staatskunde, spricht. Seine Worte hallen durch diesen Dom. Voetius hört Aemilius zu. Und er hört natürlich all das, was man so über einen Verstorbenen sagt. Dass er einen wichtigen Beitrag geleistet habe und eine große Lücke hinterlasse. Vielleicht denkt Voetius auch an die viele Arbeit, die noch auf ihn wartet. Aber er schreckt aus seinen Gedanken hoch, als er ein Gemurmel um sich herum bemerkt. Aemilius spricht gerade vom ‚Archimedes dieser Zeit, Renatus Cartesius.'"

„Das ist Descartes!", sagt Jelle triumphierend.

„In der Tat", sagt Herr Swart. „Renatus Cartesius ist René Descartes, denn in wissenschaftlichen Kreisen werden damals lateinische Namen verwendet. Aber was meint Aemilius damit, wenn er Descartes als den ‚Archimedes dieser Zeit' bezeichnet?"

Niemand reagiert.

„Noch nie von Archimedes gehört?"

Allgemeines Kopfschütteln.

„Archimedes war ein brillanter Mathematiker, ein berühmter Wissenschaftler. Und jetzt vergleicht man Descartes mit ihm. Gut möglich, dass Voetius seinen Nachbarn fragt: ‚Wer ist das?' Und der würde vielleicht antworten: ‚Ein Philosoph und Freund Reneris.'

Ihr könnt allerdings sicher sein, dass Gisbertus Voetius ganz erstaunt ist, denn er hat wirklich noch nie von Cartesius oder Descartes gehört. Und das, obwohl die anderen offenbar wissen, wer das ist. Vielleicht fragt er seinen Nachbarn noch: ‚Wo sitzt dieser Mann?' Aber Descartes ist ja nicht mal anwesend."

Herr Swart nimmt seine Tasche und holt daraus ein Buch hervor.

Loubna schaut hinauf zu den riesigen Gewölben des Doms und reibt sich über den Bauch. Ihr Magen knurrt. Vielleicht wäre es doch besser gewesen, sie hätte am Morgen gefrühstückt.

„Aemilius' Rede wurde später veröffentlicht, Leute, deshalb lese ich euch jetzt einige Zeilen daraus vor. Achtung: ‚Cartesius, du mächtiger Atlas, der du ganz allein den weiten Himmel trägst. Nicht auf den Schultern, sondern mit der Kraft deiner Vernunft und deines göttlichen Verstandes.'

Für Voetius wird die Sache immer verrückter. Hier sitzen sie alle, alle

Männer von Ansehen aus Utrecht und Umgebung, und zwar, um Reneri zu ehren. Und worum dreht sich Aemilius' Rede? Um den Freund Reneris, einen gewissen Descartes! Und dazuhin regen ihn die Sätze über den angeblich göttlichen Verstand dieses Mannes enorm auf. Es gibt nur einen, der einen göttlichen Verstand besitzt, und das ist Gott selbst! In seinen Augen ist es eine Schande, so über einen Menschen zu sprechen!

Aber nachdem die Gedenkfeier zu Ende ist, merkt Voetius, dass längst nicht alle seine Kollegen diese Kritik teilen. Manche sind mehr als neugierig auf den ‚Archimedes dieser Zeit'. Andere wissen zu berichten, dass an der Universität bereits längst nach den Erkenntnissen Descartes' gelehrt wird. Und dass die Studenten das äußerst interessant finden. Bloß was? Voetius versteht nicht die Bohne. Das alles geschieht an seiner Universität, und er weiß von nichts? Er beschließt, sich augenblicklich weiter in die Sache zu vertiefen." Herr Swart schlägt das Buch zu und steckt es in seine Tasche zurück.

„Und jetzt?", fragt Sven.

„Jetzt gehen wir nach draußen und dann zum Voetiushaus, gleich um die Ecke. Da erzähle ich euch, wie es weitergeht."

„Ganz schön hier, nicht?", sagt Sanne zu Loubna, während sie hinausgehen. „Witzig, sich vorzustellen, dass hier vor vierhundert Jahren lauter bärtige Männer in langen Gewändern saßen."

Loubna nickt. Ihr Magen knurrt jetzt noch mehr. Sie fühlt sich auch nicht wirklich gut. Bisschen merkwürdiges Gefühl im Kopf. Sie schickt ein Stoßgebet in den Himmel. *Lieber Allah, hilf mir bitte, das hier auszuhalten. Es ist wichtig für mich.*

Sanne schaut sie besorgt an. „Geht es dir gut? Du bist so blass."

„Doch, ja", sagt Loubna, so munter sie kann.

Sie gehen zur Rückseite des Doms und bleiben vor einem großen, majestätischen Haus stehen. „Nicht umsonst heißt diese Straße hier *Voetiusstraat*", sagt Herr Swart.

„Hinter einem dieser Fenster nahm Voetius Platz. Nur damit ihr eine Vorstellung habt, denn das tatsächliche Haus von Voetius steht leider nicht mehr." Er muss ziemlich laut sprechen, um die vorbeifahrenden Autos zu übertönen. „Ihr könnt sicher sein, dass er sich sofort nach der Gedenkfeier für Reneri dieses Buch von Descartes hat besorgen lassen. Er schlägt es auf und …"

„Herr Swart, Herr Swart!", schreit Sanne plötzlich. „Loubna!" Alle drehen sich erschrocken um. Dann sehen sie es: Loubna liegt stumm und mit geschlossenen Augen auf dem Gehweg. Tijmen drängt sich entsetzt nach vorn. Herr Swart kniet sich neben sie und schlägt ihr behutsam auf die Wangen.

„Loubna? Loubna!"

Vorsichtig öffnet Loubna die Augen.

Herr Swart wirkt erleichtert. „Wie spät ist es?", fragt er Sanne, die blass neben ihm steht. Sie schaut auf ihr Handy. „Fast Viertel nach neun."

„Hast du die Telefonnummer von Loubnas Eltern da?" Sanne nickt. „Würdest du sie mir bitte auf einen Zettel schreiben?"

Er hält Loubna immer noch fest. Sie hat sich mittlerweile aufgesetzt und schaut benommen um sich. „Hört zu", sagt er zu der Klasse, „ihr geht jetzt alle zurück in die Schule und zu eurer nächsten Stunde. Wir sehen uns am Montag wieder. Jelle, kommst du mal?" Jelle tritt vor. „Ich will, dass du schnell ins Lehrerzimmer gehst und erklärst, was passiert ist. Ich kann nicht rechtzeitig zu meiner nächsten Stunde zurück sein."

Jelle nickt. „Geht in Ordnung, Herr Swart."

Sie gehen alle zurück zu ihren Fahrrädern. Sanne gibt Herrn Swart einen Zettel. „Bis später, Loubna", sagt sie tröstend.

Herr Swart hilft Loubna hoch. „Das Café dort hat schon auf", sagt er. „Schaffst du es bis dorthin?" Sie nickt. Herr Swart nimmt ihre Tasche, und zur Sicherheit stützt er mit der anderen Hand ihren Arm. Zusammen gehen sie zu dem Café.

„Einen Kaffee bitte", sagt Herr Swart, nachdem sie Platz genommen haben. „Loubna, was möchtest du trinken?"

„Einfach nur Wasser", sagt sie leise.

„Also ein Wasser und ein Käsebrötchen."

Kurz darauf trinkt Loubna langsam ihr Wasser. Dann schiebt Herr Swart ihr das Käsebrötchen hin.

„Was ist los, Loubna? Möchtest du darüber reden?"

Loubna schweigt.

Herr Swart nimmt einen Schluck Kaffee. „Komm, iss etwas", sagt er freundlich. „Das wird dir guttun."

Loubna schaut etwas unsicher auf das Brötchen. Es sieht lecker aus. Und ihr knurrt der Magen. Aber es passt nicht in ihren Plan. Sie wollte das Frühstück auslassen. Wegen dem dicken Hintern.

Herr Swart sucht währenddessen in seiner Tasche nach seinem Handy und nach Sannes Zettel. „Ist bei euch jemand zu Hause?", fragt er.

„Meine Mutter", sagt Loubna. „Aber das ist doch nicht nötig! Es geht schon wieder."

Herr Swart schüttelt den Kopf. „Du bist ohnmächtig geworden, Loubna. Das wird man nicht einfach so. Deine Eltern müssen beurteilen, ob sie mit dir zum Hausarzt gehen oder nicht."

O nein. Das will Loubna auf gar keinen Fall! Dann kämen sie sehr schnell dahinter, was los ist, und würden mit ihr darüber reden wollen. Aber sie verstehen ja doch nichts. Mutter ist immer nur mit Backen und Braten beschäftigt, und ihr Vater mit Essen. Herr Swart tippt schon die Telefonnummer. „Herr Swart, warten Sie!"

„Was ist denn los, Loubna?"

Da merkt sie plötzlich, wie ihr die Tränen übers Gesicht laufen. „Ich habe heute früh nichts gegessen. Das ist alles."

„Ach, Loubna … Aber deswegen brauchst du doch nicht zu weinen, oder?"

„Aber ich esse öfter nicht. Und das ist ziemlich schwierig."

Herr Swart nickt freundlich. „Weißt du auch, warum du nicht essen willst?"

Loubna wundert sich über die Frage. Sie hatte geglaubt, er würde sagen, nichts zu essen sei unvernünftig. Oder dass sie gerade jetzt essen müsse, wo sie noch wächst. Oder dass das Frühstück die wichtigste Mahlzeit des Tages ist. Oder etwas anderes, was sie ohnehin schon weiß.

„Äh …", sagt sie und bemerkt, dass sie sich eigentlich ein bisschen wegen ihrer Antwort schämt. „Ich möchte gern abnehmen."

„Ach so", sagt Herr Swart. „Hält dein Körper das für nötig?"

„Wie bitte?"

„Tut dein Körper nicht mehr, was er tun soll?"

„Aber darum geht es überhaupt nicht", sagt Loubna einigermaßen verwundert. Was für verrückte Fragen dieser Herr Swart ihr stellt!

„Worum geht es dann, Loubna?"

„Um … um … um alles eigentlich. Alles dreht sich darum, schön und schlank zu sein."

„Ist es das, worum es im Leben geht?"

Jetzt kommen Loubna die ersten Zweifel. „Na ja, ich meine …" Aber sie weiß es gerade nicht mehr. Was meint sie eigentlich?

Herr Swart nimmt seinen letzten Schluck Kaffee. Loubna nimmt das Brötchen und isst es ganz auf. Bis auf den letzten Krümel. Dann sagt Herr Swart: „Was meinst du? Radeln wir gemeinsam zur Schule?"

An diesem Abend isst Loubna ihren Teller leer. Und am nächsten Morgen lässt sie sich keine Ausrede wegen des Frühstücks einfallen. Irgendwie hat sich etwas verändert. Aber was? Sie denkt immer noch an die Bemerkung von Herrn Swart. „Ist schön und schlank zu sein das, worum es im Leben geht?"

Eine Schande, eine Schande!

„Wie geht es dir seither, Loubna?" Es ist Montag und Zeit für die nächste Stunde bei Herrn Swart. Tijmen geht mit Loubna in die Klasse. Seit sie letzte Woche ohnmächtig geworden ist, bleibt er immer in ihrer Nähe. Natürlich bemerkt sie das. Und eigentlich findet sie es ganz süß. Sanne ist auch da, klar. Aber die fragte am Donnerstag lediglich, was denn gewesen sei. Und als Loubna sagte: „Nichts Besonderes, mir war einfach nur schwindelig", gab sie sich damit zufrieden. Aber Tijmen ist wirklich besorgt. „Es geht mir gut, hörst du?", sagt sie freundlich. Als sie ihn anlächelt, sieht sie, wie er rot wird. Und auch das ist süß.

„Schön, euch alle wiederzusehen", sagt Herr Swart. „Sucht euch einen Platz. Wir fahren mit unserer Geschichte fort.

Herr Swart hält ein Buch in die Höhe. *„Discours de la Méthode.* Das war das Buch, das Professor Voetius gerade las, das Buch, das viele seiner Kollegen offenbar längst kannten. Mehr noch: Während der Trauerfeier für Reneri hatte Voetius gehört, manche Kollegen würden die Philosophie dieses René Descartes sogar unterrichten. Voetius sitzt da am Fenster dieses großen Hauses in der später nach ihm benannten *Voetiusstraat.* Wenn er hinausschaut, sieht er seinen geliebten Dom. Aber er schaut nicht hinaus, sondern er liest und liest und liest.

Als Erstes überrascht ihn, dass das Buch auf Französisch geschrieben ist. Gelehrte verfassen ihre Bücher durchweg auf Latein. Als Zweites fällt ihm auf, dass kein Name darin steht.

Als er zu lesen anfängt, ist er erstaunt. Wie leicht sich das liest! Keine schwierigen Sätze, keine schwierigen Begriffe. Es ist, als hätte dieser Descartes einfach nur laut auf dem Papier nachgedacht.

‚Jeder Mensch meint, er besäße einen gesunden Menschenverstand‘, liest Voetius. Das ist schön. Aber wichtiger sei, was der Mensch mit diesem gesunden Menschenverstand *tue.* Er, Descartes, habe keinen besseren Verstand als andere Menschen. Aber er habe Glück gehabt, schreibt er, denn er habe schon in jungen Jahren eine außergewöhnliche Einsicht gewonnen. Die Methode, die er hier beschreiben werde, sei aus dieser Einsicht hervorgegangen. Und bereits jetzt habe er viel Gutes erfahren, indem er diese Methode entwickelte. Seine Absicht sei nicht, anderen diese Methode aufzuerlegen, fährt Descartes fort. Er wolle andere in erster Linie damit bekannt machen, damit sie vielleicht auch einen Nutzen davon hätten.

Ja, ja, denkt Voetius. Aber was ist das für eine Methode? Er ist mittlerweile schon sehr neugierig.“

„Wir auch, Herr Swart!“, ruft Jelle und wird dafür direkt von den anderen ausgelacht.

„Na, ist doch wahr!“, verteidigt er sich. „Wir haben das mit den Träumen gehabt und den achtzehn Jahren Schufterei an einem Buch. Und jetzt würde ich gerne wissen, was genau darin steht!“

„Das will ich euch erzählen“, meint Herr Swart lachend. „Aber seid gewarnt: Letztendlich geht es in diesem Buch nur um fünf Worte. Fünf Worte, die das Denken komplett verändern. Alles andere ist interessant, aber diese fünf Worte, sie machen den Unterschied.

Voetius liest weiter in Descartes' Einleitung. Er sei ein lernbegieriges Kind gewesen, schreibt Descartes. Er habe den tiefen, tiefen Wunsch gehabt, herauszufinden, was die Wahrheit sei. Aber, so seine Entdeckung, es gäbe keinen Wissenschaftler, mit dem alle ohne jeden Zweifel einer Meinung wären. Dabei habe er als junger Mann doch eine klare, deutliche Botschaft hören wollen: Das hier ist *die* Wahrheit.

Damit ist Voetius schnell fertig. ‚Gott‘, brummt er. ‚Es gibt nur eine Wahrheit und das ist die Wahrheit Gottes. Was du suchst, Descartes, wirst du als Mensch nicht finden.‘ Hört ihr es ihn sagen in diesem würdevollen Haus, gehüllt in seine lange, schwarze Robe? Aber Voetius liest weiter.

Jetzt berichtet Descartes von der Vision, die er vor Jahren in jenem warmen Zimmer gehabt hat. Und von einer der wichtigen Einsichten, die er damals erlangt habe. Seht, sagt Descartes, viele wissenschaftliche Theorien führen eigentlich nur andere Theorien fort. Der Wissenschaftler sei nicht selbst darauf gekommen, sondern habe nur etwas bereits Bestehendes in ein neues Licht gerückt oder weiter ausgearbeitet. Man müsse sich fragen, ob das die Theorie verbessere. Sei es nicht häufig so, dass etwas von einem einzigen Menschen Geschaffenes viele Male konsequenter, solider und besser durchdacht ist als etwas, woran viele Menschen herumgebastelt haben? Also, schreibt Descartes, sollten wir eigentlich alles, was wir gelesen und gehört haben, ganz und gar vergessen. Wir sollten versuchen, vollkommen frei von all diesen Sichtweisen unseren eigenen gesunden Menschenverstand zu gebrauchen. Vielleicht kämen wir damit der Wahrheit nahe.

Das gefällt unserem Voetius ganz und gar nicht. ‚Nimmt das denn gar kein Ende?‘, mosert er. ‚Das ist doch ein heilloser Irrweg! Sie können sich die Wahrheit nicht ausdenken, Herr Descartes! Das ist uns Menschen nun mal nicht gegeben!‘ Trotzdem kann er nicht aufhören zu lesen."

Die Schüler hören aufmerksam zu. Selbst Tijmen schaut einen Moment nicht auf Loubna, sondern zu Herrn Swart. Und auch Jelle ist ganz Ohr.

„Für Descartes war es spannend und wunderbar", fährt Herr Swart fort, „sich von sämtlichen Theorien zu lösen und zu seiner eigenen Wahrheit zu gelangen, indem er selbst vernünftig nachdachte. Die Jahre verstrichen. Alle Gedanken, alle Theorien, alle wissenschaftlichen Vorstellungen, die ihn hatten zweifeln lassen, schob er als ,unwahr' beiseite. Aber auch alles, was er sah, was er fühlte, roch und berührte, kurz: alles, was seine Sinnesorgane ihm als wahr vorgaukelten, erwies sich nicht mit hundertprozentiger Sicherheit als wahr. Denn was heute herrlich riecht, kann morgen stinken. Und einen Stein, den er als schwer bezeichnet, kann ein anderer für leicht befinden. Wie wenig da übrig bleibt, das ohne Zweifel wahr ist! Aber kann er daraus die Schlussfolgerung ziehen, dass überhaupt nichts wahr ist?, fragt sich Descartes. Nein! ,Ich denke dies alles. Das ist doch mit Sicherheit wahr! Dagegen lässt sich überhaupt nichts einwenden. *Ich denke, also bin ich!*'"

Herr Swart lässt eine Stille eintreten.

„Ist es das, Herr Swart?", fragt Jelle. „Ist es das, worum es ihm geht?"

Wouter schaut ihn irritiert an. Dieser Streber!

Herr Swart schaltet die digitale Tafel ein und tippt auf seinem Laptop: „Ich denke, also bin ich."

Loubna nimmt einen Stift und schreibt sich auf den Arm: „Ich denke, also bin ich!"

„Ich denke, also bin ich", wiederholt Herr Swart. „Diese fünf Worte regen Voetius dermaßen auf, dass ihm die Röte ins Gesicht steigt. Ich, ich, ich! *Ich denke, also bin ich.* Dieser Descartes macht sich selbst zum Mittelpunkt der Welt, zum Zentrum, um das sich alles dreht. Eine Schande ist das! Außerdem spornt er jeden einfach so zum Denken an. Du lieber Himmel, begreift dieser Kerl nicht, wie gefährlich es ist, wenn Hinz und Kunz anfangen, über Fragen nachzudenken, auf die die Kirche und ihre Gelehrten schon längst Antworten formuliert haben? Ganz zu schweigen von der Bibel! Sollen die Menschen etwa auch das Wort Gottes anzweifeln? Das geht doch nicht!"

„Also, dass er sich so darüber aufregt …", sagt Sanne, während sie auf die Uhr schaut.

„Du musst ihn als Kind seiner Zeit betrachten, Sanne. Vor vierhundert Jahren war das für die Leute wirklich sehr schockierend. Die Kirche war allmächtig."

„Gut, aber jetzt weiter", sagt Jelle ungeduldig.

Sanne muss lachen.

„Na ja", sagt Jelle. „Gleich schellt es, und dann wissen wir immer noch nicht, worum es Descartes ging."

„Du hast völlig recht", sagt Herr Swart. „Also merkt euch zunächst das: *Ich denke, also bin ich.* Zurück zu Voetius. Der liest weiter, obwohl er auf hundertachtzig ist. Ich kann überall, immer und alles denken, schlussfolgert Descartes. Ganz gleich, wo ich bin oder was ich tue. Selbst die Tatsache, dass ich einen Körper habe, ist unerheblich. Mein Geist darf gehen, wohin er nur mag, und kann denken, was er denken will. Der Körper hat darauf keinen Einfluss, denn Körper und Geist sind zwei verschiedene Dinge. Der Körper besteht aus Materie, man kann ihn sehen und hineinzwicken, er kann sich bewegen. Der Körper ist wie eine Maschine: Er bringt mich dorthin, wo ich sein will, und tut, was ich verlange. Nicht mehr und nicht weniger. Aber der unsichtbare Geist, der mein Denken und meinen Willen bestimmt, um ihn dreht sich alles.

Also jetzt wird es Voetius aber zu bunt. Er springt von seinem Stuhl auf und knallt dabei das Buch auf den Tisch. Was?! Descartes trennt Körper und Geist!? Aber das ist, das ist … Er bebt vor Entsetzen. Das ist Gotteslästerung! Erschrocken schlägt er die Hand vor den Mund."

Herr Swart tut es ihm gleich, um das Gesagte zu unterstreichen. Zum Erstaunen der Schüler faltet er sogar die Hände. Er geht völlig auf in seiner Rolle als Voetius.

„Lieber Herr und Gott", betet Swart-Voetius spontan. „Ich werde tun, was in meiner Macht steht, um dafür zu sorgen, dass diese Gedanken keine Wurzeln schlagen. Weder hier an meiner Universität noch irgendwo sonst!" Herr Swart seufzt tief. „So ungefähr wird es gewesen sein, Leute. Descartes hatte einen strammen Gegner mehr. Einen sehr leidenschaftlichen Mann, der wenig später als Rektor eine sehr wichtige Stellung innerhalb der Universität bekleiden und alles daransetzen sollte, Descartes' Ideen mit Stumpf und Stiel auszurotten."

„Aber Herr Swart", sagt Loubna zögernd. „Das mit dem Geist und dem Körper und dass die voneinander unabhängig sind, was ist daran so schockierend? Das verstehe ich nicht."

„Aha, ja. Das erkläre ich euch jetzt. Wir gehen wieder zwei Jahre weiter in der Zeit. Wir schreiben jetzt das Jahr 1641 und der *Discours de la Méthode* ist seit vier Jahren veröffentlicht. Eigentlich ist es um das Buch ziemlich ruhig geblieben, aber Descartes hat einige echte Fans, die Kontakt zu ihm gesucht haben. Einer von ihnen ist der Utrechter Hochschullehrer Henricus Regius. Er ist mehr als nur ein Fan. Er berichtet seinen Kollegen an der Universität von Descartes und dessen Überzeugung, dass Körper und Geist voneinander unabhängig seien. Voetius hört davon und regt sich fürchterlich auf. Eines Tages kann er seine Wut nicht länger zügeln und stürmt in den Hörsaal von Regius.“

Herr Swart steht mit geschwellter Brust und ernster Miene da. Seine Stimme wird tiefer.

„Wie können Sie es wagen, jungen Menschen derart gotteslästerliche Theorien zu unterbreiten? So machen Sie aus ihnen ungläubige, nein, schlimmer: bestialische Menschen! Eine Schande! Eine Schande!‘ Bestimmt bemüht sich Regius, Voetius zu beruhigen, aber ohne Erfolg. Der ist vollkommen außer sich und poltert weiter: ‚Wo ist Gott in Ihrer Sichtweise? Wo ist die Bibel geblieben? Wer kann, ja: *Wie* kann man alles anzweifeln, wo wir doch alle wissen, dass es Gott gibt, dass er seinen Sohn gesandt hat, um unter den Menschen zu leben? Dass er uns sein Wort in der Bibel gegeben hat? Das heilige Buch, das von Anfang bis Ende *wahr* ist? Euer Philosoph Descartes sagt: Ich denke, also bin ich. Aber wo ist seine Ehrfurcht vor Gott geblieben? Sind Himmel und Erde nicht von Gott geschaffen? Wer ist größer und mächtiger als der menschliche Geist? Na? Sollen unsere Studenten, diese junge Menschen, die unserer Obhut und Weisheit anvertraut sind, das alles anzweifeln? Sollen wir ihnen von allen bedeutenden Werken früherer großer Denker wie Aristoteles, Thomas von Aquin und Augustinus abraten? Weil sie diesem … Descartes zufolge angeblich unrecht gehabt hätten? Na? Er, Descartes, lässt euch in Verwirrung und Elend zurück und entfremdet euch von Gott.‘“

Herr Swart schweigt einen Moment. „Worum es geht, Leute, ist, dass Voetius für eine jahrhundertealte Tradition eintritt. Jahrhundertelang dachte man auf eine bestimmte Art und Weise. Jahrhundertelang standen

Kirche, die Bibel und der Glaube im Mittelpunkt des Denkens. Und dann kommt so ein Franzose, so ein Descartes daher und will alles auf den Kopf stellen? Niemals! Und er steht mit seiner Meinung keineswegs allein da. Er hat schon sehr viele Kollegen auf seine Seite gezogen."

„Aber was ist mit dem Problem von Körper und Geist?", fragt Jelle ungeduldig.

„Ja, ja, darauf komme ich jetzt, denn Voetius ist im Hörsaal und hat noch längst nicht fertig gezetert."

„Witzig", grinst Tijmen. „Voetius, der zetert."

Herr Swart lächelt und fährt fort. „Verwundert sehen und hören die Studenten mit an, wie ihr Rektor Voetius vom Leder zieht. Regius scheint beschlossen zu haben, ihn einfach machen zu lassen. Und das tut Voetius. ‚Ich denke, also bin ich', sagt er laut. ‚Aber sagt Descartes damit, der Körper sei unerheblich? Dreht sich alles um den Geist? Wissen Sie, was das bedeutet? Einst starb Jesus für unsere Sünden und Gott ließ ihn vom Tode auferstehen. Sein Leib wurde wieder lebendig! Sein Leib! Ich denke, also bin ich: Welche Überschätzung des Geistes! In der Bibel steht, dass Gott eines Tages alle Menschen vom Tod zum Leben erweckt, um dann zu beurteilen, ob sie ein gutes oder ein schlechtes Leben geführt haben. Ist es nur der Geist, der vom Tod aufersteht? Das kann doch nicht sein! Das würde bedeuten, dass in der Bibel Lügen stehen. In Gottes heiligem Buch. Nein! Nein! Nein! Das ist unmöglich!' Genau das stört Voetius so dermaßen, Leute. Die Trennung von Körper und Geist widerspricht seiner Meinung nach dem Kerngehalt des Glaubens. Im Christentum wurde Jesus ja leibhaftig ans Kreuz genagelt, um die Sünden der Menschen hinwegzunehmen. Das haut einen doch um: Gott hat seinen eigenen Sohn geopfert! In der Kirche gedenken Menschen Jesu, indem sie sein Blut trinken – den Wein – und seinen Leib essen – die Hostie."

Sanne schaut nochmals auf die Uhr. Noch zehn Minuten. „Das fesselt mich ehrlich gesagt nicht wirklich."

Aber Loubna geht nicht auf sie ein. Sie findet es im Gegenteil sehr interessant. Descartes, der auf sein Denken vertraut, während sie sich so mit ihrem Körper herumschlägt. Sie hebt die Hand. „Herr Swart, was hat Descartes denn zu alledem gesagt?"

„Einerseits fand er es aufregend. Es überzeugte ihn davon, dass er wirklich etwas Neues entwickelt hatte, sonst hätte es diesen Aufruhr ja nicht gegeben. Andererseits fühlte er sich verkannt. Er betrachtete sich als frommen Mann und glaubte nicht, dass seine Ansichten in Konflikt zum Christentum standen. Aber da war noch etwas: Er hatte die Niederlande immer deshalb geliebt, weil er sich hier frei fühlte, seine eigenen Gedanken auszuarbeiten. Und jetzt widerfuhr ihm das! Ich erzählte vorhin schon, dass er regelmäßig mit Regius korrespondierte, das heißt, er war gut über den Konflikt in Utrecht informiert. Später sollte etwas Derartiges auch an der Universität von Leiden passieren. Auch dort gerieten die Befürworter und Gegner seiner neuen Philosophie aneinander. Sie prügelten sich sogar auf offener Straße. Ihr könnt euch nicht vorstellen, wie sehr die Sache einschlug. Einige Monate, nachdem Voetius in Regius' Vorlesung so wütend herumgezetert hatte, wurde das Lesen und Benutzen des *Discours de la Méthode* innerhalb der Universität von Utrecht verboten. Das enttäuschte Descartes sehr und er begann, sich in Artikeln zu verteidigen und Voetius anzugreifen. Aber es half nichts. Auch privat musste er einen großen Schicksalsschlag einstecken. Seine einzige Tochter Francine war gestorben. Er war traurig und enttäuscht."

Es schellt. Die Stunde ist um. Aber Herr Swart bittet die Klasse, noch einen Moment sitzen zu bleiben.

„Am Mittwoch möchte ich gern mit euch über einen anderen Philosophen sprechen, also bringe ich das hier rasch zu Ende. Unter anderem durch die Konflikte in den Niederlanden war Descartes mittlerweile doch zu einem bekannten Philosophen in Europa geworden. Er hatte neue Fans, darunter einen ganz außergewöhnlichen: die Königin von Schweden. 1649 bat sie ihn, zu ihr zu ziehen und sie in Philosophie zu unterrichten. Das hätte er besser nicht getan. Descartes hatte nie eine wirklich gute Gesundheit, und die nordische Kälte machte ihn innerhalb kürzester Zeit krank. Wenige Monate später war er tot."

„Ach!", seufzt Jelle spontan.

„Was für ein böses Ende, Herr Swart. Hätten Sie sich nicht etwas anderes ausdenken können?", sagt Sanne.

„Leider, leider. Er wurde nur 53 Jahre alt."

„Aber dafür sehr berühmt", sagt Tijmen trocken.

„Wegen dieser fünf Wörter", fasst Wouter zusammen.

„Für Mittwoch", beginnt Herr Swart, „möchte ich gern, dass ihr einen Brief an Descartes schreibt. Eine Seite genügt mir. Es zählt nicht für die Noten, aber es ist trotzdem obligatorisch. Und ich erwarte, dass ihr die Sache ernsthaft angeht. Einverstanden?"

Gemurmel. „Das nervt mich jetzt doppelt und dreifach!", mault Sanne.

Aber Loubna hat ein Lächeln um die Lippen. Sie weiß genau, was sie schreiben wird.

Am Abend kuschelt sich Loubna schon im Pyjama unter ihre Bettdecke. Mit einem Kissen im Rücken klappt sie ihren Laptop auf. *Lieber Herr Descartes,* tippt sie. Sofort löscht sie es wieder. Lieber, das geht doch nicht. Oder doch? Warum eigentlich nicht?

Lieber Herr Descartes,

wir haben in der Klasse von dem Buch gehört, an dem Sie achtzehn Jahre gearbeitet haben. Es heißt: Über die Methode. Das Buch hat Sie sehr berühmt gemacht, aber ich habe erfahren, dass auch viele Menschen böse auf Sie waren. Wegen Ihrem Buch. Ich habe es nicht ganz gelesen, sondern nur ein Stück. Unser Lehrer, Herr Swart, hat uns erklärt, was passiert ist. Und warum Ihr Buch alle so durcheinandergebracht hat. Ich denke, Sie haben ein gutes Buch geschrieben. Was ich vor allem sehr interessant finde, ist, dass Sie das Denken so betonen. Weil es das einzig wirklich Sichere ist: dass man denken kann.
Ich bin ein ziemlich unsicherer Mensch. Ich dachte immer, ich könnte das mit Make-up, hübschen Klamotten und Schlanksein schaffen. Solche Dinge finde ich immer noch sehr wichtig. Wir sind hier ja auch vierhundert Jahre weiter in der Zeit. Aber Sie haben mich zum Nachdenken gebracht. Das ist ziemlich viel „Denken" in ein paar Sätzen, oder? 😊
Wenn das Ihre Absicht war, dann ist das alles nicht umsonst gewesen!

Viele Grüße von Loubna

Knallhart

„Guten Morgen zusammen", sagt Herr Swart unternehmungslustig.

„Der ist immer so was von wach!", meint Wouter seufzend zu Sven.

„Heute möchte ich mit euch über einen Beinahe-Zeitgenossen von Descartes sprechen, einen begierigen Leser seiner umstrittenen Methode."

„Möchten Sie unsere Briefe noch haben, Herr Swart?", fragt Jelle, wobei er mit seinem Blatt Papier herumwedelt.

„Aber ja doch. Gebt sie am Ende der Stunde einfach bei mir ab. Unser neuer Philosoph hat auch ein Buch geschrieben, von dem er meint, es könnte ganz falsch aufgefasst werden. Er traut sich nicht, es zu veröffentlichen. Es liegt in der Schublade seines Sekretärs und jeden Abend vor dem Schlafengehen schließt er die Schublade ab. Er wird jung sterben, aber das weiß er da natürlich noch nicht. Erst nach seinem Tod werden Freunde das Buch veröffentlichen. Und tatsächlich: Es wird einen ebensolchen Sturm auslösen wie Descartes' *Méthode*."

Herr Swart nimmt ein Buch aus seiner Tasche und zeigt es. *Ethica* ist sein Titel. „Ihr habt ein Stück aus Descartes' *Méthode* gelesen. Das ging ja noch. Das hier, Leute, ist unlesbar für euch und für den Durchschnittsleser. Selbst ich komme nur mit Mühe durch. Das liegt daran, dass Spinoza eine mathematische Methode benutzte, um seinen Standpunkt darzulegen. Er dachte, diese Arbeitsweise würde die zuverlässigste Philosophie ergeben. Trotzdem ist es ein sehr wichtiges Buch. Ich will euch erzählen, warum, aber erst etwas über den Mann selbst."

Swart zeigt das Foto eines Standbildes. Sie sehen einen Mann mit lockigen Haaren in einem langen Mantel. „Dieses Denkmal befindet sich in Amsterdam, nicht weit vom Amsterdamer Rathaus in der Nähe des *Waterlooplein*. Unser Philosoph heißt Baruch Spinoza, und in seinen jungen Jahren wohnte er in diesem Teil Amsterdams. Seine Verwandten und Freunde nannten ihn Bento."

„Dieses Baruch klingt nicht sehr holländisch", stellt Sven fest.

„Sven dagegen …", sagt Wouter schlagfertig.

„Stimmt", sagt Herr Swart. „Spinoza und seine Familie waren eigentlich Portugiesen, aber als Juden haben sie zuletzt hier in den Niederlanden ge-

lebt, wo die jüdische Gemeinschaft ein einigermaßen normales Leben führen konnte. Bento wurde in Amsterdam geboren und blieb hier auch sein
ganzes Leben.“

„Was ist das mit den kleinen Vögeln auf seinem Mantel?“, fragt Sanne.
„Auf dem Denkmal, meine ich.“

„Das sind nicht einfach irgendwelche Vögel. Es sind Halsbandsittiche,
sehr schöne bunte Vögel, die früher nur in tropischen Ländern vorkamen,
aber inzwischen auch bei uns.“

„Aha. Das erklärt alles“, sagt Wouter. Offenbar hat er heute keine Lust.

Herr Swart geht nicht auf ihn ein. „Das Besondere ist, dass dieser Hals-
bandsittich mittlerweile auch in Amsterdam heimisch ist, obwohl wir hier
ja kein tropisches Klima haben. Der Vogel symbolisiert die Buntheit von
Amsterdam. Menschen mit den verschiedensten Hintergründen fühlen sich
hier zu Hause. Das war auch schon zu Spinozas Zeiten so.“

„Descartes hat doch anscheinend deshalb in den Niederlanden gewohnt.“

„Genau, auch er hatte sich aus diesem Grund für die Niederlande entschieden. Unser Land hatte den Ruf, tolerant zu sein, und Amsterdam war
sein vor Leben sprudelndes Herz. Für Spinoza war die Freiheit ganz wesentlich. Es ist ein Begriff, der später in seinem Werk als Philosoph vielfach
auftauchen wird. Aber trotz dieser relativen Freiheit in unserem Land fühlt
er sich in seinen jungen Jahren alles andere als frei. Schlimmer: Die Unfrei-
heit, das zu sagen, was er meint, wird sein gesamtes Leben bestimmen.“

Jelle hebt die Hand. „Sieht aus, als gäbe es auch Rosen an dem Denkmal.“

Herr Swart lächelt zufrieden. „‚Spinoza‘ ist von dem portugiesischen Wort
für ‚Dorn‘ abgeleitet. Wunderbar, wie sehr dieser Name auf ihn zutraf. Denn
er stach ordentlich drauflos. Er begnügte sich nicht mit einfachen Antworten, sondern er wagte es, jahrhundertealte Wahrheiten zur Diskussion zu
stellen, vertiefte sich in neue, oft sehr umstrittene Denkweisen wie die von
Descartes und lud damit großen Zorn auf sich.

Aber der Reihe nach: Bento de Spinoza wächst in einer jüdischen Fami-
lie auf, mitten in einem jüdischen Viertel, etwa Mitte des 17. Jahrhunderts.
Er ist lernbegierig, genau wie René Descartes. Und er stellt Fragen. Zum
Beispiel: ‚Wie kann die Bibel das Wort Gottes sein, obwohl das Buch ganz

offensichtlich von Menschen verfasst wurde und darüber hinaus noch von verschiedenen Autoren?' Das kommt nicht gut an. Aber er kann das Fragen nicht lassen. Je älter Bento wird, desto weniger kommt er mit der jüdischen Lehre zurecht. Er hat Zweifel und äußert sie auch. Nach verschiedenen Warnungen wird er als Vierundzwanzigjähriger von der jüdischen Gemeinschaft verbannt und verflucht. Ein sehr einschneidender Vorfall. Niemand darf mehr mit ihm reden, mit ihm Geschäfte machen, mit ihm unter einem Dach wohnen, ihm helfen. Seine beiden Eltern sind zu der Zeit bereits verstorben, aber auch andere Verwandte dürfen keinerlei Kontakt mehr mit ihm haben. Er steht ganz allein da."

„Tja, das war's dann wohl mit der holländischen Toleranz!", sagt Wouter.

„Es sind aber seine eigenen Leute, die ihn ausstoßen", hält Sven dagegen.

„Knallhart", sagt Sanne.

„Zum Glück hatte er Geistesverwandte außerhalb der jüdischen Gemeinde", fährt Herr Swart fort. „Und er stellte keine hohen Ansprüche. Er verließ Amsterdam, lernte Brillengläser zu schleifen, lebte davon bescheiden und verwendete möglichst viel Zeit aufs Lernen und auf das Formulieren seiner eigenen Ideen."

Herr Swart zeigt ein Foto von einem freundlichen kleinen Haus. „Hier wohnte Spinoza zwei Jahre lang in einem kleinen Zimmer. Das Haus steht in Rijnsburg. Später zog er nach Den Haag. Dieses Haus hier steht übrigens noch immer und ist heute ein Museum."

„Fahren wir dahin, Herr Swart?", fragt Jelle.

„Das wird schwierig, Jelle. Leider haben wir dafür kein Budget."

„Schade."

„Nachdem Spinoza von seiner Glaubensgemeinschaft ausgeschlossen worden ist, steht er zwar wie gesagt ganz allein da – aber er ist auch frei zu denken und zu schreiben, was er will. Er ist beeindruckt von Descartes, der die Philosophie mit einer fast mathematischen Präzision anging. Descartes geht ganz zum Wesentlichen zurück, indem er alles Unbeweisbare wegdenkt. Das will Spinoza auch. Und es ist einer der Gründe, weshalb sein Werk so schwer zu lesen ist. Er will zum Kern vordringen, aber er will uns auch an dem Erkenntnisprozess, seinem Weg hin zu diesem Kern, teilhaben lassen."

Herr Swart geht durch die Klasse und bleibt bei Ilse stehen. „Wer ist Gott?", fragt er sie.

„Äh …"

„Wo ist Gott?"

„Sven?"

„Im Himmel?"

„Wie sieht er aus, Bram?"

„Keine Ahnung", sagt der. „Trainingsanzug und Fußball-Cap?"

Alle lachen. Alle außer Loubna.

„Loubna?"

„Allah ist besser, größer, gewaltiger als wer oder was auch immer auf Erden. Wir können uns in keinerlei Weise vorstellen, wie er aussieht oder wie er ist. Wer das dennoch versucht, beleidigt ihn."

„Ups", sagt Bram.

Herr Swart schaut Sanne an. „Erzähl mal, Sanne: Wie sieht Gott für dich aus?"

„Ich bin nie weiter gekommen, als dass Gott einen Bart hat, im Himmel wohnt und auf einem Thron sitzt. Und er hat liebe Augen. Ganz liebe Augen. Vielleicht sogar schalkhafte Augen."

„Er ist also ein Er?"

Sanne nickt. Dann hebt Tijmen die Hand. „Ich denke nicht so oft an Gott, aber wenn, dann stelle ich mir eher eine Art ungreifbare, aber überall gegenwärtige Energie vor. Bisschen vage, aber irgendwas in der Art. Ich glaube nicht, dass Gott ein Mann mit einem Bart ist, oder eine Frau in einem schönen Kleid."

„Das gefällt mir", meint Herr Swart lächelnd. „Eine Frau in einem schönen Kleid. Aber deine andere Umschreibung würde Spinoza, glaube ich, auch gefallen: Gott als allgegenwärtige Energie."

Er geht zu seinem Pult zurück und nimmt entspannt darauf Platz. „Baruch Spinoza, der sich, seit ihn seine Gemeinschaft verstoßen hat, Benedictus nennen lässt, ist mit dem Bild eines persönlichen Gottes aufgewachsen: eines Gottes, der eine Beziehung zu seinem jüdischen Volk hat und für dieses Volk sorgt, was auch immer passieren mag. Aber damit kommt er nicht zurecht. Erstens glaubt Spinoza nicht, dass Gott menschliche Züge hat. Das heißt, Bram, dass er mit deinem Trainingsanzug nichts anfangen kann. Und mit deinem Bart, Sanne, auch nicht. Er glaubt auch nicht, dass Gott aus dem Himmel auf uns herabschaut und so alles sieht, was wir Menschen tun. Das würde ja bedeuten, dass er über und damit außerhalb von uns wäre, und das kann Spinoza nicht glauben. Gott mischt sich nicht in unsere großen und kleinen Angelegenheiten, denkt der Philosoph. Er studiert uns nicht. Spinoza glaubt außerdem nicht, dass Gott eine besondere Beziehung zu dem jüdischen Volk hat. Hinzu kommt seine Sicht der Bibel, die Spinoza zufolge Menschenwerk ist."

„Dann bleibt insgesamt vom Glauben kaum was übrig", stellt Jelle fest.

„Genau das war die Kritik seiner Glaubensgenossen und Gegner, aber vielleicht kommt ihr am Ende sogar zu dem Schluss, dass er im Gegenteil äußerst gläubig war. Jedenfalls war es ihm sehr unangenehm, als Ungläubiger abgestempelt zu werden.

„War das bei Descartes nicht genauso?", fragt Jelle.

„Allerdings. Allein die Tatsache, dass diese beiden Männer Fragen stellten und der Ansicht waren, alle sollten selbst nachdenken, rief unglaubliche Widerstände hervor. Nicht umsonst hat Descartes sein Buch anonym veröffentlicht und hielt Spinoza seine *Ethik* ängstlich in der Schublade versteckt. Und jetzt möchtet ihr natürlich wissen, was für spannende Sachen in dieser *Ethik* stehen, oder?"

„Ich mache mir vor Spannung schon in die Hosen, Herr Swart", witzelt Sanne.

Darüber müssen viele in der Klasse lachen. Nur Loubna neben ihr guckt ernst. Wie immer, wenn es um Gott geht.

Zögernd hebt sie die Hand. „Sie sagten gerade, Gott würde sich Spinoza zufolge nicht mit unseren kleinen und großen Angelegenheiten abgeben. Was genau haben Sie damit gemeint?"

„Angenommen, dir steht eine schwierige Klassenarbeit bevor und du betest um eine gute Note. Das heißt, du bittest Gott, dir bei etwas zu helfen, das wichtig für dich ist. Spinoza zufolge wird das nicht funktionieren. So etwas wie einen Gott, der auf derartige persönliche Wünsche reagiert, gibt es nicht. Das würde ja bedeuten, dass zwischen ihm und dir eine besondere Verbindung besteht. Eine Verbindung, die es Spinoza zufolge nicht gibt."

Loubna denkt an die zurückliegenden Wochen, als sie sich so mit dem Essen oder besser dem Nicht-Essen herumgeschlagen hat. Damals hat sie Allah in einem Stoßgebet um Hilfe angerufen. Und diese Hilfe kam in wundersamer Weise von Herrn Swart, der vernünftige Dinge sagte, und von Descartes, der ihr zeigte, wie wichtig das Denken ist. Und jetzt das hier …

„Ich denke, mit der persönlichen Verbindung liegt er nicht richtig", sagt sie zögernd.

„Sehr gut, Loubna. Selbst denken und deine eigene Erfahrung sprechen lassen. Du weißt, dass ich nicht darauf aus bin, euch eine bestimmte Philosophie aufzuzwingen. Seid kritisch, hört zu, lasst das Gehörte auf euch wirken und vor allem: Denkt nach!"

„Ich denke, also bin ich", meint Loubna lächelnd.

„So ist es!"

„Wir wissen jetzt, was Gott alles nicht ist", sagt Jelle, „aber was ist er stattdessen dann?"

„Wenn ich dir diese Frage stelle, was ist deine Antwort?"

„Ich bin nicht gläubig erzogen oder so, aber wenn ich es wäre, dann würde ich wahrscheinlich sagen, dass Gott der Schöpfer von Himmel und Erde ist. Oder etwas in der Art."

Bram nickt. „Würde ich auch sagen."

„Aber auch das ist Gott nicht", sagt Herr Swart. „Wäre Gott der Schöpfer, dann hätte er etwas gemacht, während vorher überhaupt nichts war. Das geht nicht, meint Spinoza. Man kann nicht aus Nichts etwas machen. Unmöglich."

Loubna stößt Sanne in die Seite. „Doch nicht so verwunderlich, dass sie ihn für einen Ungläubigen hielten, oder?"

„Indem er feststellt, was Gott nicht ist, kommt Spinoza zu seiner Erkenntnis dessen, was Gott ist. Und jetzt passt auf: *Gott ist alles.*" Er zeigt nach draußen. „Gott ist der Vogel, der da fliegt, er ist der Baum, der da steht, die Wolken oben am Himmel. Gott ist nicht nur dieser Vogel, sondern alle Vögel, die es jemals gegeben hat und die noch kommen werden. Er ist ewig und immer überall gegenwärtig. Alles ist Teil von ihm, und er ist in allem. Du bist Gott, Ilse. Und ich auch. Logischerweise ist Gott auch ich. Was ich denke und fühle und weiß, ist das Denken, Fühlen und Wissen Gottes. Alles, was ist, die Dinge ebenso wie die Gedanken, sind Teil ein und desselben, und das ist Gott. Spinoza nennt es auch Natur. Oder Substanz. Das Wort spielt für ihn eine geringere Rolle, es geht ihm um das Prinzip: Alles lässt sich auf das Eine zurückführen: Gott. Und damit ist alles mit allem verbunden. Alles, was ist, was war, was wird, gehört zusammen. Und alles kommt zu Gott zurück."

„Ist das alles?", sagt Sanne. „Hat er dieses superschwierige Buch einzig und allein deshalb geschrieben, um zu diesem Schluss zu kommen?"

„Na klar!", witzelt Bram. „Das war doch bei Descartes und seinem ‚Ich denke, also bin ich' nicht anders! Der brauchte auch achtzehn Jahre, um das aufzuschreiben."

„Ha! Das bringt mich auf eine Idee", sagt Swart. „Descartes traf eine Unterscheidung zwischen Körper und Geist. Mit seiner Sichtweise reagiert Spinoza auf Descartes, indem er sagt, alles fände seinen Ursprung in ein und demselben, nämlich in Gott. Gott ist Geist und Gott ist Körper. Und jetzt möchte ich, dass ihr in den nächsten Tagen einmal darüber nachdenkt, welche Folgen es hat, wenn Gott alles und zugleich in allem ist. Bis Montag!"

„Eine zähe Stunde", mault Sanne, als sie neben Loubna die Klasse verlässt. Aber die guckt nur stumm vor sich hin.

„Ist was?", fragt Sanne.

„Hm", antwortet Loubna.

„Ja?"

„Ich bin ja Muslimin. Aber meine Eltern haben sich für eine staatliche Schule entschieden, und das finde ich manchmal ziemlich unbequem. Ich meine: Niemand glaubt an Gott. Und dann diese albernen Witze über Gott in einem Trainingsanzug und so. Ich denke, meine Eltern würden erschrecken, wenn sie wüssten, wie in der Klasse über Gott geredet wird."

„Und die Philosophen?"

„Ja, auch vor denen würden sie erschrecken."

„Und was meinst du dazu?"

113

„Zu den Philosophen?"

Sanne nickt.

„Ich finde es sehr interessant. Wirklich. Ich finde es spannend zu hören, wie im Lauf der Zeit gedacht wurde und wie die Menschen auf diese Gedanken kamen. Mir gefällt das Fach wirklich. Und ich finde Herrn Swart sehr nett."

„Ja, ich auch. Aber mal finde ich es interessanter und mal weniger. Diese Sache mit Gott fesselt mich ehrlich gesagt nicht wirklich. Ich glaube ja doch nicht daran."

„Aber ist es nicht witzig, dass wir uns jetzt darüber unterhalten? Das tun wir sonst nie."

„Daran ist nur dieser Swart schuld", erwidert Sanne lachend.

Wenn Gott in allem ist und alles in Gott, was bedeutet das dann? Loubna hat sich in den Sessel in ihrem Zimmer gelümmelt und nimmt einen Schluck Tee. Über Descartes hatte sie sich gefreut, weil der ihr eine wichtige Einsicht vermittelt hatte, und zwar, dass sie so viel mehr als nur ihr Äußeres ist, so viel mehr als ihr mehr oder weniger schlanker Bauch und Hintern. In ihrem Denken kann sie sich unterscheiden, kann sie ganz und gar sie selbst sein. Aber was sollte sie jetzt von Spinoza halten? Von seinem Gott, der kein Schöpfer ist und auch keine persönliche Beziehung mit den Menschen hat, der aber dennoch in allem ist? Sie versucht, sich in ihrem Kopf von dem frei zu machen, was sie von ihren Eltern gelernt hat, und offen zu denken. Es gefällt ihr, dieses Nachdenken. Ja, das ist eine besondere Entdeckung: So in einem Sessel zu sitzen und ohne etwas oder jemanden einfach nur … nachzudenken.

Aber halt: Wenn Gott in allem ist, wenn Mensch, Natur und Gott tatsächlich zusammenfallen, dann ist Gott auch in den Gedanken. Oder vielleicht führt er sogar Regie über die Gedanken? Ob er einem die Gedanken schickt? Ob er dich fühlen lässt, wie du dich fühlst? Und dich tun lässt, was du tust? Doch wohl eher nicht, oder? Dann ist man als Mensch eine Art Roboter, eine Maschine, die sich nur dann bewegt, wenn Gott auf einen Knopf drückt. Sie schüttelt den Kopf. Bestimmt versteht sie da irgendwas falsch.

Sie nimmt ihren Kalender und kritzelt in das Feld „Montag – Philosophie" das Wort „Roboter". So wird sie ihren Gedanken nicht vergessen. Sie nimmt ihr Mathebuch, um die Hausaufgaben für den nächsten Tag zu machen, kann aber noch nicht so recht auf Zahlen und Formeln umschalten. Allah. Spinozas Gott ist in allem, aber wie ist das eigentlich mit Allah? Ob der ihre Gedanken auch bestimmt? Ob er ihr bei der Einsicht geholfen hat, dass sie mit dem ungesunden Nicht-Essen aufhören musste? Oder war es doch Herr Swart, der ihr das gezeigt hat? Oder Descartes? Wer hat nun was gemacht mit ihren Gedanken? Ist sie nicht einfach selbst deren Herrin?

Roboter

„Gott ist in allem, und alles ist in Gott", sagt Herr Swart, noch während sich alle in der Klasse ihren Platz suchen. „Und? Was sagen wir dazu?"

Stille.

„Wouter?"

„Tut mir leid. Das alles sagt mir rein gar nichts. Ich glaube nicht an Gott."

„Aber kannst du denn nur über etwas nachdenken, wenn du daran glaubst?"

Jetzt guckt Wouter etwas irritiert. „Nein, natürlich nicht, aber es hilft schon!"

„Stimmt nicht", sagt Loubna. Sie klingt heftiger, als ihr selbst recht ist, sie ist sogar ein bisschen erstaunt darüber. „Wenn man wie ich mit einer bestimmten Überzeugung oder einem Glauben aufwächst, sind Ideen wie die von Spinoza ziemlich verwirrend. Für dich könnte es einfach ein Gedankenexperiment sein. Für mich dagegen ist es sehr schwierig, es losgelöst von meinem Glauben an Allah zu betrachten."

Herr Swart geht auf sie zu. „Könntest du uns denn etwas zu deiner Sicht der Dinge sagen?"

Loubna sieht schon wieder verlegen aus und beginnt zögernd: „Ich habe versucht, mir die Konsequenz aus Spinozas Vorstellung zu überlegen. Und …" Sie zögert. Was, wenn sie ganz falschliegt? „Und dann scheint es, als ob unsere eigenen Gefühle und Gedanken überhaupt nicht mehr zählen.

In meinem Glauben an Allah habe ich immer die Vorstellung, dass ich als Mensch etwas ausmache, dass ich wertvoll und wichtig bin. Aber der Gott Spinozas übernimmt alles. Der ist immer überall."

Herr Swart hat die ganze Zeit über heftig genickt. „Sehr interessant, was du da sagst, Loubna. Wirklich sehr interessant. Denn letztlich geht es dir um die Freiheit, die wir als Menschen haben, richtig?"

Loubna nickt.

„Für Descartes liegt die Freiheit darin, dass wir unser eigenes Denken beherrschen. Das macht uns zu dem, was wir sind. Die Frage ist tatsächlich, was geschieht, wenn alles in Gott zusammengeführt wird."

Herr Swart geht zu seinem Pult und setzt sich auf eine Ecke. „Was du sagst, stimmt, Loubna. Aber es stimmt auch nicht. Spinoza äußert dazu den folgenden Gedanken: Wir alle werden von derselben göttlichen Natur bestimmt. All unsere Eigenschaften, Qualitäten, Möglichkeiten sind in dieser göttlichen Natur festgelegt und wir gehören notwendigerweise alle zueinander. Wir alle sind Teil dieser einen Welt und teilen dieselbe Natur. In diesem Sinne sind wir unfrei, denn über unsere Natur haben wir nichts zu sagen; sie ist gegeben. Aber das bedeutet noch nicht, dass wir unfreie Wesen sind."

Loubna schaut in ihren Kalender und sieht das Wort *Roboter*.

„Unsere Freiheit liegt darin, dass wir selbst diese Eigenschaften, Qualitäten und Möglichkeiten nutzen können. Du zum Beispiel, Sven …"

Sven schaut Herrn Swart neugierig an.

„Du bist ein schlauer Junge, finde ich."

„Vielen Dank, Herr Swart", antwortet der grinsend.

„Du könntest studieren, falls du das willst. Aber wenn du alles schleifen lässt, bleibst du sitzen. Du kannst dich auch gegen ein Studium entscheiden und stattdessen als Regalauffüller im hiesigen Supermarkt arbeiten. Dann entwickelt sich dein Gehirn halt nicht so vollständig. Aber es ist deine eigene Wahl. Diese Freiheit lässt dir Spinoza."

„Das ist schön, Herr Swart. Ach, übrigens: Ich arbeite schon als Regalauffüller im Supermarkt."

Gelächter.

„Am Anfang von allem steht Gott. Er ist unauslöschlich. Er ist überall und immer gegenwärtig. Er ist die Ursache von allem. Aber die Folge, also das, was auf die Ursache – das heißt auf Gott – folgt, das ist an dir. Das ist deine Freiheit."

„Also ist man doch kein Roboter?", sagt Loubna.

„Roboter?"

„Ich hatte eine Weile gedacht, Spinozas Gott würde uns an- und abschalten und losschicken, ohne dass wir darüber überhaupt etwas zu sagen hätten."

„Nein, Loubna. Wir sind keine Roboter und Gott hat keine Fernbedienung. Er greift auch nicht in dein persönliches Leben ein. Er bestraft dich nicht, er belohnt dich nicht und sorgt auch nicht für Wunder. Das geht nicht, denn dann würde er sich selbst belohnen und bestrafen. Schließlich ist er die Ursache von allem. Das bedeutet auch, dass es keine Zufälle gibt, denn allem liegt Gott zugrunde. Und damit hat alles einen Sinn."

„Jetzt möchte ich mal", sagt Sanne ärgerlich. „Wie schön das klingt, dieses ‚Alles hat einen Sinn'. Aber Spinoza hat diesen gruseligen Eichmann nicht erlebt. Spinoza war doch Jude? Ein *Jude*, meine ich."

„Ich verstehe, was du sagen willst", antwortet Herr Swart. „Und ich werde gleich darauf eingehen, aber vorab schon mal dies: Spinozas Familie kam nicht wegen der hübschen Grachten in die Niederlande. Sie waren Flüchtlinge. Die portugiesischen Juden wurden im eigenen Land gezwungen, katholisch zu werden. Wer sich nicht fügte, war seines Lebens nicht sicher. Spinoza wusste also sehr gut, wie es war, verfolgt zu werden. Außerdem hatte er persönlich erfahren müssen, was es bedeutet, gehasst und ausgestoßen zu sein. Schließlich wurde er aufgrund seiner Ideen aus der jüdischen Gemeinschaft verbannt. Und jetzt dein Punkt: die grauenhaften Dinge, die Menschen sich auf der ganzen Welt gegenseitig antun, während Spinoza sagt, die Welt und die Menschen seien ein Teil Gottes. Sein Gedankengang ist folgender: Der Mensch folgt seiner Natur, und fest in dieser Natur verankert ist unter anderem, dass der Mensch leben und überleben will. Unsere Lebensenergie, die Grundlage von allem, was wir denken und tun, ist etwas Göttliches. Das gilt auch für unsere Leidenschaften. Der Wille, zu überleben und auch dafür zu kämpfen, gehört dazu und ist gut. Weil wir als

Menschen Teil einer Gemeinschaft sind, sind wir abhängig von dem, was um uns herum geschieht. Alle streben nach ihrem eigenen Glück, und das führt unwiderruflich zu Spannungen. Spinoza zufolge ist das unvermeidlich. Aber als Menschen können wir durch Nachdenken dennoch einen Schritt weiterkommen. Das Denken war für Spinoza sehr wichtig, weil wir durch den Gebrauch der Vernunft letztlich imstande sein können, unsere Leidenschaften zu beherrschen und uns dieses große göttliche Prinzip bewusst zu machen, das alles miteinander verbindet. Erst wenn wir begreifen, dass alles Gott ist, sind wir wirklich frei, und das bringt ein nie da gewesenes Glück. Spinozas *Ethik* will uns vor allem zeigen, dass wir als Menschen sehr glücklich sein können, wenn wir die ewige Ursache, das heißt Gott, erkennen.“

„Tut mir leid, aber für mich ist das keine Antwort auf meine Frage“, sagt Sanne. „Wir sehen, dass es Böses gibt. Kindersoldaten, Vergewaltigung, Völkermord, Zwangsprostitution und so weiter und so fort. Was hilft mir da Spinoza?“

„Spinoza gibt keine konkreten Lösungen für konkrete Probleme, sondern er versucht es auf einer abstrakteren Ebene. Ich will es mal anders erklären: Als Menschen stecken wir uns häufig selbst irgendwelche Ziele. Wir wollen ein schönes Haus, einen guten Job, Ansehen, Macht, wollen rausholen, was geht. Wir wollen uns selbst entfalten, das gehört zu unserer Natur. Und die ist gut. Aber wir sind so mit der Verwirklichung dieser Ziele beschäftigt, dass wir Gott als die Ursache von allem vergessen. Was Spinoza will, ist, dass wir einmal innehalten, unsere ganzen persönlichen Ziele zur Seite schieben und über die Ursache nachdenken. Was bringt mich dazu, das zu tun, was ich tue? Zu wollen, was ich will? Wenn Menschen bereit sind, über die Ursache aller Dinge nachzudenken, das heißt über Gott, dann werden sie den großen Zusammenhang zwischen allem entdecken. Dann werden sie sehen, dass alles ohne Zweifel für immer und ewig mit allem im Zusammenhang steht. Dass wir als Menschen alle Teil dieses sehr großen Subjekts, der Natur, also Teil Gottes sind. Und weil wir alle in Gott sind und Gott in uns, sind wir alle gleichermaßen wertvoll. Dieses Bewusstsein müsste dazu führen, dass wir jeden anderen Menschen ungeachtet seines Glaubens, seines Hintergrundes oder seiner Hautfarbe respektieren.“

„Spinoza kommt also mit einer Art finaler Lösung für all unsere Probleme", sagt Loubna.

„Das war sein Wunsch, Loubna."

„Nicht sehr realistisch, scheint mir", sagt Sanne.

„Ich verstehe dich", antwortet Herr Swart. „Trotzdem ist es für mich eine tröstliche Philosophie. Denn unmöglich ist es nicht."

„Solange wir nur bereit sind, nachzudenken", sagt Sven.

„Ach ja, denken! Das war für Spinoza sehr wichtig. Selbst zu denken und die Freiheit zu bekommen, diese Gedanken zu äußern. In diesem Sinne war er auch ein echter Zeitgenosse John Lockes, der später ebenfalls sehr darauf pochte."

Herr Swart nimmt die *Ethik* und hält sie in die Höhe. „Das ist es, was ich euch über Spinoza mitgeben möchte. Würde jemand von euch es wagen, dieses Buch zu lesen?" Stille. „Kleiner Scherz. Keine passende Kost für euer Alter. Kommt aber noch. Mittwoch habe ich wieder ein ganz anderes Thema für euch. Und zwar geht es da unter anderem um die Liebe …"

„Oooh, Tijmen!", witzelt Sanne und kassiert dafür einen heimlichen Rippenstoß von Loubna.

„Noch eine schöne Woche, und schön nachdenken!"

Während sie ihre Taschen packen, kommt Herr Swart zu Loubna. „Kann ich dich noch kurz sprechen?"

„Klar?", sagt sie leise und ist überrascht. Was will er wohl von ihr??

Nachdem fast alle zur Tür hinaus sind, sagt Herr Swart: „Ich habe deinen Brief an Descartes gelesen und fand ihn hervorragend."

„Danke", sagt Loubna verlegen.

„Du erzählst in diesem Brief, dass du manchmal unsicher bist. Ich denke, für dich ist das hier manchmal sicher verwirrend, oder?"

„Ja. Aber ich finde es auch interessant. Ich mag das – das Nachdenken und andere Perspektiven und so. Aber …"

„Aber?", wiederholt Swart einladend.

„Ich kann es manchmal nicht lassen, über die Frage nachzudenken, was Spinoza oder Descartes oder Allah von mir halten würden."

„Beschäftigt es dich auch, was andere in der Klasse von dir halten, Sanne zum Beispiel, oder Wouter oder Tijmen? Oder jemand x-Beliebiger, dem du auf der Straße begegnest. Oder ich?"

Loubna blickt auf ihre Schuhspitzen hinunter. Mist. Dieser Herr Swart checkt auch alles.

„Aber geht es denn letztlich nicht darum, was *du* von allem hältst? Locke, Nietzsche, Marx, Spinoza: Sie alle sind interessante Denker. So wie es viele gegeben hat und noch geben wird. Schau mal, ich z.B. öffne mich einfach ihren Vorstellungen, und was mich anspricht, merke ich mir. Den Rest werfe ich über Bord. Es mag interessant sein, aber ich kann damit nichts anfangen. Vielleicht wäre so eine Einstellung auch was für dich?"

„Manchmal habe ich Angst, vom ganzen Denken meinen Glauben zu verlieren."

„Die erste Frage ist natürlich, ob das schlimm wäre. Vielleicht könntest du prima ohne leben."

Loubna sagt nichts. Sie kann sich darunter nicht viel vorstellen.

„Was auch noch möglich wäre", fährt Herr Swart fort, „ist, dass du deine Religion nur umso mehr liebst, wenn du sie mit anderen Denkrichtungen vergleichen kannst."

Loubna sieht immer noch unsicher aus, aber ganz abwegig findet sie den Gedanken nicht. Schon als Herr Swart der Klasse erzählte, dass Gott Spinoza zufolge keine persönliche Beziehung mit Menschen hat, hatte sie für sich schon den Schluss gezogen, dass ihre Beziehung mit Allah sehr wohl eine persönliche ist. Sie kann mit ihm sprechen, weinen und lachen. Das heißt, da lag Spinoza falsch.

„Du kannst immer nach dem Unterricht zu mir kommen, wenn du noch über etwas reden willst. Ja?"

Loubna nickt. „Danke, Herr Swart." Sie nimmt ihre Tasche und will gehen.

„Und, Loubna", sagt Herr Swart noch, „du könntest Spinoza natürlich auch einen Brief schreiben, wie du das bei Descartes getan hast. Einfach nur zum Vergnügen. Als kleine Denkübung."

„Wird gemacht", antwortet Loubna lächelnd.

In der Nacht findet Loubna keinen Schlaf. Sie denkt an Spinoza, an Descartes und an Herrn Swart. Sie denkt sogar an Tijmen und dreht sich im Bett unruhig hin und her. Der Wecker zeigt 00:45 Uhr. Morgen schreiben sie eine Englischarbeit, Mist! Loubna knipst ihre Lampe an, geht zum Schreibtisch und holt Stift und Papier. Dann schlüpft sie wieder ins Bett und schreibt:

Lieber Herr Spinoza,
ich weiß nicht, was ich von Ihnen und Ihren Ideen halten soll. Einerseits gefällt mir Ihre Philosophie, in der alles immer und ewig von und mit Gott ist.

Den letzten Satz streicht sie durch. Sie findet seine Philosophie eigentlich zu schwierig, um sie mal eben in einem Satz zusammenzufassen.

Lieber Herr Spinoza,
Ich weiß nicht, was ich von Ihnen und ihren Ideen halten soll. ~~Einerseits gefällt mir Ihre Philosophie, in der alles immer und ewig von und mit Gott ist.~~ Ich finde, Sie sind ein tapferer Mann. Sie haben es gewagt, ganz anders zu denken als die Menschen um Sie herum. Und obwohl Ihre Leute Sie verstoßen haben, blieben Sie Ihren Ideen treu. Das finde ich sehr stark.

Loubna legt ihren Stift beiseite und denkt nach. Würde sie sich das trauen? Sie schüttelt den Kopf. Sie kann das nicht auf ihr Leben übertragen. Warum also darüber nachdenken?

Trotzdem bin ich nicht Ihrer Meinung. Ich habe viel darüber nachgedacht. Wenn ich es schwer habe, dann hilft mir Allah. Oder er schickt jemanden, der mir hilft. So wie Herrn Swart. Und auch Descartes hat mir viel gebracht. Wegen Descartes esse ich meinen Teller wieder leer. Eine ziemliche Leistung, würde ich meinen. Descartes zufolge kann ich mein Denken entwickeln, und das macht mich zu etwas Besonderem. Ich möchte gern etwas Besonderes sein, wissen Sie.

Der Satz über Herrn Swart macht sie etwas verlegen. Aber so ist es doch, oder? Und sie wird das hier ja nicht bei ihm abgeben.

Vielleicht ist es das, was mich an Ihrer Philosophie am meisten stört. Wenn alles immer mit allem zusammenhängt, und alles in allem aufgeht und alles Gott ist - Sie verstehen schon -, dann komme ich mir so nichtig vor. Dann gehe ich auf in etwas Riesigem, was ich nicht erfassen kann. Es ist mir zu schwierig, zu groß.

Loubna nickt, allein im Dunkeln in ihrem Bett. Das ist es: Es ist ihr zu groß, zu abstrakt.

Wissen Sie was? Wenn ich etwas älter bin, will ich versuchen, Ihr Werk zu lesen. In Ordnung? ~~Schlafen Sie gut.~~
Loubna

Kapitel 4

MANN & FRAU

„Den" Mann und „die" Frau gibt es nicht

„In der Tat ganz fürchterlich, Marcel, dass du keine sauberen Unterhosen mehr hast. Die schnellste Lösung wäre, ins Geschäft zu laufen und dir neue zu holen."

„Es ist doch keine große Mühe, die Wäsche mal eben in die Maschine zu tun!"

„Dann TU es doch bitte MAL EBEN selbst!"

Tijmen ist im Wohnzimmer, aber er merkt trotzdem, wie verärgert seine Mutter ist. Seine Eltern stehen beide in der Küche. Vater klingt auch nicht viel freundlicher.

„Ich habe dich schon gestern darum gebeten, Geertruida."

Ui. Geertruida. Vater spricht Mutter nur dann mit ihrem Taufnamen an, wenn er sie treffen will. Sie hasst diesen Namen.

„Ach, fangen wir jetzt so an? Soll ich dir mal aufzählen, worum ich dich schon vor Wochen gebeten habe und was du immer noch NICHT getan hast?"

Tijmen seufzt. So geht es in letzter Zeit tagein, tagaus. Immer diese Zänkereien. Nie mal einfach nur nett zueinander sein. Krank macht ihn das. Er hat keine Lust, seinen Eltern noch länger zuzuhören. Er geht die Treppe hoch in sein Zimmer und schaut auf seinem Handy, ob er neue Nachrichten hat. Herr Swart hat an alle geschrieben: „Wir treffen uns am Mittwoch nicht in der Schule, sondern vor dem Dom. Bis dann, Swart."

Und Sanne hat gleich hinterhergeschrieben: „Hä?? Da sind wir doch gerade erst gewesen?"

Tijmen grinst. Diese Sanne. Sie sagt immer sofort, was sie denkt. Ganz anders als Loubna. Loubna. Loubna. Loubna. Die weiß natürlich schon seit Ewigkeiten, dass er in sie verliebt ist. Wenn er sich bloß trauen würde, es ihr zu sagen. Sie ist so schön, so schlau, so lieb, so … So alles eigentlich. Dann hört er, wie unten eine Tür zuschlägt. Er geht ans Fenster und sieht seinen Vater davonstiefeln. Der geht jetzt offenbar irgendwo Dampf ablassen. Und später am Abend kommt er dann wieder, und sie werden wie so oft in einer eisigen Stille vor dem Fernseher sitzen. Er nimmt sein Handy und schickt Bram eine Nachricht. „Heute Abend zusammen Fußball gucken?"

Ein paar Minuten später piept es.

„Schön! Chips und ich kommen um 8."

Gut geregelt, denkt Tijmen. Sollen seine Eltern doch sehen, wo sie mit ihrem ewigen Gestreite bleiben.

Es ist noch früh, als Tijmen an diesem Mittwochmorgen zum Dom radelt. Er denkt an Loubna und sieht ihre schönen, meistens ernsten Augen vor sich, ihr geheimnisvolles Lächeln. In Gedanken hat er schon oft ihr Kopftuch gelöst und seine Finger durch ihr langes Haar streichen lassen und …

„He, Tijmen!"

Wouter kommt angefahren. „Alles in Ordnung?"

„Ja, klar." Dass es bei ihnen zu Hause in letzter Zeit immer Stunk gibt, braucht Wouter nicht zu wissen.

„Ich dachte, wir wären fertig mit diesem Descartes", sagt Wouter. „Was sollen wir denn schon wieder am Dom?"

„Keine Ahnung."

Nacheinander trudeln alle ein. Herr Swart kommt als Letzter und sucht einen Platz für sein Rad.

„Leute", beginnt er dann. „Schön, euch alle wieder freudestrahlend und vor Gesundheit strotzend hier zu sehen. Los: Wer mich liebt, folge mir."

Herr Swart geht zur Rückseite des Doms und bleibt vor dem Haus Nummer 8 stehen. Es ist weiß verputzt, so wie mehrere in der Reihe. Auf den ersten Blick nichts Besonderes. Obwohl … Über der Tür steht ein Stein vor mit dem eingemeißelten Text: *Hier wohnte Anna Maria van Schurman.* Hängt da irgendwie verloren. Keine Jahreszahl, keine Erklärung. So als wüssten alle, wer das war: Anna Maria van Schurman.

„Nie gehört", sagt Jelle, der neben Tijmen steht.

„Ich auch nicht."

„Neulich haben wir uns dieses Haus dort angeschaut", sagt Herr Swart und zeigt dorthin, wo früher einmal das Haus des großen Descartes-Gegners Voetius stand.

„*Say no more, say no more*", murmelt Loubna.

„Heute möchte ich euch von einer jungen Frau erzählen, die in derselben Zeit hier gewohnt hat, das heißt, in der ersten Hälfte des 17. Jahrhunderts. Anna Maria van Schurman heißt sie, und sie war klug. Echt, echt, *echt* klug. Sie hatte nur ein großes Problem. Irgendeine Ahnung, welches?"

„Kein Geld?", rät Sven.

„Geld war kein Problem. Sie kam aus einer wohlhabenden Familie. Ein Haus wie dieses war in der damaligen Zeit ein stolzer Besitz."

„War sie vielleicht blind?", rät Wouter.

„Na klar. Das wird es sein", sagt Sanne.

Herr Swart schüttelt den Kopf. „Es ist so naheliegend, Leute, wenn ihr euch die Zeit vor Augen haltet, in der sie lebt. Ihr Problem ist, dass sie klug ist und *eine Frau*. Von einer Frau aus begüterten Verhältnissen wie Anna Maria erwartet man, dass sie ein wenig Klavier spielt, schöne Kleider trägt und Einladungen zu abendlichen Diners folgt. Mit ihrer Intelligenz kann sie eigentlich nichts anfangen. Studieren ist nur etwas für Männer. Frauen sind lieb und bescheiden und lächeln genau so lange, bis ein geeigneter Heiratskandidat auftaucht. Danach werden sie Ehefrau und natürlich Mutter."

„Wie öööde!", sagt Sanne.

„Aber auch klar und deutlich", sagt Tijmen, was seine Klassenkameraden zum Lachen bringt. Aber Tijmen meint es ganz ernst.

„Anna Marias Vater erkennt früh, dass seine Tochter außergewöhnlich begabt ist. Darum gestattet er ihr, dem Unterricht ihrer Brüder beizuwohnen. Anna Maria erweist sich als brillant, einfach brillant. Alles, was sie sich vornimmt, schafft sie. Auf seinem Sterbebett nimmt der Vater ihr darum das Versprechen ab, niemals zu heiraten. Denn als Mutter könnte sie ihre Studien vergessen, und ihr Vater sieht, dass diese ihr alles bedeuten. Sie hält ihr Versprechen. Anna Maria ist sehr gut in Sprachen. Sie beherrscht europäische Sprachen wie Französisch, Deutsch, Englisch und Italienisch, aber auch Latein als Sprache der Wissenschaft, dazu Griechisch, Hebräisch, Arabisch, Persisch und Äthiopisch."

„Wie soll das gehen?", ruft Sanne. „Ich habe mit Englisch, Französisch und Deutsch schon alle Hände voll zu tun."

„Ach, aber Anna Maria macht noch viel mehr. Sie vertieft sich außerdem in Medizin und Philosophie. Sie studiert die Bibel, korrespondiert mit herausragenden Gelehrten ihrer Zeit wie unserem Descartes, kann wunderbar malen, aber auch sehr kunstvolle Scherenschnitte anfertigen und ist eigentlich in allem, was sie tut, ein außergewöhnliches Talent."

„Sie war also eine Art Beethoven", fasst Jelle zusammen. „So ein Supermensch."

Herr Swart nickt. „Das ist sie, und ihre Geschichte geht nicht nur wie ein Lauffeuer durch Utrecht, sondern durch das ganze intellektuelle Europa. Die Königin von Schweden läutet hier eines Abends an, um sie höchstpersönlich zu treffen. Auch die Königin von Polen wünscht ein Kennenlernen. Voetius entgeht natürlich nicht, was für eine außergewöhnliche Nachbarin er hat. Er ist kein moderner Mann, dieser Voetius, aber das Talent Anna Marias kann er nicht ignorieren. Zudem ist sie auch sehr fromm, und das gefällt ihm. Er gibt ihr Privatunterricht und ist enorm von ihr beeindruckt. Kommt, wir gehen ein Stück spazieren."

„Ist das 'ne Geschichtslektion?", sagt Sanne zu Loubna, als sie Herrn Swart folgen. „Das hier hat doch nichts mehr mit Philosophie zu tun, oder?"

„Keine Ahnung", scheint Loubnas Blick ihr zu antworten.

Sie gehen zur Hinterseite des jahrhundertealten Doms und dort durch ein Tor in einen prachtvollen Innengarten. Sie folgen Herrn Swart durch die jahrhundertealten Klostergänge zu einer schweren Holztür, landen in einem beeindruckend alten Gebäude und gehen zu einem Bildnis an der Wand. „Wir befinden uns im Akademiegebäude der Universität von Utrecht, und hier könnt ihr sie sehen." Er zeigt auf das Porträt einer jungen Frau mit langem, dunklen Haar, die bereit scheint, kurz den Blick von dem Buch zu heben, das sie in den Händen hält.

„Anna Maria van Schurman."

„Sieht freundlich aus", sagt Bram.

„Ja, klug *und* nett, das passt sehr gut zusammen!", zischt Sanne ihn an.

Dann geht Herr Swart zu dem Bildnis eines Mannes. Den erkennen sie wieder. „Voetius", sagt Jelle entschieden.

„Stimmt. Wir gehen ins Jahr 1636", fährt Swart fort. „Voetius wird Hochschullehrer an der ersten allgemeinen Universität in Utrecht. Es gibt ein schönes Eröffnungsfest, und er bittet die zu diesem Zeitpunkt fast dreißigjährige Anna Maria van Schurman, für diesen Anlass ein Gedicht zu verfassen. Es gäbe niemanden, der das so gut könne wie sie, meint er, denn ihre Beherrschung des Lateinischen ist genial. Das ist viel mehr als eine Ehre. Die Universität ist eine absolute Männerbastion, ihr Beitrag ein Unikum. Natürlich sagt Anna Maria zu – und beschließt zugleich, diesen Moment auch zu nutzen, im allerletzten Satz des Gedichts ihre Unzufriedenheit darüber zu äußern, dass Frauen nicht studieren dürfen."

„Das ist ja auch lächerlich!", sagt Ilse heftig. „Oder?"

„Vergesst nicht: Wir sprechen hier von einer Zeit vor fast vierhundert Jahren. Damals herrschten noch ganz andere Zustände. Ihr Plädoyer schlug ein wie eine Bombe. Anna Maria war ohnehin schon Tagesgespräch, aber jetzt konnte niemand sie mehr ignorieren."

„Klingt wie bei einem Popstar", meint Ilse lachend.

„Aber ja!", sagt Swart. „Den Status hatte sie auch. Und Voetius sieht das und erweist sich als mutig." Sie folgen Swart durch die Flure zu einem sehr hohen Raum. Die Bögen, die weißen Wände und die Orgel im hinteren Bereich erinnern an eine Kirche. An den Wänden hängen meterhohe Wandteppiche.

„Wow." Loubna staunt.

„Das hier ist die Aula; der Raum, in dem Voetius und andere damals Vorlesungen gehalten haben. Voetius macht Anna Maria einen Vorschlag: Sie darf zuhören, sofern sie dabei nicht sichtbar ist."

„Also unter dem Unsichtbarkeitsmantel von Harry Potter", spottet Sanne.

„Nein, hinter einem Vorhang", erwidert Herr Swart lachend.

„Na klar. Wer's glaubt …", sagt Tijmen ungläubig.

„Doch, wirklich", antwortet Herr Swart. „Die erste Student*in* der Niederlande saß hinter einem Vorhang in diesem Saal."

„Halt, warten Sie mal!", sagt Jelle und hebt die Hand. „Das mit der ersten Studentin stimmt nicht. Das haben wir schon in der Grundschule gehabt. Wie hieß die Frau noch mal? Es war irgendwas wie Arianne, Ageta, A…"

„Aletta!", sagt Ilse.

„Ja genau, Aletta Jacobs. Aber das ist rund 250 Jahre nach Anna Maria van Schurman. Aletta Jacobs erhält in der zweiten Hälfte des 19. Jahrhunderts die offizielle Erlaubnis, Medizin zu studieren, und wird Hausärztin in Amsterdam.

Anna Maria van Schurman studierte unter anderem Theologie und Philosophie, aber dass sie Pastorin oder Professorin geworden wäre, war undenkbar. Sie war in ihrer Zeit die große Ausnahme. Erst mit Aletta Jacobs kam es zu tatsächlichen Veränderungen für Frauen in den Niederlanden. Aus diesem Grund wird Anna Maria van Schurmann vielleicht manchmal vergessen, obwohl sie schon in ihrer Zeit über das Talent von Frauen für Wissenschaft, Theologie, Philosophie und Kunst schrieb. Sie selbst war das lebende Beispiel für diese Talente. Nebenbei vermittelt uns ihre Geschichte auch ein differenzierteres Bild von Voetius, der sich so gegen Descartes' innovative Ideen wehrte. Deshalb erschien es mir passend, euch das als Einleitung zu unseren nächsten beiden Philosophen zu erzählen. Beide haben sie ihre Meinung über die Stellung der Frau und über die Beziehung zwischen Mann und Frau von sich gegeben. Und damit werden wir uns in den nächsten Stunden beschäftigen.

Wir dürfen hier, im ältesten Hörsaal der Universität von Utrecht, für den Rest unserer Stunde Platz nehmen, solange wir das Gestühl nicht durcheinanderbringen. Also würde ich sagen: Sucht euch einen Platz!"

Tijmen schaut zu Sanne und Loubna, folgt ihnen und sorgt dafür, dass er neben Loubna sitzen kann. Sie lächelt schüchtern, und er grinst verlegen zurück.

„Ich will euch von einem Philosophen und einer Philosophin erzählen, einem, der vor etwa hundertfünfzig Jahren gelebt hat, und einer heutigen."

„Ach, das gefällt mir aber mal!", sagt Sanne. „Bisher waren sie ja alle schon tot."

„Können wir die, die noch lebt, auch besuchen?", fragt Bram. „Ich würde gern mal einen echten Philosophen sehen."

„Wie wär's mit mir?", meint Herr Swart grinsend.

„Uuuups!", sagt Sanne und lacht.

„Also, Spaß beiseite", sagt Herr Swart. „Unser Philosoph ist ernsthaft verliebt. Aber die Liebe seines Lebens ist mit einem anderen verheiratet."

„Tja, schade", sagt Bram.

„Das lässt sich aber doch ändern", fügt Sanne hinzu.

„Nicht wirklich, Sanne. Unsere Geschichte spielt sich in der zweiten Hälfte des 19. Jahrhunderts ab, also vor hundertfünfzig Jahren. Es war zwar nicht unmöglich, aber doch sehr ungewöhnlich, sich scheiden zu lassen. Unser Philosoph ist John Stuart Mill, und die Frau, in die er verliebt ist, heißt Harriet Taylor. Zwischen ihnen entsteht eine Liebe, und zwar eine, die es wirklich verdient, großgeschrieben zu werden. Aber Harriet will den Vater ihrer Kinder nicht verlassen. Also bleibt ihnen nichts anderes als eine gute Freundschaft. Sie treffen sich, wann immer es möglich ist, und schreiben sich lange Briefe."

Tijmen guckt ganz vorsichtig zur Seite und fragt sich, ob er wohl den Mut dazu hätte, Loubna einen Brief zu schreiben. Vielleicht könnte er dann endlich sagen, was er fühlt. Nein. Er seufzt.

„In diesen Briefen und Gesprächen geht es öfters um die Rolle der Frau. Mills bedeutendes Werk zu dieser Frage erscheint erst Jahre nach ihrem Tod, aber er schreibt, es sei in enger Zusammenarbeit mit ihr zustande gekommen. Das gilt auch für eine Reihe anderer Bücher, die er geschrieben hat. Heute finden wir es ganz normal, dass Frauen ihren Beitrag zur Wissenschaft und damit auch zur Philosophie leisten, aber damals führte das durchaus noch zu herablassenden Reaktionen. Dass ein einflussreicher Mann – denn das war er – wie Mill behauptet, einer Frau so viel zu verdanken hat, ist in seiner Zeit beispiellos. Von der Gleichwertigkeit von Mann und Frau hat damals wirklich noch niemand gesprochen. Außerdem wird viel getratscht über ihre Freundschaft. Einfach nur Freunde? Aber sicher, das glaube, wer will! Eine innige Freundschaft zwischen einem Mann und einer Frau, das geht doch eigentlich nicht. Mill ist unverheiratet. Na also, das sagt genug."

„Ich bin froh, dass man sich heute deswegen nicht mehr so anstellt", sagt Sanne. Sie denkt an ihren Marktpop-Abend mit Wouter und Bram. Das war zwar kein großartiger Erfolg, aber es lag weniger daran, dass sie mit Jungs unterwegs war. „Es macht ja auch gar keinen Sinn: Als ob jede Frau sich immer sofort und augenblicklich in jeden Mann verlieben würde, der sich ihr nähert."

„Genau so ist es", sagt Herr Swart. „Aber Mill und Taylor lieben sich dennoch sehr und versuchen, sich möglichst wenig aus dem Gerede zu machen. Als Harriets Mann stirbt, heiraten sie schließlich doch noch. John Stuart Mill und Harriet sind da schon gut zwanzig Jahre miteinander befreundet. Ihre Ehe dauert nur sieben Jahre, weil Harriet im Alter von 51 stirbt."

„Wie traurig", sagt Loubna leise.

„Das ist es. John Stuart Mill ist untröstlich. Zum Glück ist Helen Taylor, Harriets Tochter, aus dem gleichen Holz geschnitzt wie ihre Mutter. Mutter, Tochter und Mill haben auch viel zu dritt gearbeitet. Als Harriet stirbt, setzen Mill und Helen sich zusammen weiter für die Sache der Frauen ein."

„Die Sache der Frauen", sagt Tijmen. „Von dem Ausdruck bekomme ich immer Pickel!"

„Wie meinst du das?"

„Ich höre manchmal von Frauen, die meinen, sie müssten sich für die Sache der Frauen starkmachen, aber dann denke ich: Wovon redet ihr eigentlich? Wenn man sich als Frau etwas vornimmt, dann kann man es doch hinbekommen! Wir haben Ministerinnen, Professorinnen, Direktorinnen. Also – geht doch!"

Sanne und Loubna neben ihm nicken.

„Gut, Tijmen. Ich verstehe, was du meinst. Sagt mal, Leute: Wer von euch hat eine Mutter, die arbeiten geht?"

Alle Hände, ausgenommen die von Wouter und Sven, gehen in die Höhe.

„Meine Mutter würde gerne, aber sie ist arbeitslos", erklärt Wouter.

„Meine Mutter hat sich dafür entschieden, zu Hause zu bleiben", sagt Sven. „Sie arbeitet allerdings ehrenamtlich."

„Und wer von euch hat einen Vater, der arbeiten geht?"

Wieder gehen Hände in die Höhe, außer denen von Sanne, Wouter und Bram. „Mein Vater ist schon in Rente", sagt Bram. Sanne sagt nichts und alle in der Klasse wissen, warum: Seit ihre Eltern geschieden sind, hat sie zu ihrem Vater gar keinen Kontakt mehr. Und dass Wouters Vater gestorben ist, wissen sie auch alle.

„Dann eine weitere Frage, die ihr vielleicht nicht alle genau beantworten könnt, aber dann müsst ihr halt raten. Wer von euch glaubt, dass seine oder ihre Mutter mehr verdient als der Vater?"

Ilse hebt als Einzige die Hand. „Wäre gut möglich", sagt sie zögernd. „Meine Mutter arbeitet länger als mein Vater und sie haben ungefähr die gleiche Arbeit."

„Du gehst also davon aus, dass, wenn sie das Gleiche arbeiten, Mann und Frau auch gleich viel verdienen?"

„Ja, ist doch logisch, oder?", sagt Sanne, noch bevor Ilse reagieren kann.

„Tja", sagt Herr Swart, „das ist nicht unbedingt so. Und aus den paar Fragen, die ich gerade gestellt habe, geht hervor, dass eure Mütter zwar oft arbeiten, aber dass eure Väter mehr arbeiten und auch mehr verdienen."

„Okay", sagt Jelle. „Aber diese Frauenfrage, da geht es doch um mehr als Arbeit und Einkommen. Es geht doch auch ums Studieren, um Selbstbestimmung, um Freiheit. Das ist in unserem Land doch alles gut geregelt. Das heißt, wenn eine Frau sich selbst für einen kleineren Job und damit ein kleineres Einkommen entscheidet, kann sie dafür doch nicht anderen die Schuld geben."

„Sehr interessant, was du da sagst, Jelle. Aber ich denke, das Ganze ist doch etwas komplizierter, als du es darstellst. Ich bin gespannt, ob du am Ende dieser und der nächsten Unterrichtsstunden noch genauso darüber denkst."

Herr Swart zieht ein Bild von John Stuart Mill aus seiner Tasche und lässt es herumgehen. Es zeigt einen schmächtigen Mann mit Glatze und Haarbüscheln über den Ohren. Seine Mundwinkel hängen etwas herab, aber streng oder böse sieht er trotzdem nicht aus, sondern eher bescheiden und vielleicht auch ein wenig schüchtern.

„John Stuart Mill hat einen außergewöhnlich strengen und ehrgeizigen Vater, der ihn als Kind drillt wie ein strenger Befehlshaber. Der Vater ist befreundet mit dem berühmten Philosophen Jeremy Bentham, der ihm hilft, John Stuart mit Wissen vollzupumpen. Gelernt muss werden, und zwar viel und gründlich und schon ab seinem dritten oder vierten Lebensjahr. Mit sieben liest er bereits Platon. Auf Griechisch wohlgemerkt."

„Das ist doch nicht normal!", ruft Sanne.

„Als wir sieben waren, konnten wir bloß ein bisschen in Bilderbüchern lesen", sagt Bram.

„Das gilt vielleicht für dich", reagiert Jelle spitz. „Ich las da schon Harry Potter!"

„Ja, klar. Du schon!"

„Großartig", fährt Herr Swart fort, „aber selbst Harry Potter ist immer noch etwas einfacher als Platon auf Griechisch. John Stuart darf ständig nur büffeln. Zeit für Gemütlichkeit und Muße bleibt ihm nicht. Vom Spielen ganz zu schweigen! Unsicherheit gibt es nicht in der Familie, in der er aufwächst. Andere Gefühle übrigens auch nicht. Mills Mutter spielt eine völlig untergeordnete Rolle. Sie ist nicht mehr als das Arbeitstier ihres Mannes. Zuerst kennt er es natürlich nicht anders, aber später lässt diese Erziehung John Stuart Mill sehr unglücklich werden. Als Erwachsener beschließt er, einen ganz anderen Weg einzuschlagen, und zwar einen, in dem es Platz für Gefühle gibt. Er genießt Kunst, Musik, Literatur und Lyrik. Und er entwickelt ein Auge für Frauen. Schon als junger Mann sieht er, dass der Platz, den Frauen innerhalb der Gesellschaft haben, kein sonderlich beneidenswerter ist. Also befürwortet er schon sehr bald das Wahlrecht für Frauen, ein Thema, das in seiner Zeit bereits bestimmte gesellschaftliche Kreise beschäftigt. Aber als er sich in Harriet verliebt und sich mit ihr über diese Frage mündlich und schriftlich austauscht, werden seine Vorstellungen davon immer klarer. Die Freiheit des Individuums wird für den Philosophen John Stuart Mill zu dem Thema schlechthin. Wobei er unter „Individuum" sowohl Männer als auch Frauen versteht. Weil seine Sicht der Freiheit für Frauen für seine Zeit äußerst ungewöhnlich ist, beschließt er, der Frage ein eigenes Buch zu widmen, und zwar dieses:" Herr Swart hält ein dünnes Buch hoch und liest den Titel vor: *The Subjection of Women*, auf Deutsch: Über die Unterwerfung der Frauen. Und dieses 1869 erschienene Buch brach mit allen damals geltenden Normen. Die meisten Männer waren entsetzt, als sie es lasen, die Frauen dagegen so froh, dass sie es sich nachts unters Kopfkissen legten. John Stuart Mill ist zu dieser Zeit bereits ein berühmter und einflussreicher Mann. Er hat ein sehr wichtiges philosophisches Werk geschrieben – *On Liberty,* auf Deutsch: *Die Freiheit* – und er ist Mitglied im Parlament. Wenn John Stuart Mill spricht, hört man ihm zu. Aber jetzt gibt es seine Ansichten schwarz auf weiß, und sie verbreiten sich rasend schnell in ganz Europa."

„Jetzt werden Sie doch mal konkret", sagt Wouter Kaugummi kauend. „Ich brenne vor Neugier."

„Leider, liebe Leute, ist die Zeit wieder mal um. Wir müssen zurück zu unseren Fahrrädern. Nächste Woche erzähle ich euch mehr über John Stuart Mill und Harriet Taylor. Wir verabschieden uns von diesem historischen Ort, und ich schlage vor, dass wir uns kurz vor Anna Maria van Schurman als der Frau verbeugen, die schon zweihundert Jahre vor John und Harriet eine Lanze für die Bildung der Frau gebrochen hat."

„Das brauchen wir Jungs aber doch nicht zu tun, oder?", fragt Tijmen.

„Aha!", sagt Herr Swart und streckt den Zeigefinger in die Luft. „Wir werden noch sehen, dass John Stuart Mill da ganz anderer Ansicht ist, Tijmen. Was für die Frauen gut ist, ist auch gut für die Männer. Denkt darüber bitte einmal nach!"

„Ja, lasst uns das tun", sagt Tijmen beim Davongehen leise zu Loubna.

„Lasst uns darüber in unserer Freizeit mal richtig nachdenken!" Loubna schenkt ihm ein schüchternes Lächeln, und das gibt ihm ein wunderbares Gefühl. Ob sie vielleicht doch …? Er wird einfach nicht klug aus ihr.

„Tijmen!" Sven kommt angelaufen. „Fahren wir zusammen?"

Tijmen nickt, obwohl er gerne noch länger in Loubnas Nähe geblieben wäre.

„Die Matheaufgabe, weißt du", beginnt Sven, „sauschwer ist die. Können wir das heute Abend zusammen anschauen? Für dich ist das immer ein Kinderspiel."

„Ja, ist gut."

„Bei dir oder bei mir?"

„Lieber bei dir als bei mir …"

Tijmen hört mitten im Satz auf, und Sven schaut ihn fragend an. „Also gut. Ich erzähle es dir, aber du musst mir versprechen, mit keinem darüber zu reden."

Sven legt die Hand aufs Herz.

„Seit ein paar Monaten hat meine Mutter eine neue Arbeit. Sie sagt, dass sie sehr froh darüber ist, aber in letzter Zeit streiten sich meine Eltern nur noch. Das macht mich noch ganz verrückt."

„Und ihre Streitereien haben mit der neuen Arbeit zu tun?"

Tijmen nickt. „Ich denke schon. Sie arbeitet jetzt mehr, und das heißt, mein Vater muss mehr im Haushalt machen. Dazu hat er keine Lust."

„Ziemlich doof für deine Mutter!"

Wieder nickt Tijmen. „Das heißt, ich komme heute lieber zu dir. Bei deiner Mutter gibt es Tee und Kekse."

„Das ist auch nicht immer schön, weißt du. Sie kümmert sich viel zu sehr um mich. Manchmal stelle ich es mir wunderbar vor, eine Mutter zu haben, die noch was anderes zu tun hat, als auf mich zu warten."

„Sollen wir tauschen?"

„Die Mütter? Ha, ha! Dann hat mein Vater eine Beziehung mit deiner Mutter? Nach allem, was in Sachen Anlaufstelle passiert ist? Ich denke, das wird nicht gut gehen."

Tijmen ist erleichtert. Ihm gefiel es eigentlich gar nicht, dass ausgerechnet Svens Vater und seine Mutter öffentlich so zerstritten waren. Er mag Sven und freut sich, dass der darüber lachen kann. „Dein Vater ist doch nicht böse auf mich wegen …"

„Auf dich? Nein, natürlich nicht."

Pizza

„Was gibt's zu essen?", fragt Tijmen seinen Vater. Es ist mittlerweile halb sieben, und seine Mutter ist weit und breit nicht zu sehen.

„Keine Ahnung", antwortet sein Vater.

„Ich habe mich für halb acht mit Sven verabredet."

„Ach, der Sohn vom Stadtrat Mesterman." „Yep! Wir machen zusammen Mathe. Aber dann müssten wir eigentlich jetzt gleich essen, denn mit dem Fahrrad ist es noch ein ganzes Stück."

Vater nimmt sein Telefon, sucht etwas und führt das Handy an sein Ohr. „Bringen Sie uns zwei Quattro Stagioni?" Stille. „Schön, und geht es einigermaßen schnell?"

Verwundert guckt Tijmen seinen Vater an. Zwei? Wieso zwei? Und was ist mit seiner Mutter? „Isst Mama nicht mit?", fragt er, nachdem sein Vater ihre Adresse durchgegeben hat.

„Weiß ich nicht. Wenn sie nichts von sich hören lässt, ist das nicht mein Problem."

Die Stimme seines Vaters klingt so unfreundlich, dass es Tijmen erschreckt. Er denkt an all die Male, als sein Vater zu spät nach Hause kam und Mutter und er schon angefangen hatten zu essen. Sie ließ die Töpfe dann immer möglichst lange auf dem Herd, damit sein Vater sich, wenn er heimgekommen war, nur noch auftun musste.

Als sie kurz darauf gerade die ersten Bissen ihrer Pizzas gegessen haben, hören sie, wie die Haustür aufgeht. Geräusche im Hausflur, eine Tasche plumpst auf den Boden, Schlüssel landen klimpernd am Haken, und da ist Mutter. „Hallo Ma", sagt Tijmen, so fröhlich er kann.

„Hallo Tijmen", sagt sie und dann: „Pizza?"

„Pizza, ja", sagt Vater eisig.

„Das heißt, wenn ich etwas später dran bin, dann schälst du nicht mal ein paar Kartoffeln oder kochst ein wenig Reis. Nein, dann bestellst du Pizza?!"

„Pizza, ja."

„Das heißt, ich sorge zwanzig Jahre lang so ungefähr jeden Tag fürs Essen, und wenn ich ein einziges Mal spät dran bin, dann bestellst du Pizza?"

„Pizza, ja."

„Komm, Ma, iss doch mit uns mit", versucht es Tijmen und schneidet die Hälfte seiner Pizza ab.

Seine Mutter aber scheint kurz vor dem Explodieren zu sein. Sie schaut Vater wütend an. „Du bestellst für dich, aber an mich denkst du nicht?"

„Pa, Ma, bitte", sagt Tijmen mit einem Kloß im Hals.

„Es geht hier nicht ums Essen, oder, Marcel? Was willst du eigentlich? Willst du, dass ich meine Stundenzahl wieder reduziere? Ist es das? Während deiner göttlichen Abwesenheit darf ich gern ein paar nette Nebentätigkeiten übernehmen, solange nur deine gebratenen Hackröllchen im Speckmantel auf dem Tisch stehen, wenn du nach Hause kommst? Willst du am Ende gar nicht, dass ich einer ernsthaften Arbeit nachgehe?"

„Ma, Pa, könnt ihr …", flüstert Tijmen jetzt beinahe.

„Aber weißt du was, Marcel: Du kannst mich mal mit deiner Pizza. Ich habe dafür gesorgt, dass du Karriere machen konntest, ich habe dafür gesorgt, dass es Tijmen an nichts gefehlt hat, und jetzt bin ich an der Reihe. Ich, hörst du? ICH!" Sie steht so plötzlich auf, dass ihr Stuhl nach hinten kippt, und stiefelt aus dem Zimmer. Die Haustür knallt mit einem lauten Schlag zu.

Vater räuspert sich, nimmt Messer und Gabel und sagt: „Das Essen wird kalt, Tijmen."

Aber Tijmen ist der Appetit vergangen.

„Guten Morgen ohne Sorgen." Es ist wieder Zeit für eine neue Philosophiestunde, aber Tijmen kann nur mit Mühe die Augen offen halten. Seit seine Mutter wütend weggegangen ist, hat sie ihm nur eine einzige SMS geschickt. Lieber, stand darin, mach dir keine Sorgen. Ich muss zu mir selbst finden, das kann ein paar Tage dauern. Bis bald. Dass sie auf Papa böse ist,

versteht Tijmen. Das mit der Pizza war richtig mies von ihm. Aber was hat er, Tijmen, ihr getan? Wo kann sie sein? Vater meint, sie wohnt bei ihrer besten Freundin Nienke. Er geht davon aus, dass sie sich schon selbst wieder melden wird. Aber Tijmen hat da seine Zweifel. So wie vorgestern hat er seine Mutter noch nie gesehen.

„Über die Unterwerfung der Frau, geschrieben von John Stuart Mill und – auch wenn sie nicht mit auf dem Umschlag steht – seiner innig geliebten Harriet Taylor", beginnt Herr Swart und zeigt ihnen nochmals das Buch. „Auf der ersten Seite steht, warum Mill die Stellung der Frau für ein Thema hält, über das gesprochen werden *muss*. Tun wir das nicht, sagt er, dann tun wir nicht nur den Frauen, sondern auch den Männern, ja der Gesellschaft insgesamt ernsthaft unrecht. Mehr noch: Wird den Frauen keine vollwertige Stellung in der Gesellschaft eingeräumt, hindert dies den Fortschritt der Menschheit."

„So ist es!", ruft Sanne.

„Das sind große Worte, aber es ist dem Philosoph ernst damit", fährt Herr Swart unerschütterlich fort. „Mill will die Menschen wachrütteln und dafür sorgen, dass sie aktiv werden, das heißt, ihr Leben verändern."

Tijmen seufzt. Veränderung, daraus erwächst doch nur Streit. Er hatte immer das Gefühl, die Entscheidung seiner Mutter, wieder mehr zu arbeiten, würde ihn gar nicht betreffen. Er selbst hat schließlich kein Problem damit, er kommt schon zurecht. Aber seit sie nach den ganzen Streitigkeiten fort ist, trifft ihn das schon, denn das hat für ihn sehr wohl große Folgen. Was soll er also davon halten? Und soll er etwas tun? Und wenn ja, was? Dann hört er die Stimme von Herrn Swart.

„John Stuart Mill geht auch selbst auf die Barrikaden, aber das erzähle ich später. Er spricht natürlich aus eigener Erfahrung. Seine Harriet ist ihm eine vollkommen gleichwertige Partnerin gewesen. Dank ihrer intensiven Gespräche und Briefe hat er seine Ansichten in einer Art und Weise entwickeln können, wie er es als Mann und als Mensch allein nie vermocht hätte. Das veranlasst ihn zu einigen wichtigen Schlussfolgerungen: Dass Frauen angeblich weniger stark, weniger intelligent und weniger an der Welt interessiert seien als Männer, ist völliger Unsinn. Seine nächste Schlussfolgerung ist, dass Männer, die ihre Frau als gleichwertige Partnerin behandeln, dafür unglaublich viel Gutes zurückbekommen. Und seine dritte Feststellung ist, dass es eine enorme Neuerung und Verbesserung bedeuten würde, wenn die Qualitäten von Frauen auch gesellschaftlich anerkannt würden. Einmal angenommen, man könnte die Hälfte aller Menschen auf der Erde zusätzlich zugunsten der Gesellschaft einsetzen! Das ist doch enorm! Mill ist kurz gesagt davon überzeugt, dass wir alle glücklicher und sehr viel besser dran wären, wenn sich die Stellung der Frauen sowohl innerhalb der Gesellschaft als auch innerhalb der Beziehungen verbessern würde."

„Die Frage ist natürlich, warum die Frauen in dieser Zeit denn überhaupt nicht mitzählten", sagt Jelle.

„Genau, Jelle. Haargenau! Und das ist natürlich auch die Frage, die Mill stellt. Worauf beruht die Unterwerfung von Frauen? Wer hat sich das je so ausgedacht? Er betrachtet es von allen Seiten und findet nur einen einzigen Grund: Es ist eine verknöcherte, eingerostete Vorstellung, nicht mehr und nicht weniger. Gute Argumente dafür lassen sich nicht finden. Er stellt fest, dass sowohl die Gesetze als auch die sozialen Normen seiner Zeit den Frauen keinerlei Raum lassen. Den sozialen Normen zufolge ist die ideale Frau immer eine Mutter, die für die Kinder und den Haushalt sorgt. Der Mann ist der Herr und muss seine Frau beschützen, weil diese nun mal weniger stark und begabt ist. Aber woher wollen wir das wissen? Das ganze Unterdrückungssystem besteht nur aus unbewiesenen Vorurteilen. Haben wir je das Gegenteil erprobt? Haben wir die Fähigkeiten von Frauen voll genutzt? Natürlich wissen sie in Mills Zeit weniger über Politik und Wissenschaft. Aber das ist vollkommen logisch, sagt er, denn Frauen haben ja nie die Chance einer guten Bildung gehabt. Haben sie etwas anderes lernen dürfen als Konversation, Nähen und Klavierspielen? Nein, eben nicht! Die Frau braucht sich lediglich um Haus und Kinder zu sorgen. Befürworter meinen, eigentlich würden die Frauen von den Männern in Watte gepackt. Immer schön zu Hause. Keine schwere Arbeit, keine Verantwortlichkeiten. ‚Aber stimmt das wirklich?', fragt Mill. Für eine Frau ist es unmöglich, sich finanziell ein eigenes Leben aufzubauen, weil erwartet wird, dass sie nicht arbeitet. Das macht sie vollkommen abhängig von einem Mann. Ihr bleibt keine andere Wahl, als zu heiraten und Kinder zu bekommen. Und sie wird nach der Pfeife ihres Mannes tanzen müssen, ob sie will oder nicht. Genau das sei ‚Unterwerfung‘, sagt Mill. Man könne es getrost auch Sklaverei nennen.“

„Na, na, na“, sagt Bram. „Die war doch wohl ein paar Grad schlimmer, oder nicht?“

„Mill sieht sehr wohl Parallelen. Eine Frau war in dieser Zeit der Besitz des Mannes, so wie ein Sklave der Besitz eines Herrn war. Wenn sie Besitztümer hatte, gelangten diese bei der Eheschließung automatisch in die Hände des Mannes, und sie hatte anschließend nichts mehr darüber zu entscheiden. Vergewaltigung oder Misshandlung innerhalb der Ehe gab es vor dem Gesetz nicht. Und der Mann hatte das alleinige Sagen über die Kinder, die seine Frau in die Welt geboren hatte.“

„Aber er selbst hat doch auch Harriet geheiratet“, sagt Bram.

„Stimmt. Aber bei seiner Hochzeit hat er auf sämtliche Rechte verzichtet, die er als Mann über seine Frau gehabt hätte.“

„Klingt stark“, sagt Loubna.

„Ich denke, ich wäre verrückt geworden in dieser Zeit“, sagt Sanne. „Ja, wirklich!“, fährt sie fort, als die Klasse sie auslacht. „Ist doch scheußlich, wenn man selbst nichts meinen, nichts denken und nichts tun darf. Ist doch wohl das Letzte, oder?“

Tijmen denkt an seine Mutter und wie sie vor einigen Monaten strahlend am Abendbrottisch erzählt hatte, man habe ihr angeboten, ihre Arbeitszeit aufzustocken. In diesen zusätzlichen Stunden betreut sie ein für sie sehr spannendes Projekt. Nachdem sie jahrelang quasi auf Autopilot gearbeitet hat, fühlt sie sich endlich wieder herausgefordert. Sein Vater reagierte anfänglich auch begeistert. Wie konnte es danach dann so schiefgehen? Er beugt sich über seine Tasche und schaut auf sein Handy. Keine Nachrichten.

„John Stuart Mill war der erste einflussreiche Mann, der sich, zusammen mit Harriet Taylor, für den Feminismus einsetzte. Ich sagte vorhin schon, dass seine Unterstützung der Frauensache viel weiter ging als das Schreiben dieses Buches. Schon lange bevor es 1869 erschien, setzte er sich für die Verbesserung der Stellung von Frauen ein. Eine der wichtigsten Sachen, die seiner Meinung nach verwirklicht werden mussten, war das Frauenwahlrecht. Eine Gesellschaft, die Frauen ernst nimmt, gibt ihnen den Spielraum, über die Politik und die Zukunft des Landes mitzuentscheiden. Dafür setzt er sich voll und ganz ein.

Als das Buch erscheint, ist Mill schon einige Jahre Parlamentarier und lässt keinen Moment ungenutzt, das Thema zur Sprache zu bringen. Zwei Jahre vor Erscheinen des Buches unternimmt er etwas sehr Gewagtes: Er schlägt im Parlament eine kleine Änderung im Wahlrecht vor, genauer gesagt bei dem Gesetz, das bestimmt, wer wählen darf und wer nicht. Das Wörtchen ‚Mann' möchte er gern durch das Wort ‚Person' ersetzen. Ihr versteht die enorme Tragweite. Mill versucht, die übrigen Parlamentarier mit den Argumenten, die später auch in seinem Buch erscheinen werden, davon zu überzeugen, dass die Zeit reif für das Frauenwahlrecht sei. Am Ende gewinnt er sogar recht viele Männer für sich. Aber nicht genug. Was er jedoch erreicht, ist, dass jetzt ernsthaft über dieses Thema gesprochen wird. Immer mehr Frauen fordern das Wahlrecht. Als Mills Buch erscheint, gibt es noch mehr Diskussionsstoff. Wie ein Ölteppich breitet sich die Diskussion über die Stellung der Frauen und das Frauenwahlrecht in Europa aus. Letzten Mittwoch hat bereits jemand von euch, ich meine, es war Ilse, den Namen Aletta Jacobs fallen lassen."

„Und ich", sagt Jelle.

„Aletta war ungefähr so alt wie ihr jetzt, als das Buch erschien. 1879 kam sie eigens nach London, um sich mit Vorkämpfern für die Frauenemanzipation zu treffen. John Stuart Mill war da schon tot. Auch Aletta Jacobs war davon überzeugt, dass Frauen das Wahlrecht haben müssten. Dafür hat sie sich 35 Jahre lang eingesetzt, und als sie 1918 das erste Mal an die Wahlurne durfte, war sie schon 68 Jahre alt. In unserem Land erhielten die Frauen 1919 das Wahlrecht, also ein Jahr später als die Engländerinnen. Auch das zeigt, wie fortschrittlich John Stuart Mill und Harriet Taylor mit ihren Ideen waren."

„Ich will ja nicht nerven", sagt Sanne. „Und ich finde das alles auch ziemlich spannend, aber ist das nicht einfach nur Politik? Oder Geschichte?"

„Es ist natürlich die Frage, was man unter Philosophie versteht. Ein Philosoph sucht nach der Wahrheit, nach Wissen, stellt Fragen. Philosophen

142

haben durch die Jahrhunderte hinweg verknöcherte Vorstellungen aufgebrochen, indem sie die großen Lebensfragen auf eine ganz andere Weise betrachtet haben. John Stuart Mill stellt ein gesellschaftliches Phänomen fest, von dessen Ungerechtigkeit er zutiefst überzeugt ist. Er nutzt sein Talent, um über seinen Tellerrand zu blicken und einen Standpunkt zu formulieren, der alle Männer und alle Frauen betrifft. Er steht mit beiden Beinen auf dem Boden, so wie beispielsweise auch Hannah Arendt und Karl Marx. Er ist kein Stubengelehrter, sondern er möchte eine Bewegung in Gang setzen. Und das ist ihm gelungen, obwohl er die Einführung des Frauenwahlrechts selbst nicht mehr miterleben durfte. Vier Jahre nach dem Erscheinen der *Unterwerfung der Frau* und fünfzehn Jahre nach dem Tod seiner geliebten Harriet haucht auch er seine Seele aus."

„Und Harriets Tochter, mit der er zusammengearbeitet hat?", fragt Loubna.

„Die hat sich ihr gesamtes restliches Leben für eine bessere Stellung der Frauen eingesetzt. Aber leider hat auch sie den Tag nicht mehr erlebt, an dem Frauen an die Wahlurne durften."

„Ziemlich verrückt, dass es gerade mal hundert Jahre her ist, dass wir das Wahlrecht bekommen haben", sagt Ilse. „Unsere Urgroßmütter waren die Ersten, die wählen durften."

„Meine Oma", sagt Sven, „hat mal erzählt, dass sie nach ihrer Heirat aus ihrer Stellung entlassen wurde."

Tijmen denkt an seine Mutter. Die hat zwar eine Arbeit, bekommt dafür aber seit einer Weile nichts als saure Blicke dafür zurück. Plötzlich spürt er einen Kloß im Hals. Er nimmt sein Handy aus der Tasche, steckt es in seine Hosentasche und steht auf. „Mal kurz austreten", sagt er.

Draußen bei den Toiletten tippt er die Handynummer seiner Mutter ein. Die Mailbox. Er wartet auf den Signalton. „Hallo Mama, ich bin's. Mama, du fehlst mir. Würdest du mich kurz zurückrufen? Ich finde … Ich … Ich bin einfach stolz auf dich, verstehst du?" Dann weiß er nichts mehr zu sagen. Er steckt sein Handy wieder in die Tasche, schluckt mehrmals, trinkt ein paar Schlucke Wasser und geht in die Klasse zurück.

„Anfang des letzten Jahrhunderts führte ein europäisches Land nach dem andern das allgemeine Wahlrecht ein, und damit war ein wichtiger Schritt vollzogen", hört er Swart sagen. „Aber zugleich war das natürlich erst der Anfang. Der Widerstand gegen die ungleiche Stellung von Frauen war vom wohlhabenden Bürgertum ausgegangen, von Menschen wie Harriet Taylor und John Stuart Mill. Aber die Ungleichheit zwischen Männern und Frauen ging weit über das Wahlrecht hinaus. Frauen wollten danach auch die gleichen Studienmöglichkeiten, Lohngleichheit, eine Aufteilung der häuslichen Aufgaben, die Selbstbestimmung über ihren Körper. Da gab – und gibt – es noch sehr viel zu tun."

„Sie sagten vorige Woche, es sei noch die Frage, ob die Lohngleichheit mittlerweile eine Tatsache ist", sagt Ilse zögernd. „Ich habe meine Eltern danach gefragt."

„Und?"

„Mein Vater verdient etwas mehr. Er sagt, das sei so, weil er mehr Erfahrung hat."

„Das könnte doch auch stimmen oder?"

„Aber meine Mutter sagt, sie hätte diesen Rückstand, weil sie ein paar Jahre lang weniger gearbeitet hat, um sich um meine Schwester und mich zu kümmern."

„Aha! Ja, genau. Und was sagst du dazu?"

„Ich fand es schön, dass sie uns immer aus der Schule abgeholt hat, als wir klein waren."

„Aber hätte dein Vater das nicht auch tun können?"

Ilse schaut ihn nachdenklich an. „Vielleicht auch, doch. Darüber habe ich eigentlich noch nie nachgedacht."

„Seit John Stuart Mill wurde also viel erreicht, aber es gibt auch heute noch viele Selbstverständlichkeiten, die man zur Diskussion stellen könnte", fasst Herr Swart zusammen. „Und jetzt will ich euch von einer Philosophin der Gegenwart erzählen, die über den Feminismus nachgedacht hat, den Kampf von Frauen für ein gleichberechtigtes Dasein. Ihr Name ist Julia Kristeva." Herr Swart zeigt ein Foto von einer Frau mit einem runden, schönen Gesicht, sorgfältig frisiert und geschminkt und modisch gekleidet.

„Ziemlich hip für eine Philosophin", urteilt Loubna. Sie sieht noch den gigantischen Schnurrbart von Nietzsche vor sich.

Feministische Wellen

„Julia Kristeva wurde 1941 in Bulgarien geboren, zog aber bereits als junge Frau nach Paris, wo sie bis heute wohnt. Sie studierte Literaturwissenschaften und beschäftigt sich intensiv mit der Bedeutung und dem Einfluss von Sprache. Sie ist Philosophin und Psychoanalytikerin und hat an verschiedenen Universitäten in Paris und in den Vereinigten Staaten gelehrt."

Herr Swart setzt sich auf die Ecke seines Pults. „Julia Kristeva hat einen Artikel mit dem Titel *Die Zeit der Frauen* geschrieben, in dem sie unter anderem auf die verschiedenen Phasen eingeht, die sie im Feminismus zu erkennen meint. Meistens sprechen wir von feministischen Wellen. Meiner Meinung nach liegt darin auch etwas Schönes, weil Veränderungen tatsächlich nie von heute auf morgen realisiert werden, sondern es dazu immer erst die notwendigen Grundlagen und Voraussetzungen braucht. Und das vollzieht sich mit Höhen und Tiefen. Manchmal erscheint eine Gesellschaft ganz und gar reif für eine Veränderung, aber dann geschieht doch wieder etwas, wodurch sich der Prozess verzögert. Außerdem weist Kristeva darauf hin, dass die verschiedenen Phasen nicht unbedingt immer ‚abgeschlossen‘ sind: Es mag zwar den Anschein haben, als befänden wir uns schon in der nächsten Welle, aber eigentlich ist die vorherige Welle noch aktuell.

Die Phase, in der sich John Stuart Mill, Harriet Taylor und auch noch unsere Aletta befanden, nennen wir ‚die erste feministische Welle‘. Kristeva schreibt auch über diese erste Periode. Sie sagt, damals sei es den Frauen darum gegangen, einen eigenen Platz in der Geschichte einzufordern. Die Frauen wollten ernsthaft mitzählen in der Gesellschaft, gleich viel Macht und Befugnisse haben. Sie wollten auf die gleiche Weise gewürdigt werden, das heißt, das Gleiche an Rechten, Chancen und Lohn bekommen wie die Männer. Um an der Macht und der Stellung von Männern beteiligt zu sein, waren sie notfalls auch bereit, von uns als ‚weiblich‘ betrachtete Eigenschaften abzulegen."

„Weibliche Eigenschaften? Was genau ist denn damit gemeint?", fragt Jelle.

„Die vielen Tassen Tee meiner Mutter", seufzt Sven.

Tijmen muss an die Bemerkung seiner Mutter über Vaters Hackröllchen denken. Die Hackröllchen im Speckmantel, die bereitstanden, wenn er nach Hause kam. Mutter hat immer gut für sie beide gesorgt. Und das tut sie weiterhin, obwohl es jetzt öfter vorkommt, dass er nach sauberer Wäsche suchen muss und der Küchentresen mal nicht ganz so gründlich geputzt ist.

„Fürsorglichkeit", sagt Herr Swart. „Aufmerksamkeit für das Verletzliche, vielleicht etwas mehr Hang zum Häuslichen."

„Dann ist meine Mutter eigentlich ein Mann", schlussfolgert Jelle, woraufhin die ganze Klasse schallend lacht. „Ja, echt!", fährt er fort. „Hätten wir daheim keine Putzfrau, dann würde bei uns überhaupt nicht mehr sauber gemacht. Und zum Glück kann mein Vater kochen, sonst wäre jeder Tag ein Tag der drei P."

„Der drei P?", fragt Herr Swart.

„Pizza, Pommes, Pfannkuchen."

Herr Swart lacht. „In der ersten Welle wollten die Frauen also die gleiche Stellung erreichen wie die Männer", fährt er fort. „Das ist sehr schräg, meint Kristeva, denn eigentlich landen Frauen dann in einem männlichen Muster. Sie glauben, sie könnten nur dann etwas erreichen, wenn sie sich wie Männer verhalten, wenn sie quasi wie Männer werden. Frauen haben ein Problem mit der Macht, die Männer über sie haben, und was tun sie? Sie wollen Macht. Dieselbe üble Machtwaffe benutzen wie die Männer. Das gibt zu denken. Und noch was: Alle Frauen werden über einen Kamm geschoren. So als gäbe es keinen Unterschied zwischen Situationen, Lebensphasen, Kulturen, Generationen, Milieus und so weiter. Aber eine Frau ist doch nicht wie die andere!, sagt Kristeva. Svens Mutter gefällt es wahrscheinlich, zu Hause zu sein, wenn die Kinder aus der Schule kommen. Jelles Mutter dagegen geht in ihrer eigenen Arbeit und ihren Interessen auf. Und die meisten Frauen finden einen Mittelweg."

„Die Männer aber auch", sagt Ilse. „Ich glaube, meine Eltern haben eine gute Aufgabenverteilung gefunden."

„Eine gute Korrektur, Ilse. Du hast völlig recht. Auch Männer finden immer häufiger einen Mittelweg zwischen Arbeit und häuslichen Aufgaben. Und das ist natürlich der Gewinn aus dem Kampf, den die Frauen seit Mill und Taylor geführt haben. Unter den Frauen, aber auch unter Männern ist eine Bewegung entstanden. Die Notwendigkeit der Veränderung bei Männern kam besonders während der zweiten feministischen Welle zur Sprache. Die fand vom Ende der Sechziger- bis in die Achtzigerjahre des letzten Jahrhunderts statt. Europa hatte zwei Weltkriege hinter sich. Es war eine bewegte Zeit. Die Kirche und die gesellschaftlichen und politischen Führer hatten nicht mehr denselben Einfluss wie vor den Kriegen. Die Gesellschaft veränderte sich rasch. Aber den Frauen gingen die gesellschaftlichen Veränderungen nicht schnell genug. Die Ziele der ersten Welle, also beispielsweise die gesellschaftliche und politische Gleichstellung von Frauen, waren noch längst nicht erreicht. Für Frauen war es nach wie vor schwierig, finanziell eigenständig zu sein. Kristeva sagt, dass dies faktisch bis heute so ist. Aber seit dieser ersten feministischen Welle hat eine andere bedeutende Veränderung stattgefunden. Es gab jetzt Mittel zur zuverlässigen Empfängnisverhütung, sodass Frauen nicht mehr ungewollt schwanger werden mussten. So entstand die zweite Welle, gut ein halbes Jahrhundert nach der ersten. Jetzt thematisierten die Frauen unter anderem das Recht auf Abtreibung und kämpften gegen sexuellen Missbrauch, Vergewaltigung und Pornografie. Neben all den anderen Themen, die unvermindert Aufmerksamkeit verlangten."

„Da war doch auch irgendwas mit BHs, oder?", sagt Wouter.

„Frauen, die sich dieser feministischen Welle nahe fühlten, waren es leid, ihrem Körper Gewalt anzutun, um Männern zu gefallen. Sie warfen ihre hohen Absätze, ihre Korsetts und ihr Schminkzeug beiseite und weigerten sich, ihre Beine weiterhin zu rasieren. Und ja: Auch BHs wurden manchmal öffentlich verbrannt, um auf den Wunsch der Frauen nach einem anderen, ehrlicheren, gleichberechtigteren Leben aufmerksam zu machen. Sie wollten alles, was sie einengte, abwerfen."

„Etwas für dich, Sanne?", witzelt Wouter. Und dann passiert etwas höchst Seltenes: Sanne wird rot. Und das, obwohl sie Wouter seit der Biertrinkerei beim Marktpop-Festival eigentlich für einen Knallkopf hält.

Herr Swart fährt unverdrossen fort: „Diese erste feministische Welle fasst Julia Kristeva wie gesagt dahingehend zusammen, dass es um Gleichheit zwischen den Geschlechtern ging, wobei Frauen die männlichen Handlungsweisen kopierten. Bei der zweiten Welle geht es ihrer Ansicht nach um etwas anderes. Jetzt wollen Frauen im Gegenteil erzwingen, das sein zu dürfen, was sie sind: Frauen mit Ehrgeiz, genau wie Männer, mit Sehnsüchten, genau wie Männer, mit Intelligenz, genau wie Männer, aber auch mit Brüsten, einer Gebärmutter und Haaren auf den Beinen. Das alles macht sie als Frauen einzigartig, und nichts von alledem wünschen sie aufzugeben oder an die Männer anzupassen."

„Tja, was bleibt uns also?", fragt Sanne, die ihr cooles Selbst offenbar wiedergefunden hat. „Sollen wir die Männer imitieren? Sollen wir uns selbst finden? Echt kompliziert!"

Tijmen sieht das Display seines Telefons aufleuchten. Eine Nachricht. Er steckt die Hand in die Tasche und drückt eine Taste, um sie zu lesen. Lieber, mir geht es gut. Das hier hat nichts mit dir zu tun, das weißt du, oder? Ich komme heute Abend gegen acht nach Hause. Dann sprechen wir weiter. Dicker Kuss, Mama.

Tijmen schluckt. Heute Abend nach Hause. Ob Papa das schon weiß? Eigentlich müsste er für sie kochen, Blumen besorgen, aufräumen. Er hat was gutzumachen nach dieser idiotischen Pizza-Aktion.

„Die Frage ist", sagt Herr Swart, „ob das die beiden einzigen Möglichkeiten sind. Die Frage ist sogar, ob der Ausgangspunkt der Frauenbewegung – nämlich die Verbesserung der Stellung der *Frauen* – überhaupt hinhaut. Kristeva zufolge ist eine Atmosphäre der „Frauen gegen die Männer" entstanden. Das kann jedoch nicht das Ziel sein. Ihrer Ansicht nach müssen wir zu den wesentlichen, den grundlegenden Fragen zurück. ‚Frauen' als Allgemeinbegriff gibt es nicht, denn jede Frau und jede Situation ist anders. Aber Kristeva geht noch einen Schritt weiter und sagt, *den* Mann oder *die* Frau gebe es ebenso wenig."

„Was soll der Schwachsinn?", schimpft Bram. „Soll ich mal zeigen, wer hier Mann ist und wer Frau?"

„Prima", sagt Herr Swart zu Bram. „Na los!"

Bram ist verwirrt. Das liegt doch auf der Hand?

„Ernsthaft?", fragt er.

„Ernsthaft."

„Na ja, die Mädchen sind Sanne und Loubna und Ilse und …"

„Gut. Erzähl mal: Auf welcher Grundlage kommst du zu dem Schluss, dass sie Frauen sind?"

„Was sind das denn für bescheuerte Fragen?", mault Bram.

„Das ist ganz ernst gemeint", sagt Herr Swart mit unbewegter Miene.

Bram schaut ihn misstrauisch an, beginnt dann aber doch: „Sie haben Brüste, keinen Bart, breitere Hüften als Jungs, langes Haar, kleine Hände. Solche Sachen halt."

„Und keinen Pimmel", ergänzt Sanne.

„Die Unterschiede zwischen Frauen und Männern beschränken sich also auf äußere und biologische Merkmale?"

„Na ja …" Bram zögert. „Wir Jungs sind vielleicht etwas mehr aufs Gewinnen aus und darauf, schnell reich zu werden."

„Du glaubst also, Mädchen möchten nicht gewinnen und viel Geld verdienen."

„Mädchen sind einfach lieber."

„Sind Jungs denn nicht lieb?"

„Ach, Mist", sagt Bram irritiert. „Sie drängen mich hier bloß in die Ecke!"

„Aber genau das ist es, worum es Kristeva geht, nämlich die Feststellung, dass es nicht so einfach ist, männlich und weiblich zu definieren. Männer haben weibliche Eigenschaften und Frauen männliche. Außerdem will sie uns klarmachen, dass sich die Stellung der Frauen nicht einfach nur logisch im Lauf der Zeit entwickelt hat. Manche Themen, manche Fragen gab es schon vor hundert Jahren, gibt es heute noch und es wird sie wohl auch noch in Zukunft geben, etwa die Frage, ob Männer und Frauen überhaupt die gleiche Sprache sprechen."

„Was ist das denn wieder für ein Unsinn", wehrt sich Bram. Das Thema geht ihm allmählich auf den Zeiger. „Natürlich sprechen wir die gleiche Sprache!"

„Tatsächlich? Männer und Frauen sagen manchmal das Gleiche, meinen aber jeweils etwas anderes."

Tijmen nickt, denn er fühlt sich an etwas erinnert. Wie giftig seine Mutter wurde, als sein Vater sagte, sie hätte doch „mal eben" die Wäsche machen können. Die Reaktion seiner Mutter auf dieses „mal eben" … Au, au, au. Dahinter steckte eine ganze Welt! So als hätte sein Vater das jahrelange

Wäschewaschen *niemals* gewürdigt und auch keine Ahnung, dass das eine richtige Arbeit ist, die man nicht „mal eben" so macht.

„Oder die Art und Weise, wie Frauen Macht betrachten. Auch das ist ein Unterschied."

Wieder nickt Tijmen. Dass Pa die Unterhosen nicht selbst waschen wollte, das war eigentlich doch auch eine Art Machtspielchen.

„Noch mal kurz zurück zur zweiten feministischen Welle, in der Frauen nicht länger auf ‚Männerart' funktionieren wollten. Sie stören sich jetzt auch sehr daran, wie Männer sie beispielsweise in der Kunst, in Literatur, Film und Mode hintanstellen. Männer scheinen zu bestimmen, was schön und weiblich ist. Lange Beine, rote Lippen, ein sanftes Wesen, aber im Bett dennoch leidenschaftlich."

Allgemeines Grinsen.

„Frauen haben davon die Nase voll, und das zeigen sie auch. Aber die Frage ist, sagt Kristeva, ob das alles wirklich so geschickt ist. Denn das alles führt zu einem fortwährenden Herumreiten auf dem Begriff ‚der' Frau. Und dadurch kommt gerade die einzelne Frau in ihrer ganzen Individualität nicht zu ihrem Recht. Damit schneidet ihr euch nur ins eigene Fleisch, sagt Kristeva, denn diese starke Betonung des Weiblichen macht, dass Männer uns Frauen ebenfalls als ‚die' Frau und nicht als Person sehen, nicht als Individuum in ihrer ganzen eigenen Qualität. Ihr entschiedener Wunsch lautet deshalb, dass eine dritte feministische Welle der Tatsache gerecht wird, dass jeder Mensch anders ist und jeder Mensch sowohl Frau als auch Mann ist. Es gibt keine zwei Geschlechter, sondern viele Farben und Geschmäcker. ‚Belasst es einfach dabei', sagt Kristeva, denn dann könnte der Schwerpunkt innerhalb der dritten Welle auf dem Individuum liegen – der individuellen Frau einschließlich ihrer männlichen Seiten – und nicht auf der Gruppe. In diesem Sinn kann es eigentlich auch keine ‚-ismen' mehr geben. Sämtliche ‚-ismen' – Sozialismus, Liberalismus, Kommunismus und auch Feminismus – gehen von einer Masse aus, aber diese ‚Masse' gibt es eigentlich nicht: Jeder Mensch ist einzigartig. ‚Die' Idee, ‚den' Mann, ‚die' Frau gibt es nicht."

„Das verschlägt mir erst mal die Sprache", seufzt Wouter. „Jetzt bin ich plötzlich Junge und Mädchen zugleich."

„Was sagst du dazu, Tijmen?", fragt Herr Swart.

„Ich?"

„Ja, du. Von dir habe ich die ganze Stunde lang noch nichts gehört."

„Äh", beginnt Tijmen. Tja, liebe Güte. Was soll er dazu sagen? „Ich denke … vielleicht würde es tatsächlich helfen, wenn Männer und Frauen sich aufgrund ihres Charakters und ihrer Qualitäten beurteilten anstatt aufgrund ihres Geschlechts."

„Inwiefern helfen?"

„Na ja", sagt Tijmen unsicher. „Vielleicht gäbe es dann weniger Streit?"

„Wieso Streit?"

„Oft haben Männer und Frauen eine bestimmte Rolle, die zu dem passt, was ihrer Meinung nach zu einem Mann oder einer Frau gehört. Zum Beispiel, dass eine Frau besser bügeln kann oder so was Verrücktes. Aber wenn die Frau dann keine Lust mehr dazu hat und der Mann es auch nicht tun will, dann gibt es Ärger."

„Aha, du meinst die Aufgabenverteilung im Haushalt."

„Ja, wenn man mehr darauf achtet, wie die Partnerin oder der Partner ist und was er oder sie braucht, dann werden diese Aufgaben weniger wichtig. Dann verteilt man sie einfach, und vielleicht gibt es dann weniger Frust und somit auch weniger Streitigkeiten."

„Du meinst: Du siehst den anderen mehr als Mensch und weniger als Mann oder Frau?"

Tijmen nickt. Plötzlich verspürt er den starken Drang, zur Tür hinauszulaufen, aufs Rad zu springen und zu seinem Vater auf die Arbeit zu fahren. Er muss mit ihm reden. Heute Nachmittag noch. Bevor Mama kommt.

„Tijmen?", fragt Herr Swart.

„Als Mensch, ja", sagt er schnell.

„Kristeva denkt, die Menschen wären glücklicher, wenn sie ihre eigenen männlichen und weiblichen Anteile ins Gleichgewicht bringen könnten. Und genau das müssten sie dem anderen dann auch zugestehen."

Loubna hebt die Hand. „Ich finde die Idee zwar interessant, aber wie ist das mit der Mutterschaft? Ein Mann kann einem Baby doch nicht die Brust geben, oder?"

Herr Swart nickt. „Kristeva bezeichnet das als einen der tatsächlichen Unterschiede zwischen Mann und Frau: Frauen können neues Leben schenken. Sie tragen einen anderen Menschen in sich. Das verschafft ihnen eine einzigartige Erfahrung und Bindung, die beim Mann fehlt. Ihr zufolge wird die dritte feministische Welle eine Antwort auf die Frage nach dem Verhältnis der Frauen zur Mutterschaft formulieren müssen. Es hat Feministinnen gegeben, die die Mutterschaft als Hemmschuh für ihre Entwicklung sahen. Kristeva glaubt nicht, das dies ein Standpunkt ist, den die Frauenbewegung aufrechterhalten kann. Im Tragen und Gebären eines Kindes finden Frauen eine völlige Selbstverwirklichung, sagt sie. In der Mutterschaft können Frauen ihr zufolge ganz sie selbst sein, ohne sich anders geben zu müssen, als sie sind. Das macht die Mutterschaft für Frauen so wichtig. Kristeva zufolge setzt sie eine ungeahnte Kreativität frei. Sie spricht aus Erfahrung, denn sie hat einen Sohn.“

„Das heißt, wir sollten auf jeden Fall Mutter werden“, fasst Loubna zusammen.

„Und gleichzeitig dafür sorgen, dass wir unsere männliche und weibliche Seite entwickeln“, ergänzt Sanne.

„Und wir müssen es hinkriegen, dass wir ebenso viel verdienen wie Männer“, sagt Ilse.

„Vor allem“, meint Tijmen bedächtig, „sollten wir uns gegenseitig Raum lassen.“ Er nickt selbst, während er es sagt. Ja, das braucht es. Raum. Und Respekt.

Nach der Stunde kommt Sven auf Tijmen zu. „Alles in Ordnung?“

Tijmen nickt. „Sie hat mir gerade eine SMS geschickt. Sie kommt heute Abend nach Hause.“

„Ist sie denn immer noch nicht zu Hause gewesen?“

„Seit den Pizzas von vorgestern nicht.“

Sven weiß, was er meint. Nach diesem Theater war Tijmen ja bei ihm gewesen, wegen Mathe. Und da hatte er es erzählt. „Bestimmt kommt alles wieder in Ordnung, Alter!“, sagt er und klopft Tijmen auf die Schulter.

„Ich hoffe es“, sagt der leise.

Apfelkuchen

Nach der Schule hält Tijmen bei einem Blumenladen und kauft eine rote Rose. Viel ist das nicht, aber mehr Geld hat er nicht dabei. Und es geht doch um die Geste, oder? Zu Hause macht er sich gleich ans Aufräumen. Erst das Wohnzimmer, dann die Küche. Gerade als er die letzten Gläser in den Geschirrspüler räumt, hört er die Haustür. Es ist sein Vater.

„Na, Tijmen, ist ja toll, was du da machst", sagt er munter.

„Mama kommt nachher", sagt Tijmen, während er in den Küchenschränken nach einer Vase für seine Rose sucht. „Fährst du eben mit mir zum Supermarkt? Wir haben noch Zeit, einen Apfelkuchen zu backen."

„Apfelkuchen?"

„Ja. Ich will, dass es hier gut riecht, wenn Mama kommt. Und dass es aufgeräumt ist. Und sauber. Ich habe die Küche gemacht. Machst du das Klo?"

Vater schaut ihn verwundert an. „Woher alles das auf einmal?"

„Verstehst du es denn nicht?", sagt Tijmen heftig. „Wir müssen Mama zeigen, dass wir stolz auf sie sind. Dass wir ihr durchaus auch Arbeit abnehmen können. Dass sie nicht allein mit allem dasteht. Jedenfalls habe ich mir das vorgenommen. Wenn sie uns kurz erklärt, wie die Waschmaschine funktioniert, können du und ich das sicher auch. Und du kannst auch mehr tun als eine Pizza bestellen."

Vater schaut ihn eindringlich an. „Du meinst, ich hab Mist gebaut?"

„Meiner Meinung nach hast du nicht nachgedacht."

„Und das findest du übel."

„Du weißt doch selbst, dass du rücksichtslos warst."

„Hm", sagt Tijmens Vater.

Tijmen fasst ihn an der Schulter. „Los", sagt er. „Wir fahren einkaufen." Sein Vater sagt nichts. Aber er nimmt seine Autoschlüssel.

Um Punkt acht Uhr hört Tijmen, wie seine Mutter ihr Auto auf der Auffahrt parkt. Er schubst seinen Vater in Richtung Haustür. „Lieb sein", sagt er streng. „Und dich entschuldigen. Und kein ‚Geertruida'!" Und während er das sagt, muss er auch ein wenig über sich selbst grinsen. Die Rollen scheinen geradewegs umgedreht zu sein. Jetzt muss er seinem Vater beibringen, wie der sich zu verhalten hat, und nicht umgekehrt.

„Hallo, Trui", hört er seinen Vater sagen. „Schön, dass du da bist."

Mutter kommt ins Zimmer und drückt Tijmen fest an sich. „Wie ordentlich es hier ist!", sagt sie freudig überrascht.

„Und sieh mal hier!", sagt Tijmen stolz, während er auf den Apfelkuchen zeigt. „Ta-ta-ta-taa! Er ist noch warm. Haben Pa und ich zusammen gebacken." Mutter schaut Vater mit einem Blick an, den Tijmen nicht recht einzuordnen weiß. „Komm!", sagt er. „Setz dich. Zu der Rose. Die ist für dich. Tee?"

„Sehr gern, mein Großer."

Vater schneidet den Apfelkuchen, von dem sie anschließend einen ordentlichen Teil verdrücken. „Nicht schlecht", meint Vater. „Fürs erste Mal, meine ich."

„Ich habe schon viel öfter mit dir gebacken, was, Ma?" Sie nickt. Scheint es nur so oder guckt sie wirklich traurig?

So richtig gemütlich will es aber nicht werden. Tijmen versucht, immer wieder ein neues Thema anzuschneiden, um das Eis zu brechen, aber offenbar gelingt ihm das nicht.

„Tijmen, würdest du mal auf dein Zimmer gehen?", fragt seine Mutter nach einer eisigen Stille. „Ich muss kurz allein mit deinem Vater sprechen."

Tijmen wirft seinem Vater einen aufmunternden Blick zu und geht die Treppe hinauf. Gespannt wartet er auf seinem Bett, bis er unten Geräusche hört. Dauert es eine Viertelstunde, eine halbe Stunde, eine ganze? Es fühlt sich wie eine Ewigkeit an. Dann klopft es an seiner Tür. Mama kommt herein und setzt sich neben ihn auf sein Bett. Tijmen kann sehen, dass sie geweint hat.

„Tijmen", beginnt sie. „Ich fahre jetzt zurück zu Nienke. Da bleibe ich vorläufig."

„Aber Mama …"

„Lass mich kurz ausreden, Lieber. Ich kann jetzt nicht bei deinem Vater sein. Es tut mir so leid wegen dir, aber das hier ist etwas zwischen ihm und mir. Ich habe mit Nienke gesprochen. Du darfst dort so oft vorbeikommen, wie du willst, und du kannst auch über Nacht bleiben."

„Wie lange bleibst du denn weg?", sagt Tijmen mit einem Kloß im Hals.

„Das weiß ich noch nicht. Ich weiß nur, dass ich sehr enttäuscht bin von deinem Vater."

Mutter legt die Arme um Tijmen, der jetzt richtig weinen muss.

„Aber wenn er jetzt sagt, dass es im leidtut?"

„Es ist komplizierter als das, Lieber. Ich habe auch Fehler gemacht, indem ich mich viel zu lange mit viel zu wenig Zeit und Raum für mich zufriedengegeben habe. Wir müssen uns beide ändern, dein Vater und ich auch."

Sie steht auf und fasst ihn an den Händen. „Rufst du mich an? Oder kommst du vorbei? Das geht immer, hörst du? Tag und Nacht."

Tijmen nickt und sieht sie über den Flur gehen, die Treppe hinunter und zur Haustür hinaus. Dann stürmt er nach unten und ruft schon vom Flur aus: „Du solltest dich doch bei ihr entschuldigen! Du solltest …" Aber dann sieht er, wie sein Vater am Tisch über einem Stück selbst gebackenem Apfelkuchen sitzt und weint.

Kapitel 5

GUT & BÖSE

Wer's weiß,
darf es sagen ...

Was?!

Ilse fährt hoch. In ihrem Zimmer ist es dunkel. Erschrocken schaut sie um sich. Sie hat einen Schrei gehört. Einen durchdringenden, beängstigenden Schrei. Aber jetzt ist es still im Haus. Bestimmt hat sie das nur geträumt. Ein Blick auf den Wecker, 02:10 Uhr. Sie dreht sich um und kuschelt sich tief unter ihre Bettdecke. Doch da hört sie es wieder. Schreie. Woher kommt das? Ein Schaudern überläuft sie kalt.

Ilse steht auf, öffnet leise ihre Tür und macht einen vorsichtigen Schritt hinaus auf den Flur. Dann hört sie die Tür ihrer Schwester aufgehen.

„Was ist das, Ilse?" Auch Mirjam hat Angst.

„Keine Ahnung", sagt Ilse und schaltet das Licht im Flur ein. Dann klopft sie leise an die Tür ihrer Eltern. „Papa, Mama, da ist irgendwas!"

„Ilse?", sagt ihr Vater schlaftrunken.

„Wir haben Schreie gehört."

Jetzt sind ihre Eltern hellwach und stehen sofort auf.

„Wo?"

„Draußen", sagt Mirjam.

„Im Hauseingang vielleicht", ergänzt Ilse. In diesem großen, alten Haus ist es schwierig, die Geräusche zu orten. Im Hauseingang kommen immerhin vier Wohnungstüren zusammen.

Vater schlüpft in seinen Morgenmantel und geht zur Tür. Ilse folgt ihm. „Bleib du lieber bei mir, Mirjam", sagt Mutter.

„Lieber Himmel!", ruft Vater entsetzt, als er draußen im Hauseingang steht.

„Karin!", schreit er ins Haus. „Ruf den Rettungsdienst! Schnell!"

Die Panik in der Stimme ihres Vaters erschreckt Ilse. Viel kann sie nicht erkennen, nur, dass jemand auf dem Boden liegt.

„Ilse, hol eine Bettdecke!"

„Welche?"

„Egal."

Ilse rennt, schnappt sich die Decke von ihrem eigenen Bett und eilt zurück zur Tür. Ihr Vater kniet auf dem Boden. Vorsichtig kommt Ilse näher. Sie ist neugierig, hat aber auch Angst. Dann sieht sie es. Nachbar Matthijssen, der alte Herr von nebenan, liegt auf dem Boden. Er hat eine Kopfwunde, aus der Blut rinnt. Sein Blick huscht schreckhaft hin und her. Er will etwas sagen, aber kein Ton kommt aus seinem Mund.

„Ganz ruhig, Herr Matthijssen", sagt Vater und legt die Bettdecke über den alten Mann. „Alles wird gut. Nur ruhig. Der Krankenwagen ist unterwegs. Ich bleibe bei Ihnen. Versuchen Sie, möglichst still liegen zu bleiben."

„Was ist mit ihm, Pa?", fragt Ilse leise.

Ihr Vater reagiert nicht. Da biegt schon ein Rettungswagen in ihre Straße ein. Mutter geht die Eingangstreppe hinunter, um den Helfern zu zeigen, wo sie hinmüssen.

Kurz darauf beugen sie sich über Herrn Matthijssen. „Autsch, das ist eine hässliche Wunde", sagt einer von ihnen. Vorsichtig legen sie den alten Mann auf eine Bahre. Vater hilft ihnen anschließend, den Nachbarn zum Rettungswagen zu tragen.

Wieder will Herr Matthijssen etwas sagen, aber die Worte wollen nicht kommen. „Ich besuche Sie so schnell wie möglich", sagt Vater.

158

„Und jetzt rufen wir die Polizei", sagt er, als sie den Rettungswagen weg-fahren sehen. „Machst du das, Karin? Dann bleibe ich hier." Die Haustür von Herrn Matthijssen steht nämlich sperrangelweit offen.

„Was ist denn los, Mama?", fragt Mirjam.

„Vielleicht ist jemand bei ihm in der Wohnung gewesen", sagt ihre Mut-ter. „Jemand, der dort nicht hingehört."

Ein Einbrecher? Und der hat Herrn Matthijssen geschlagen? Ilse findet das alles sehr unheimlich.

„Kommt", sagt Mutter. „Ihr geht wieder ins Bett. Wir können jetzt nichts mehr tun." Sie gibt ihren Töchtern einen Kuss.

„Meine Bettdecke", sagt Ilse.

Ihre Mutter bezieht die Bettdecke neu, weil sie Blutflecken abbekommen hat, und legt sie auf Ilses Bett. „Schlaf gut", sagt sie, nachdem sie ihre Toch-ter noch einmal fest an sich gedrückt hat.

Aber Ilse kann nicht schlafen. Immer wieder sieht sie das bleiche Gesicht des Nachbarn und seine ängstlich hin und her schießenden Augen vor sich. Ob er wirklich von einem Einbrecher niedergeschlagen wurde? Dieser alte Mann? Das wäre schrecklich. Zumal er so nett ist! Immer wechselt er ein paar Worte mit ihnen, wenn sie ihm begegnen. Und am Martinstag verteilt er immer besonders viel Süßigkeiten. Ein lieber alter Herr.

Irgendwann muss sie doch eingeschlafen sein. Aber als sie sich am nächsten Morgen an den Frühstückstisch setzt, fühlt sich Ilse wie gerädert. Ihr Vater ist schon weg. In der Nacht war die Polizei noch gekommen, und anschlie-ßend war der Vater ins Krankenhaus gefahren. Der alte Herr hat keine Kin-der und soweit sie wissen auch keine engere Verwandtschaft in der Nähe.

„Bei ihm wurde tatsächlich eingebrochen", erzählt Mutter. „Die Woh-nung scheint ein einziges Chaos zu sein."

„Wie traurig", sagt Mirjam. Und das ist es.

Ilse hat am Abend zuvor eine Gruppennachricht von Herrn Swart be-kommen. „Wir gehen morgen eine Stunde spazieren. Zieht bequeme Schuhe an. Ich sehe euch um 8:20 Uhr vor dem Haupteingang des Julianaparks." Sie hatte sich darauf gefreut, aber nach dieser Nacht ist ihr die Lust vergangen.

„Ma, schickst du mir eine SMS, wenn du von Papa gehört hast, wie es Herrn Matthijssen geht?" Ihre Mutter nickt.

Ilse radelt durchs Zentrum und über den Amsterdamsestraatweg, wo die Ladenverkäufer gerade ihre Waren auf dem Gehweg aufbauen. So als wäre heute Nacht nichts passiert, denkt Ilse. Dann sieht sie Tijmen auf seinem Fahrrad, sie setzt zu einem Sprint an und hat ihn schnell eingeholt. „Hallo", sagt sie.

Zerstreut hebt Tijmen den Kopf. Er sieht müde aus.

„Schlecht geschlafen?"

Er nickt.

„Ich auch." Für einen Moment spürt sie den Drang, ihm zu erzählen, was geschehen ist, aber da stehen schon jede Menge Klassenkameraden am Eingang zum Park. Herr Swart, meist der Letzte, ist auch schon da.

„Sind alle bereit?", sagt er um genau zwanzig nach acht. „Also, los geht's!" Und ohne die Antwort abzuwarten, tritt er als Erster durchs Tor in den Park.

„Wenn ich ein Problem habe oder eine schwierige Frage beantworten soll, dann gehe ich spazieren", sagt er halb zu den Schülern gewandt, die hinter ihm hergehen.

„Sollen wir Ihnen helfen, ein Problem zu lösen?", fragt Wouter.

„Nein, nein", erwidert Herr Swart. „Es ist mehr eine Einführung allgemeiner Art. Viele Leute sagen, sie könnten beim Gehen besser nachdenken. Auch unter den Philosophen gibt es einige, die gern spazieren gingen. Heute wollen wir uns mit zwei von ihnen beschäftigen. Der eine zog gern als Lehrer mit seinen Schülern los, der andere zur Unterbrechung seiner täglichen Arbeit. Zwei Männer, zwei Zeiten, zwei Sichtweisen."

„Und bestimmt sind beide schon tot, oder?", fragt Sanne.

„Ja, beide sind tot. Der eine schon an die 2 500, der andere gut 200 Jahre."

Ilse denkt an ihren alten Nachbarn in seinem Krankenhausbett. Er geht bereits am Stock. Aber den wird er vorläufig wohl in der Ecke stehen lassen müssen. Er wird doch nicht etwa sterben? Es sah so unheimlich aus, diese Kopfwunde …

„Nochmals zurück zu unserem Thema von letzter Woche", sagt Herr Swart, während er auf dem Parkweg weitermarschiert.

„Geht es etwas langsamer?", fragt Ilse. „Sie haben lange Beine, aber ich …"

„Ja, klar. Entschuldige. Letzte Woche sprachen wir über Mann und Frau. Über Mill und Taylor, Kristeva und Anna Maria van Schurman. Unser erster Philosoph ist genau wie Anna Maria van Schurman ein intellektueller Vielfraß. Er heißt Aristoteles, und geboren wurde er im Jahr 384 vor Christus. Und er ist sehr wichtig gewesen, Leute. Erzähle ich euch später noch. Sein Interesse zielte in sämtliche Richtungen, und er hat sich in viele Themen vertieft: Biologie, Psychologie, Mathematik, Politik usw. Und natürlich auch in die Ethik: das Nachdenken über die Frage, wie man ein gutes Leben führt. Gut und Böse, das ist unser heutiges Thema. Aber erst noch mal kurz zu der Frauenfrage."

„Ich kann Sie kaum verstehen", sagt Jelle. „Vielleicht gehen Sie besser in der Mitte."

„Gute Idee", antwortet Herr Swart. Sie kommen an einer Trauerweide vorbei. „Aristoteles zufolge war die Frau ein unvollständiger Mann."

„Wie bitte?", fragt Sanne. „Wieso ‚unvollständig'?"

„Was Frauen laut Aristoteles fehlt, ist Tatkraft. Sie sind abwartend, passiv. Das beginnt schon bei der Befruchtung. Der Mann ist die aktive Partei. Die Frau empfängt."

„So ein Unsinn!" Sanne ist empört. „Bestimmt ist es auch passiv, das Kind anschließend auf die Welt zu bringen?"

Damit hat sie die Lacher auf ihrer Seite.

„Ja, klar doch!", meint Wouter. „Das Kind bestimmt selbst, wann es rauswill." Sanne streckt ihm die Zunge raus. Wouter antwortet mit einem Grinsen, wenn auch einem gequälten. Abgesehen von Bram weiß niemand in der Klasse, dass seine Mutter wieder ein Baby bekommt, und zwar von ihrem dösigen Freund. Und das braucht auch niemand zu wissen.

„Aus diesem Grund war Aristoteles auch der Ansicht, Kinder würden lediglich die männlichen Eigenschaften erben", fährt Swart fort.

„Dem würde Kristeva schon abhelfen", sagt Tijmen. Oder auch meine Mutter, denkt er hinterher. Wie die sich in letzter Zeit verhält, ist alles andere als passiv.

„Das nur als kurze Überleitung zu unserem neuen Thema: Gut und Böse."

„Schön, nicht, diese Herbstfarben", flüstert Tijmen Ilse zu. Die schaut ihn abwesend an. „Ist irgendwas?", fragt er daraufhin leise.

„Unser Nachbar", flüstert sie. „Er wurde heute Nacht zusammengeschlagen. Wahrscheinlich von einem Einbrecher."

„Du liebe Güte!"

„Du siehst aber auch nicht gerade fit aus."

„Eltern", sagt Tijmen einfach. Sein besorgter Blick sagt Ilse genug.

„Aristoteles war seit seinem siebzehnten Lebensjahr Schüler an Platons Akademie", fährt Swart fort, als sie weitergehen. „Und zwar nicht nur für kurze Zeit, sondern etwa zwanzig Jahre lang, bis zum Tod seines Lehrmeisters. Das besagt aber nicht, dass er immer einer Meinung mit ihm gewesen wäre. Im Gegenteil, er entwickelte seine eigene Philosophie und gilt heute auch als einer der großen Drei: Sokrates, Platon und Aristoteles."

„Aber warum spazieren wir jetzt durch den Julianapark?", fragt Jelle ungeduldig.

„Aristoteles sollte später selbst eine Schule gründen, und es heißt, dass er die Gewohnheit hatte, während des Unterrichtens mit seinen Schülern spazieren zu gehen."

„'Es heißt' – bedeutet das, es ist überhaupt nicht sicher?"

„Haargenau, aber ich dachte, es könnte ein schönes Experiment sein. Mal sehen, ob das Denken besser funktioniert, wenn man sich dabei bewegt."

Jelle brummt noch etwas, aber die meisten marschieren munter weiter. Auch Tijmen und Ilse trotten mit. Sie kommen an dem Spielplatz im Park vorbei, wo sich trotz der frühen Stunde schon zwei Kinder tummeln und ein Vater auf einer Bank seine Zeitung liest.

„Bevor Aristoteles seine eigene Schule gründete, unterrichtete er neben anderen auch den jungen Königssohn Alexander, den wir heutzutage als Alexander den Großen kennen. Am Ende von Aristoteles' Leben war dieser Alexander alles andere als beliebt, und Aristoteles floh aus Athen, wo er unterrichtet hatte. Er befürchtete, ihm könnte ein ähnliches Ende bevorstehen wie Sokrates."

„Aha! Der Giftbecher!", sagt Sanne.

162

„Oder irgendein anderer grausamer Tod", bestätigt Herr Swart. „Aristoteles wurde dennoch nicht alt. Er starb mit 62 Jahren, ein Jahr nach seiner Flucht aus Athen."

„Ist also doch nicht so gesund, das viele Laufen!", sagt Wouter.

„Apropos Spazierengehen", sagt Herr Swart, „erzähl mir mal, Wouter: Warum sind wir hier?"

„Weil Sie uns gebeten haben, herzukommen."

„Ach was!", erwidert Jelle. „Wir sind hier, weil Herr Swart erfahren will, wie es ist, im Gehen zu unterrichten."

„Und um herauszufinden, ob man beim Gehen besser nachdenken kann. Oder?", ergänzt Loubna.

„Na ja. Der Spaziergang ist schön und gut, wir sehen die Stadt mal wieder aus einer anderen Perspektive. Aber es geht darum, Aristoteles besser kennenzulernen und zu entdecken, was das Gehen mit dem Denken macht."

Eine mürrisch aussehende junge Frau mit einem Kinderwagen kommt vorbei.

„Hat bestimmt auch schlecht geschlafen", meint Tijmen lächelnd. Ilse lächelt zurück, schaut aber gleich danach kurz auf ihr Handy. Wenn sie doch bloß was von ihrer Mutter hören würde! Sie kann sich hier überhaupt nicht konzentrieren.

„Also, mit diesem Ziel laufen wir hier herum. Haltet den Gedanken fest. Und jetzt möchte ich gern von euch wissen, was das hier ist." Herr Swart geht vom Weg ab und tippt gegen eine Trauerweide.

„Das ist ein Baum, Herr Swart. Ein hoher, dicker, grüner, baumiger Baum", stellt Bram fest.

„Woher weißt du das?", fragt Herr Swart.

„Das sieht man doch, oder?"

„Und wenn du es nicht sehen würdest?"

„Das ist eine verrückte Frage, denn ich sehe es doch!"

„Aber was wäre, wenn?"

„Dann könnte ich es fühlen. Oder riechen."

„Du würdest also deine Sinnesorgane benutzen, um festzustellen, dass es ein Baum ist."

„So in der Art, ja", sagt Bram.

„Kurz zurück zu Aristoteles' Lehrer Platon", sagt Herr Swart, während er einen kleinen Zweig mit dem Fuß beiseitekickt. „Platon ging davon aus, dass alles, was wir mit unseren Augen sehen, eine Widerspiegelung der echten, ehrlichen, ursprünglichen und ewigen Idee ist und aus der Ideenwelt stammt. Aristoteles jedoch ist nicht seiner Meinung. Er legt die Arme um diesen prächtigen Baum und sagt: ‚Es ist ein Baum. Das sehe ich. Das rieche ich. Das fühle ich. Und wenn ich mich umschaue, sehe ich viel mehr Bäume. Sie haben unterschiedliche Formen, unterschiedliches Laub, und dieser Baum dort'" – Herr Swart zeigt auf ein etwas weiter entferntes Exemplar –, „dessen Blätter haben eine andere Farbe. Aber es sind alles Bäume.'"

„Sie rennen offene Türen ein", sagt Jelle.

„Aber das hier ist ganz wesentlich, Jelle. Platon denkt und denkt und kommt so zu seinem Schluss, dass es zwei Welten gibt: diejenige, in der wir leben, die wir sehen und erfahren, und die Ideenwelt. Die Ideenwelt hält er für die echte Welt. Und die können wir unmöglich kennen, weil sie eine unsichtbare Wirklichkeit ist. Menschen, die bereit sind nachzudenken, würden zu dem Schluss kommen, dass alles, was sie mit ihren Sinnesorganen wahrnehmen, nicht mehr ist als eine Abspiegelung des Echten. Aber Aristoteles schaut sich um und sagt: ‚Die Welt, die ich mit meinen Sinnesorganen erfahre, das ist die einzige Welt.' Mit Platons Ideenwelt kann er nichts anfangen. Er hält sie für eine bemühte Erfindung."

„Hält er das Denken für unwichtig?", fragt Sven.

„Mit Sicherheit nicht. Aristoteles glaubt, dass wir Wissen erlangen, indem wir sowohl unseren Verstand als auch unsere Sinnesorgane benutzen. Sie sind beide wichtig. Wir hören, sehen, fühlen, nehmen wahr. Durch unser Denken können wir diese Wahrnehmungen einordnen. Die Tatsache, dass wir denken können, ist für Aristoteles ganz wesentlich. Sie unterscheidet uns von den Tieren. Menschen sind denkende Tiere."

Wieder zeigt er auf den Baum. „Weil wir unsere Sinnesorgane benutzen, wissen wir, dass dies ein Baum ist. Und der rote dort auch. Aber wir wissen auch, dass dieser Baum dort anders ist als die meisten anderen, denn deren Laub ist normalerweise grün. Wir sehen auch, dass dieser Baum hier" – Herr

Swart geht einige Schritte weiter – „ein Baum ist, allerdings eine andere Art mit einer weißlichen anstatt einer braunen Rinde. Das alles sehen wir. Betasten wir das Laub, dann fühlt sich das eine Laub glatt und das andere rau an. Ein Baum hat kleine, der andere große Blätter. Ein Stamm riecht beinahe süßlich, der andere eher muffig."

„Ja, und?", sagt Sanne gelangweilt.

„Aristoteles benutzt das Denken, um all das, was die Sinnesorgane erfahren, zu systematisieren. Aristoteles mag Übersichtlichkeit. Klarheit. Kategorien. Alles darf gesehen und studiert werden, und das tut er auch. Er findet die Welt, die Natur und den Menschen so interessant und schön. Er sieht den Menschen, die Blumen, die Berge, das Meer und die Bäume. Er kann sich gar nicht sattsehen. Und er kommt zu dem Schluss: Alles hat einen Zweck."

„ Alles hat einen Zweck?", wiederholt Jelle.

„Alles hat einen Zweck. Und so komme ich mit einem langen Anlauf zum Thema dieser und der nächsten Stunde: Gut und Böse. Denn wenn alles einen Zweck hat …"

Herr Swart wird von einem Telefonklingeln gestört. Ilse angelt ihr Handy aus der Tasche. „Das muss ich annehmen, Herr Swart", sagt sie entschuldigend und entfernt sich, ohne seine Reaktion abzuwarten.

„Ma?", sagt sie.

„Liebes, Papa ist gerade zurück. Ich hatte versprochen, dich anzurufen."

„Wie geht es ihm?"

„Nicht gut, Ilse. Er ist ins Koma gefallen."

Ilse schlägt sich die Hand vor den Mund. „Wie furchtbar", sagt sie leise ins Telefon. „Wie kann das sein?"

„Er hat einen ordentlichen Schlag auf den Schädel abbekommen. Das hat Blutungen in seinem Kopf verursacht."

„Weiß man schon, wer es gewesen ist?"

„Das versucht die Polizei herauszufinden, Liebes. Die Spurensicherung ist gerade nebenan, und mit uns und den übrigen Nachbarn hat man auch schon gesprochen. Du hast nichts gesehen, oder?"

„Nein, ich habe nur die Schreie gehört. Und dann bin ich zu euch gegangen."

Am anderen Ende bleibt es einen Moment lang still.

„Mama, er wird doch nicht sterben?"

„Ich weiß es nicht, Liebes. Hoffen wir das Beste für ihn."

Ilse steckt das Handy wieder in ihre Tasche und wischt sich die Tränen weg. Dann geht sie zurück zu den andern.

„Geht es denn, Ilse?", fragt Herr Swart freundlich.

Ilse spürt die Tränen jetzt auch auf dem Gesicht. „Unser Nachbar", sagt sie leise. „Er wurde heute Nacht in seiner Wohnung überfallen. Ich habe ihn schreien gehört."

„Wie schrecklich", sagt Herr Swart und legt ihr eine Hand auf die Schulter.

„Er wurde so fest geschlagen, dass er im Koma liegt. Wir haben ihn im Hauseingang gefunden. Er war voller Blut." Sie kann den Tränenstrom jetzt nicht mehr stoppen. „Vielleicht stirbt er sogar!", schluchzt sie.

„Möchtest du nach Hause, Ilse?"

Sie schüttelt den Kopf. „Ich kann daheim ja doch nichts für ihn tun."

„Wenn du es dir noch anders überlegst, dann sag es einfach. Das würden wir alle gut verstehen."

Die anderen nicken.

„Gut, wo waren wir stehen geblieben?", beginnt Herr Swart.

„Alles hat einen Zweck", sagt Jelle.

„Genau. Fangen wir mit diesem Spaziergang hier an. Dass der einen Zweck hat, haben wir bereits festgestellt: Wir wollen herausfinden, ob er uns hilft, besser nachzudenken. So hat alles menschliche Handeln einen Zweck, meint Aristoteles."

„Alles?", fragt Tijmen skeptisch.

„Alles", bekräftigt Swart. „Dieser Baum, Sanne, was für einen Zweck hat der?"

„Was soll die verrückte Frage?", erwidert Sanne. „Der Baum steht einfach deshalb da, weil das hier ein Park ist. Und in Parks stehen Bäume. Das ist logisch."

„Der Zweck des Baumes ist also, dazustehen?"

Sanne seufzt.

Sie kommen auf ein kleines Tiergehege zu.

„Und die Rehe dort?", fragt Herr Swart. „Was ist der Zweck dieser Rehe?"

„Die stehen da bloß, damit wir sie süß finden", sagt Loubna.

„Und der Pfau?"

„Die braucht einfach nur schön zu sein", sagt Bram.

„Aristoteles sagt: Die Natur tut nichts ohne Grund. Der Baum, das Reh und der Pfau: Sie alle sind aus einem Grund, einem Zweck heraus hier. Was genau dieser Zweck ist, das wissen wir nicht immer, aber wir können es erforschen. Als Menschen haben wir einen Hunger nach Wissen. Wir möchten gern verstehen. Vielleicht schlussfolgern wir als Menschen ja, dass die Kuh auf der Weide den Zweck hat, uns mit Milch und Fleisch zu versorgen. Womöglich denken wir, das kleine Reh im Park würde nur deshalb dastehen, um uns ein zärtliches Gefühl zu schenken. Aber dann übersehen wir das, was Aristoteles mit Zweck meint. Man könnte diesen Zweck auch übersetzen als den allertiefsten Seinsgrund, das Allerwesentlichste des Seins. Und gerade das, dieses ganz tiefe Fundament des Daseins, dieser Zweck wird immer nach Vervollkommnung streben. *Vervollkommnung* ist für Aristoteles ein Schlüsselbegriff. Vervollkommnung bedeutet, dass etwas besser wird, dass es auf eine höhere Ebene gelangt und letztendlich vollkommen sein wird. Alles hat also einen Zweck, und alles strebt nach Vervollkommnung. Der Baum hat den Zweck, ein möglichst guter Baum zu sein, das Reh ein möglichst gutes Reh, der Pfau ein möglichst guter Pfau und der Mensch ein möglichst guter Mensch."

„Das Reh hat den Zweck, ein möglichst gutes Reh zu sein", wiederholt Wouter. „Jetzt fällt mir wirklich gar nichts mehr ein."

„Aber Herr Swart", sagt Ilse zögernd. „Wenn ein Mensch den Zweck hat, ein möglichst guter Mensch zu sein, woher kommt es dann, dass es so viel Böses gibt?" Sie sieht den Nachbarn wieder in seinem Blut auf dem Boden liegen und ein Schauder läuft ihr über den Rücken.

Herr Swart nickt. „Es ist der Zweck des Menschen, gut zu sein, aber das besagt nicht, dass alle wissen, wie sie das erreichen sollen. Man muss wissen, was das Gute ist und wie man es tun kann. Darüber hat Aristoteles viel nachgedacht."

Sie gehen weiter durch den Park.

„Ein guter Mensch hat Tugend, sagt Aristoteles. Seine Philosophie wird darum auch als ‚Tugendethik‘ bezeichnet.“

„Komisches Wort, ‚Tugend‘“, meint Wouter.

„Trotzdem haben wir keinen besseren Begriff für das, was er meinte. Habt ihr eine Vorstellung davon, was Tugenden sind?“

„Ehrlichkeit?“, sagt Loubna.

„In der Tat!“

„Respekt?“, ergänzt Bram.

Herr Swart nickt.

„Tapfer sein, bescheiden, großzügig: Nach Aristoteles sind alles das Tugenden. Seine Philosophie geht davon aus, dass der Mensch, der durch ein tugendhaftes Leben an der Vervollkommnung arbeitet, ein glücklicher Mensch ist. Und weil er in diesem Prozess der Vervollkommnung das Gute tut, profitiert nicht nur er selbst davon, sondern auch der andere. Das Gute zu tun, ist gut für einen selbst und für den anderen.“

„Aber nicht alle tun das Gute“, sagt Ilse leise.

„Aristoteles zufolge kommt das daher, dass nicht jeder Mensch weiß, wie er leben soll, um zur Vervollkommnung zu gelangen. Wenn es gut läuft, werden Kinder in dem Bewusstsein erzogen, was gut ist. Auch die Schule trägt dazu bei. Aber nicht alle haben die gleichen Chancen. Und nicht alle wissen intuitiv oder durch richtiges Nachdenken, was gut ist und was nicht. Aristoteles liefert uns kein Fertigrezept, um ein besserer und damit glücklicherer Mensch zu werden. Es geht ihm nicht darum, uns vorzuschreiben, wie wir leben sollen. Er will uns helfen, unser Leben selbst zu einem Erfolg zu machen. Dafür gibt er uns einige wertvolle Tipps.“

„Nur zu!“, sagt Sven fröhlich.

„Vielleicht kennt Ihr den Ausdruck ‚die Tugend liegt in der Mitte‘?“

Keine Reaktion.

„Das ist Aristoteles’ wichtigster Tipp für uns: Die Tugend liegt in der Mitte. Um dahinterzukommen, was eine Tugend ist, nimmt man zwei entgegengesetzte Verhaltensweisen und begibt sich in deren Mitte. Da liegt man richtig. Zum Beispiel die Tugend der Bescheidenheit. Angenommen, jemand macht Loubna ein Kompliment. Zum Beispiel: ‚Loubna, du siehst heute wunderschön aus! Zum Anbeißen schön!‘"

Tijmen guckt schüchtern grinsend zu Loubna. Das denkt er jeden Tag. Dass sie so schön ist, so …

„Und angenommen, Loubna reagiert mit: ‚O nein, nein! Gerade heute sehe ich überhaupt nicht gut aus! Heute früh vor dem Spiegel habe ich noch gedacht: Wie schrecklich, dass die Leute mich so sehen müssen. Das tut einem ja weh in den Augen!‘"

Alle müssen lachen. „Das wäre doch gar zu demütig und bescheiden, findet ihr nicht?"

Sie nicken.

„Und jetzt eine andere Reaktion auf das Kompliment. Angenommen, Loubna würde sagen: ‚Ich weiß! Ich bin immer schön, eben einfach bildschön, aber heute sehe ich wirklich traumhaft aus. Ich beglückwünsche euch, dass ihr meine Schönheit sehen dürft.‘"

Die Klasse kriegt sich vor Lachen nicht mehr ein. Nur Loubna macht die ganze Aufmerksamkeit eher verlegen.

„Bescheidenheit ist hier die Tugend in der Mitte. Angeberei ist nicht gut, sich selbst verleugnen auch nicht. Es liegt irgendwo dazwischen. So etwas lässt sich auch auf andere Tugenden wie beispielsweise Tapferkeit übertragen. Für etwas zu kämpfen ist gut, aber wenn man schon von vornherein weiß, dass man verlieren wird, ist es weise, sich die Sache lieber zweimal zu überlegen. Ein Beispiel, das Aristoteles nennt, ist Mut. Der liegt seiner Meinung nach irgendwo zwischen Feigheit, dem Fehlen von Mut, und Waghalsigkeit, also Übermut. Mutig zu sein, ist demnach gut, Feigheit und Waghalsigkeit sind es nicht.

Aristoteles hat hierfür einen schönen Begriff: Wir sollen uns für den ‚goldenen Mittelweg‘ entscheiden. Tun wir das und arbeiten wir so an unserer eigenen Vervollkommnung, dann bewegen wir uns in Richtung Glück. Glück für uns selbst und den anderen."

„Das heißt, Menschen, die anderen Böses tun", beginnt Ilse, „sind Menschen, die nicht wissen, wie sie diesen goldenen Mittelweg finden sollen."

„Stimmt! Sie treffen keine guten Entscheidungen."

„Und das kommt, weil sie das nicht von ihren Eltern mitbekommen haben?"

„Ja, aber das ist nicht alles. Um die goldene Mitte zu finden, muss man beobachten und nachdenken. Eine gute Erziehung allein reicht nicht aus."

„Also war das, was der Einbrecher heute Nacht mit unserem Nachbarn gemacht hat, dumm."

Herr Swart nickt. „Es hilft ihm nicht weiter und dem Nachbarn erst recht nicht. Keiner der beiden kommt durch das Ereignis dem Zweck des Menschen – Vervollkommnung und Glück – auch nur einen Schritt näher. Aber dieser Einbrecher ist damit noch nicht für sein Leben verloren. Aristoteles ist ein sehr optimistischer Philosoph, was das angeht. Menschen können nachdenken, lernen, üben. Ein Mensch kann zu jeder Zeit Einsicht erlangen und die goldene Mitte finden. Menschen können ein Leben lang lernen. Jeder ist immer in Bewegung. Alles ändert sich fortwährend. Es gibt nur ein Prinzip, das sich nicht bewegt: Das ist Gott. Gott setzt alles in Bewegung und sorgt so dafür, dass Mensch und Natur sich auf die Vervollkommnung zubewegen. Darum nennt Aristoteles Gott den ‚unbewegten Beweger'."

„Hübsches Wortspiel", sagt Jelle.

„Gut, Leute", sagt Herr Swart. „Zeit, zu den Fahrrädern zurückzugehen. Sagt mal, als Abschluss, habt ihr im Gehen besser nachdenken können?"

„Vielleicht ein bisschen besser", sagt Bram zögernd.

„Kann auch an der frischen Luft gelegen haben", wirft Tijmen ein. „Immerhin bin ich jetzt richtig wach."

„Um es gut beurteilen zu können, müssten wir das hier öfter machen", sagt Jelle ernst. „Mir fällt jedenfalls auf, dass ich mich trotz der Ablenkung durch Jogger und Kinder und so gut auf den Unterrichtsstoff habe konzentrieren können."

„Na denn", seufzt Sanne.

„Es war vor allem angenehm", sagt Loubna.

„Eine bildschöne Bemerkung", witzelt Wouter.

„Ruhen Sie sich einfach aus, Herr Nachbar"

„Noch keine Neuigkeiten", sagt Ilses Mutter. Sie ist früher nach Hause gekommen, um bei ihren Töchtern zu sein, denn sie hat genau gesehen, wie sehr das, was dem Nachbarn Matthijssen zugestoßen ist, die beiden mitgenommen hat. Mirjam hatte beim Frühstück weinend gesagt: „Und wenn der Einbrecher jetzt wiederkommt?" Ilse reagierte zwar weniger panisch, aber trotzdem.

„Ist Papa lange bei ihm gewesen?", fragt Ilse.

Ihre Mutter schüttelt den Kopf. „Er hat zu Hause noch eine Weile herumtelefoniert, um herauszufinden, ob der Nachbar noch Verwandte hat. Aber er hat keine gefunden."

„Wie traurig", sagt Ilse. „So ganz allein daliegen zu müssen …" Dann fällt ihr etwas ein. „Ich kann ihn doch besuchen, Ma? In welchem Krankenhaus liegt er?"

„Das ist lieb von dir, Ilse, aber er liegt im Koma. Er weiß nicht, dass wir da sind."

„Das kann man doch nicht wissen, Ma! Ich habe neulich eine Sendung gesehen, in der wurde gesagt, es wäre gerade gut, mit Menschen im Koma zu reden. Ich kann es doch versuchen, oder?"

Mutter schaut sie etwas besorgt an.

„Ich bin kein kleines Kind mehr, Ma. Sag mir einfach, in welchem Krankenhaus er liegt, dann radele ich nachher hin."

„Na gut", sagt ihre Mutter. „Aber dann komme ich mit."

Wenig später gehen sie durch die langen Krankenhausflure, auf der Suche nach Zimmer 2.05. Der Nachbar hat ein Zimmer für sich allein. Leise öffnen sie die Tür. Der Raum ist spärlich eingerichtet. Neben dem großen Eisenbett gibt es einen kleinen Nachtschrank. An der Wand stehen zwei Klappstühle für den Besuch. Ilse erschrickt, als sie Herrn Matthijssen sieht. Sein Gesicht ist bleich und aufgedunsen. Eines seiner Augen ist blau, das andere versteckt hinter einem riesigen Verband, der fast seine gesamte rechte Kopfhälfte bedeckt. Ein Gewirr von Schläuchen verläuft von Herrn Matthijssen zu einem Apparat am Bett.

„Wie schrecklich", sagt Ilse leise. Ihre Mutter legt den Arm um sie. Ilse schluckt, fasst sich dann aber wieder und zieht einen der Stühle zum Bett. „Hallo, Herr Matthijssen", sagt sie, so munter sie kann. „Geht es Ihnen schon etwas besser?" Eine dumme Frage, denkt sie. Der Mann ist vollkommen am Boden. Aber was sonst soll sie sagen?

„Soll ich Ihnen erzählen, wie mein Tag gelaufen ist? Vielleicht interessiert Sie das ja." Sie schaut unsicher zu ihrer Mutter, aber die nickt. „Kennen Sie den Julianapark? Durch den bin ich heute früh mit meiner Klasse gelaufen. Ich habe einen Lehrer, Herrn Swart, der wollte ein Experiment mit uns machen. Und zwar wollte er untersuchen, ob man beim Gehen besser nachdenken kann. Vielleicht etwas verrückt, Ihnen das gerade jetzt zu erzählen, denn Sie liegen hier so still da, und ich weiß nicht: Denken Sie jetzt auch nach? Oder ruhen Sie sich aus? Oder sind Sie sehr damit beschäftigt, wieder gesund zu werden?"

Sie seufzt tief. „Der eigentliche Anlass war, dass Herr Swart uns von einem Philosophen erzählen wollte, der beim Spazierengehen Unterricht gab. Er hieß Aristoteles, vielleicht kennen Sie ihn ja. Herrn Swart zufolge hat dieser Aristoteles gesagt, der Zweck des Menschen sei es, ein möglichst guter Mensch zu werden. Ich musste die ganze Zeit an Sie denken. Sie wissen schon."

Ilse legt ihre Hand auf die runzlige Hand des Nachbarn. Eigentlich verrückt, denn so gut kennt sie ihn gar nicht. „Es ist übrigens ein ganz toller Park. Sehr groß und mit einer wunderschönen Trauerweide. Und Rehe gibt es auch. Wenn es Ihnen wieder besser geht, können wir vielleicht mal dort spazieren gehen, das wäre doch schön."

Mutter streichelt Ilse über den Rücken. „Komm", sagt sie leise.

„Ich komme Sie morgen wieder besuchen, Herr Matthijssen", sagt Ilse. „Ruhen Sie sich einfach aus. Alles wird gut."

„Ilse", sagt Herr Swart, als sie einige Tage später in die Klasse kommt. „Wie geht es dir?"

„Gut, Herr Swart."

„Und deinem Nachbarn?"

„Noch immer im Koma."

„Wie traurig! Gibt es denn Hoffnung auf Besserung?"

„Das wissen wir nicht. Ich bin schon zwei Mal bei ihm gewesen. Ich habe ihm auch vom Julianapark erzählt."

„Das ist lieb von dir. Bestimmt gefällt es ihm, deine Stimme zu hören."

Immer mehr kommen in den Klassenraum, es wird lauter. Herr Swart klatscht in die Hände, um die Schüler zur Ruhe zu ermahnen.

„Der Philosoph, von dem wir heute sprechen wollen, ging auch sehr gern spazieren", beginnt er. „Man erzählt sich, er habe jeden Tag um Punkt ein Uhr das Haus für seinen Spaziergang verlassen und das immer so pünktlich, dass die Leute ihre Uhr nach ihm stellen konnten."

„Gehen wir denn wieder in den Park?", fragt Wouter. „Da kann ich immer so herrlich nachdenken!"

„Nein, Leute, heute bleiben wir hier. Wir gehen gut 250 Jahre in der Zeit zurück. Und ich fange mit einer Redensart an: Was du nicht willst, das man dir tu, das füg auch keinem andern zu."

„Wo haben Sie das denn ausgegraben, Herr Swart?", meint Bram grinsend. Aber niemand lacht.

„Mein Vater sagt das auch immer", bemerkt Sven.

„Und was meint er damit?"

„Er sagt, das sei so in etwa das Motto für seine Arbeit im Stadtrat. Er will die Menschen so behandeln, wie er selbst behandelt werden möchte."

„Sieh an!", sagt Herr Swart erfreut. „Das ist eigentlich in einem Satz zusammengefasst, worum es unserem heutigen Philosophen zu tun ist."

„Wie schön", sagt Wouter. Er steht auf und greift demonstrativ zu seiner Tasche. „Nachdem wir das jetzt wissen, können wir also doch noch nach draußen, oder?"

„Scherzkeks!", sagt Herr Swart. „Hinsetzen! Du weißt ja noch nicht mal, wie unser Philosoph heißt."

„Schießen Sie halt los."

„Ich möchte also wieder mit euch über Gut und Böse sprechen, und diesmal will ich von den großen Gedanken berichten, die sich unser neuer Philosoph Immanuel Kant darüber machte. Aber erst möchte ich euch mehr über den Mann selbst erzählen und auch über ein anderes Thema, über das er viel nachgedacht hat: die Frage, wo letztendlich die Quelle des Wissens liegt.

Wir gehen also ins 18. Jahrhundert zurück, in die prächtige alte deutsche Stadt Königsberg. Leider wurde die Stadt im Zweiten Weltkrieg so sehr durch Bomben zerstört, dass nur mehr wenig Schönes aus dieser Zeit übriggeblieben ist. Nach dem Krieg wurde sie Teil der Sowjetunion, und heutzutage ist es eine russische Stadt namens Kaliningrad. Ich erzähle euch das, weil unser Philosoph Immanuel Kant das mit Sicherheit entsetzlich finden würde. Er liebte seine Stadt ungemein. Und die Stadt, ebenso wie das übrige Deutschland, liebte ihn. Kant wurde 1724 in Königsberg geboren und hat dort sein Leben lang gewohnt. Er stammte aus einer großen und armen Familie, aber ein Pastor bemerkte die außergewöhnliche Intelligenz des jungen Immanuel. Und so erhielt er doch die Chance, zur Schule zu gehen und zu studieren. Heute betrachtet man ihn als einen der allerschlauesten Männer, die Deutschland je hervorgebracht hat."

Herr Swart zeigt ein Foto auf der Tafel: ein Mann mit einem Mäusegesicht, gewellter Haarfrisur, einer ordentlichen Jacke und einem weißen Hemd mit üppigen Rüschen.

„Ach du liebe Güte!", seufzt Bram.

Gelächter.

„So sagt man das doch auf Deutsch, oder?", sagt er fast entschuldigend hinterher.

„Er ist halt nach der Mode jener Zeit gekleidet", sagt Swart. „Man sagt, er sei ein sehr charmanter und gern gesehener Einwohner der Stadt gewesen. Aber geheiratet hat er nie."

Herr Swart schwingt eines seiner langen Beine über eine Stuhllehne und lässt es hin und her baumeln.

„Wir haben im Park unter anderem die Frage behandelt, worauf Wissen tatsächlich beruht. Ich habe euch erzählt, was Aristoteles dazu sagte. Ihm ging es vor allem darum, das Hier und Jetzt zu betonen: Echtes Wissen komme nicht aus einer Art ewiger Ideenwelt, wie Platon sich das vorstellte, sondern Wissen sei aus unserer eigenen Wahrnehmung aufgebaut.

Die Frage nach dem Ursprung des Wissens beschäftigt Philosophen bis zum heutigen Tag. Immanuel Kant hat diese Überlegungen um einige Schritte weitergebracht. Deshalb nennt man ihn auch einen „Systembauer": Er hat die unterschiedlichen Denkweisen seiner Vorgänger nebeneinandergestellt, hat reiflich abgewogen, eine Brücke zwischen ihnen geschlagen und eigene Elemente hinzugefügt. Nochmals: Aristoteles zufolge beginnt Wissen mit Wahrnehmung. Ich habe euch auch von Descartes erzählt, der mit seinem ‚ich denke, also bin ich' die Vernunft und den Verstand betont. Viele andere Denker haben sich über die Frage gebeugt, wo das Wissen nun eigentlich seinen Ursprung hat. Kant liest ihre Werke, denkt darüber nach und kommt zu einem Schluss: Diejenigen Vorgänger, die den Verstand als Quelle des Wissens hervorgehoben haben, liegen damit richtig. Aber Denker, die die Wahrnehmung als Wissensquelle betont haben, liegen ebenfalls richtig. Nun stellt sich Kant die Frage: Was können wir wissen? Seiner Meinung nach lassen sich die beiden Sichtweisen seiner Vorgänger prima miteinander verbinden. Er erklärt das wie folgt: Ein Mensch sieht die Welt nur so, wie er denkt, dass sie aussieht. Unsere Wahrnehmung wird quasi auf dasjenige beschränkt, was ein Mensch sehen kann, vielmehr erkennt. Alles andere, alles, was wir nicht wahrnehmen können, ist zu ‚groß' für uns. Aus diesem Grund können wir davon auch nichts wissen."

Jelle hebt die Hand. „Aber das unterscheidet sich doch gar nicht so sehr von dem, was Aristoteles behauptet hat? Der sagte doch auch, dass wir erst wahrnehmen und anschließend unsere Wahrnehmungen strukturieren, um sie als Wissen zu speichern?"

„Wow!", sagt Wouter leise.

„Ja, stimmt. Aber Kant weist uns auf die Einschränkungen unserer Wahrnehmung hin, die sich aus unserem Menschsein ergeben. Gleichzeitig ist dies für alle dasselbe. Jeder Mensch kann wahrnehmen, jeder kann denken und jeder ist darin auf dieselbe Weise eingeschränkt. Diese Einschränkung besteht beispielsweise darin, dass Menschen immer *innerhalb von Zeit und Raum* wahrnehmen werden. Egal ob du jung bist oder alt, Mann oder Frau, Ungar oder Chinese, ob du im 21. Jahrhundert lebst oder zur Zeit der Aufklärung: Alles, was wir sehen, fühlen und erfahren, hat einen Platz innerhalb der *Zeit* und des *Raumes*, so wie wir sie kennen. Wir können das größere Bild nicht sehen, weder buchstäblich noch im übertragenen Sinne."

„Ganz schön zäh", sagt Sanne.

„Ist es auch", sagt Herr Swart. „Angenommen, ich würde sagen: ‚Die Welt ist schön.' Ist das wahr oder nicht? Kant wird sagen: Ein Mensch kann das als wahr erfahren. Aber aufgepasst: Ein Mensch kann die Welt nur aus der Zeit heraus sehen, in der er lebt, und von dem Raum aus, in dem er sich befindet. Er kann etwas sagen über seine Straße, über seine Stadt, vielleicht sogar über sein Land. Aber weiter reicht sein Blick nicht. Ein Mensch kann nicht über der Welt schweben und die gesamte Welt überblicken. Dasselbe gilt für die Zeit. Ich beispielsweise kann die Welt durch meine Augen eines 45-Jährigen, eines Bürgers in dieser ersten Hälfte des 21. Jahrhunderts, einer Lehrkraft an dieser Schule betrachten. Aber kann ich damit etwas darüber sagen, wie es im Mittelalter war? Oder während des Zweiten Weltkriegs? Kurz: Mein Blick beschränkt sich auf die Zeit und den Raum, in dem ich mich befinde. Und das gilt für alle. Was ich sagen kann, ist, dass ich die Welt, in der ich jetzt lebe, als Teil derselben im Hier und Jetzt insgesamt als angenehm erfahre. Das ist die sichtbare Seite dieser Geschichte."

„Und die Unsichtbare?", fragt Jelle.

„Er gibt so vieles, was das menschliche Auge nicht sehen kann und was den Verstand übersteigt. Wir wissen, dass es da ist, können es aber unmöglich erfassen. Wir können nicht mehr als glauben, dass es da ist. Es übersteigt unseren Verstand und unsere Wahrnehmung."

Herr Swart hält kurz inne, steht auf und geht zwischen den Tischreihen durchs Klassenzimmer. Bei Ilse bleibt er stehen. „Kannst du dem folgen, Ilse?"

„Na ja, so irgendwie", sagt sie zögernd. „Wissen Sie, vor einer Woche fand ich die Welt noch schön, aber seit ich meinen Nachbarn blutend im Hauseingang habe liegen sehen …" Sie schaut düster vor sich hin.

„Trotzdem hat sich die Welt seit Sonntag nicht wesentlich verändert. Nur für dich ist sie anders."

„Und damit bin ich jetzt anders …", grübelt sie.

„Deine Wahrnehmung in deiner Zeit und in deinem Raum hat dich neues Wissen erlangen lassen. Du hast Wissen von Grausamkeit und Elend hinzugewonnen. Du hast es mit deinen eigenen Augen gesehen, du standst genau daneben. Aber warum jemand so grausam ist, woher das Böse kommt, das weißt du nicht. Du weißt es nicht, weil du den Täter und dessen Umstände und seinen Charakter nicht kennst. Und du weißt es auch deshalb nicht, weil das Böse des Täters deinen Verstand übersteigt. Es passt nicht in deine Wahrnehmung dessen, wie die Dinge sein sollten. Du hast wahrgenommen, aber in deinem Wissen bist du beschränkt."

Ilses Gedanken schweifen ab. Wie es Herrn Matthijssen jetzt wohl geht? Sie sieht sein bleiches Gesicht vor sich, voll dunkler blauer Flecken. Die Schläuche, die Apparate, das große Eisenbett mit der blassgelben Decke. Kann sein alter Körper diese Schläge verarbeiten? Was, wenn er nicht mehr aufwacht? Was, wenn dieser schlimme Angreifer nicht gefasst und für das bestraft wird, was er dem Mann angetan hat? Sie ballt die Fäuste.

„Was wir wissen, ist also subjektiv und hat seine Grenzen", wiederholt Herr Swart. Er geht zu seinem Laptop und tippt zwei Wörter ein, die anschließend auf der Tafel erscheinen. *Kategorischer Imperativ.*

„Damit haben wir eine von Kants wichtigsten Fragen besprochen, und zwar die Frage: ‚Was können wir wissen?' Aber er stellt noch eine weitere wesentliche Frage: ‚Was sollen wir tun?'

Im Park haben wir über Aristoteles und über seine Sicht des Guten gesprochen. Er wollte Menschen nicht auferlegen, was gut war, aber er gab ihnen dennoch einen praktischen Tipp, das Gute zu finden: Gebraucht eure Sinnesorgane, euren Verstand und eure Erfahrung, sucht zwei Extreme und begebt euch dann in die goldene Mitte. Und er war sich sicher, dass Menschen das Gute letztendlich auch suchen. Der Zweck eines Menschen ist, ein möglichst guter Mensch zu sein. Wisst ihr noch?"

„Gilt auch für Rehe", scherzt Wouter.

„Ach, du bist auch noch da!", stänkert Sanne.

„Kants Ansatz ist ein anderer." Herr Swart zeigt auf die Tafel. „Er prägt den Begriff des *Kategorischen Imperativs.*"

Jelle nimmt seinen Stift und beginnt zu schreiben.

„Dürft ihr gleich wieder vergessen", sagt Herr Swart. Versucht es zu verstehen, das genügt."

Jelle steckt seinen Stift wieder ins Etui.

„So wie Aristoteles uns auf den goldenen Mittelweg hinweist, um uns bei der Bestimmung des Guten zu helfen, so ist Kants Hilfsmittel, um das Gute zu tun, sein kategorischer Imperativ. Will jemand den Versuch wagen, den Begriff zu erklären? Was ist ein Imperativ?"

Niemand rührt sich.

„Ist ja auch ein bisschen viel verlangt", räumt Herr Swart ein. „,Imperativ' kann man mit ,Gebot' übersetzen: das, was Menschen zu tun gehalten sind. ,Kategorisch' bedeutet, dass es immer so ist, bedingungslos. Kurz: ein Gebot, das immer und für alle gilt. Ich habe vorhin mit dem bekannten Ausspruch angefangen: ,Was du nicht willst, das man dir tu, das füg auch keinem andern zu'. Eigentlich ist das der kategorische Imperativ von Kant. Er selbst sagt es ein klein wenig anders: Handle nur nach einer Verhaltensregel, von der du möchtest, dass sie als allgemeines Gesetz anerkannt wird. Denkt mal nach. Was kann er damit meinen?"

„Stehlen?", sagt Bram. „Ich will, dass niemand stiehlt, also stehle ich selbst auch nicht?"

„Sehr gut!" Herr Swart strahlt.

„Lügen?", sagt Loubna vorsichtig.

„Yes!"

„Sich an seine Versprechen halten", ergänzt Sven.

Herr Swart nickt. „Ihr versteht es voll und ganz. Kant bringt selbst das Versprechen als Beispiel. Wenn jemand dir etwas verspricht, vertraust du darauf, dass er oder sie das auch einhält. Aus diesem Grund solltest du auch selbst deinen Versprechen immer nachkommen."

„Gewalt", sagt Ilse leise. „Wie kann jemand nur einen alten Mann zusammenschlagen? Ich meine: Daran, dass einem das selbst einmal zustößt, will man doch gar nicht erst denken!"

„Der hat offenbar nicht auf Kant gehört", stellt Wouter fest.

„Auch nicht auf Aristoteles", sagt Jelle.

„Aristoteles meint, dass der Mensch nach Vervollkommnung und Glück

sucht", sagt Herr Swart. „Und das Glück ist erreichbar, indem man das Gute tut. Kant glaubt nicht daran. Für ihn ist Gutes zu tun eine Pflicht; nicht mehr und nicht weniger. Mit seinem kategorischen Imperativ sagt er eigentlich: Gebrauche deinen Verstand, dann weißt du, was gut ist, und damit auch sehr genau, was du zu tun hast. Und dann tue das auch. Das bist du dir selbst und dem anderen schuldig. Dass du dann auch noch glücklich bist, ist nicht garantiert und erst recht kein Zweck oder Ziel der Sache. Manchmal macht man ja mit dem Guten anstatt seiner selbst gerade den anderen glücklich.

Sowohl Aristoteles als auch Kant nehmen also das Gute zum Ausgangspunkt. Dort setzen sie an. Und sie machen Vorgaben. Kant ist ein strenger Mann. Ihm zufolge ist das Gute erst dann wirklich gut, wenn es auch die *Absicht* hat, Gutes zu tun. Es ist ja ganz nett, wenn etwas gut ausgeht, aber wenn dahinter nicht die Absicht stand, gut zu sein, verliert es an Glanz. Er schaut auf eine gute Tat und stellt eine kritische Frage nach der anderen. Hattest du das Bedürfnis, dieses Gute zu tun? Hattest du ein Interesse daran, dieses Gute zu tun? Tust du das Gute, weil das Gesetz es vorschreibt? Wenn Kant auch nur wittert, dass es einen nicht ganz sauberen Grund dafür gibt, Gutes zu tun, einen anderen Grund als schlichtweg den, das Gute tun zu wollen, ist er unerbittlich. Dann ist es nicht wirklich gut. Für Kant ist diese Absicht wichtig, gerade weil Menschen immer dazu verführt werden, das weniger Gute zu tun. Menschen sind ziemlich oft lasch und vor allem mit sich und dem eigenen Leben beschäftigt. Erst danach denken sie an andere. Sie sagen, sie täten etwas für einen anderen, pflücken aber inzwischen selbst die Früchte ihres Tuns."

Plötzlich beginnt Ilse zu schluchzen. „Warum machen Menschen nur so was?", fragt sie weinend. „Er ging an einem Stock. Er konnte sich überhaupt nicht wehren. Und jetzt stirbt er vielleicht!"

Herr Swart legt ihr eine Hand auf die Schulter. „Ach, Ilse", sagt er leise.

Von so viel Freundlichkeit muss Ilse noch mehr weinen. „Kann jemand mir erklären, warum das Böse in der Welt ist? Den Willen haben, gut zu sein, oder die Pflicht haben, das Gute oder was weiß ich zu tun – alles schön und gut, aber ich sehe es nicht! Grün und blau geschlagen ist er, ja? Im Gesicht. Das ist doch schrecklich!" Ihre Schultern beben.

„Das ist eine sehr begreifliche Frage, die du da stellst, Ilse. Wouter, hol mal ein Glas Wasser für Ilse." Wouter steht auf und geht zur Tür.

Herr Swart schweigt einen Moment. Ilse wischt sich mit einem Papiertaschentuch über Augen und Nase.

„Das Böse", sagt Herr Swart. „Das Böse." Er geht auf und ab durch die Klasse und sagt weiter nichts.

„Ilse will wissen, wie das ist mit dem Bösen", sagt Bram ungeduldig. „Sollen wir die Geschichte mit dem ‚Was du nicht willst, das man dir tu' und so weiter einfach umdrehen? Etwa: Alles, wovon du nicht willst, dass es dir zustößt, ist also das Böse?"

„Sehr schlau, Bram, aber so schwarz-weiß ist es nicht. Kant trifft eigentlich keine sehr klar umrissenen Aussagen, wenn es darum geht, was gut ist und was böse. Er gibt uns keine fertigen Antworten. Dafür hat er in seiner Philosophie keinen Platz. Er nimmt es zwar wahr, aber er macht weiter nichts damit. Er scheint sich damit keinen Rat zu wissen. Stattdessen legt er uns fortwährend ans Herz, dass wir für uns genau überprüfen sollen, warum wir tun, was wir tun. Tun wir die Dinge, die wir tun, aus dem rechten Grund? Sind wir rein in unseren Handlungen und in unseren Argumenten? Wenn man redlich ist, dann weiß man das durchaus. Was du nicht willst, das man dir tu …"

„Das füg auch keinem andern zu", ergänzt Ilse. „Tut mir leid, aber damit kann ich überhaupt nichts anfangen. Dieser Einbrecher weiß, dass er nicht stehlen soll und dass er einen alten Mann nicht schlagen darf. Trotzdem tut er es. Ich suche eine Erklärung dafür, keine komplizierte Theorie oder so."

Herr Swart nickt. „Kant lässt dir die Freiheit und die Wahl", sagt er. „Du weißt selbst, wie du das Gute tun kannst, sagt er. Jetzt ist es an dir. Du bist frei. Diese Freiheit ist ein großes Gut, aber sie beinhaltet auch, dass du die Verantwortung für deine Entscheidungen trägst. Kant ist darin streng, aber auch realistisch. Er weiß, dass Menschen nicht immer auf die Vernünftigkeit seines kategorischen Imperativs hören. Dass sie die Stimme, die sie daran erinnert, oft ignorieren. Gleichzeitig weiß er, dass Menschen das Gute tun können. Das ist eine logische Folge ihrer Freiheit. Wenn Menschen in Freiheit wählen können, muss es ja zwei Optionen geben, aus denen gewählt werden kann. Kurz: Um Gutes tun zu können, muss es wohl so etwas wie das Böse geben."

Herr Swart nimmt wieder Platz und fährt sich mit der Hand durchs Haar. „Man könnte sagen, dass die letztendliche Frage nach dem Bösen eine Frage ist, die sich um Gott dreht. Kant ringt damit, denn er wurde sehr gläubig erzogen. In seinen Augen steht Gott für das Gute. Aber wenn das so ist und Gott am Anfang von allem steht, warum akzeptiert er dann, dass es das Böse gibt? Warum greift er nicht ein?"

„Genau!", sagt Ilse.

„Gott entscheidet sich, uns die Freiheit zu geben, sagt Kant. Jedenfalls erklärt er es sich so, fügt Kant hinzu. Denn wenn es um Gott geht, wissen wir nichts sicher. Die Entscheidungen Gottes übersteigen unseren Verstand. Hier hilft logisches Nachdenken nicht mehr. Es geht nur noch um glauben. Und Kant glaubt Folgendes: Gott gibt uns die Freiheit, selbst Entscheidungen zu treffen. Wir sind keine Marionetten in Gottes Händen. Wir treffen gute Entscheidungen. Und schlechte."

„Was für den einen gut ist, kann für den anderen schlecht sein. Oder umgekehrt", überlegt Bram.

„Der Einbrecher bei Ilses Nachbarn meinte, er täte gut daran, einzubrechen. Der Diebstahl war gut für *ihn*."

Ilse seufzt.

Herr Swart seufzt auch.

Fresien

Auf dem Weg ins Krankenhaus kauft Ilse herrlich duftende Fresien. Herr Matthijssen lächelt nicht, spricht nicht, bewegt sich nicht. Aber wer weiß, vielleicht kann er ja riechen. Sie will doch etwas tun. Irgendwas. Sie hat eine SMS nach Hause geschickt: „Bin kurz zum Nachbarn." Jetzt geht sie durch die langen Krankenhausflure. Es riecht hier typisch nach … Krankenhaus. Sie steckt ihre Nase in die Fresien. Das ist besser. Zimmer 2.03, 2.04 und dann 2.05. Leise tritt sie ein, sieht dann aber zu ihrer Verwunderung, dass das Zimmer leer ist. Sie geht wieder auf den Flur in Richtung

Schwesternzimmer, in der Hoffnung, dass ihr dort jemand sagen kann, in welches Zimmer der Nachbar gebracht wurde.

„Schwester", sagt sie freundlich, als sie tatsächlich eine Krankenschwester antrifft.

„Was kann ich für dich tun?"

„Ich möchte zu Herrn Matthijssen. Wissen Sie, in welches Zimmer er umgezogen ist? Er lag in Zimmer 2.05, aber das ist leer."

Die Schwester schaut erst auf Ilse, dann auf den Strauß Fresien. „Es tut mir leid, Mädchen. Er ist heute früh gestorben."

„Hä?", sagt Ilse.

„Ach, Liebes", hört sie hinter sich. Es ist ihre Mutter, die mir raschen Schritten auf sie zugelaufen kommt. „Hätte ich gewusst, dass du gleich hierherkommen würdest … Ich wollte es dir selbst erzählen."

Mutter nimmt Ilses Hand, nickt der Krankenschwester zu und nimmt ihre Tochter mit in eine Sitzecke am Ende des Flurs. Ilse fängt an zu weinen. Mutter sagt nichts, sondern streichelt ihr lediglich durchs Haar.

„Sie haben einen Verdächtigen gefasst", sagt Vater abends am Küchentisch. „Die Polizei hat mich vorhin angerufen."

„Kommt er lange ins Gefängnis?", fragt Mirjam hoffnungsvoll.

„Es ist ein sechzehnjähriger Junge", sagt Vater.

Mutter schlägt sich mit der Hand vor den Mund. „Wie fürchterlich."

Vater nickt. „Noch ein Kind", sagt er.

„Stell dir vor, es wäre deines", sagt Ilses Mutter.

„Kennen wir ihn?", fragt Ilse leise.

Vater schüttelt den Kopf. „Er kommt aus einem anderen Stadtteil. Die Polizei vermutet, dass er Herrn Matthijssen eine Zeit lang ausspioniert hat. Er hat sich ein schwaches Opfer ausgesucht."

„Was passiert jetzt mit ihm?"

„Die Polizei muss den Fall weiter untersuchen. Bis das Ganze vor Gericht kommt, werden viele Monate vergehen. Und man wird auch sein Alter berücksichtigen."

„Kein lebenslänglich?", fragt Mirjam erneut.

„Menschen machen Fehler, wie schrecklich sie auch sind", sagt Mutter. „Und wenn sie einmal ihre Strafe abgebüßt haben, verdienen sie eine neue Chance."

Ilse knallt ihr Besteck mit Wucht auf den Tisch. „Das ist doch das Letzte!", brüllt sie. „Und ungerecht. Und skandalös. Und, und … Er ist tot, hört ihr? Mausetot, weil so … so ein fieser Egoist Geld oder irgendwas gebraucht hat für ein Handy oder einen Motorroller oder sonst einen Mist!"

Dann geht das Telefon. Vater steht auf und stellt sich mit dem Gerät in der Hand ans Fenster.

„Guten Abend, Herr Swart", hören sie ihn sagen. Ilse hebt erstaunt den Kopf und versucht, dem Gespräch zu folgen.

Stille.

„Das ist sehr aufmerksam von Ihnen."

Stille.

„Stimmt. Unsere Kinder haben den Nachbarn daliegen sehen, und das hat sie sehr beeindruckt."

Stille.

„Nein, es wird nicht wieder gut. Er ist heute früh gestorben."

Stille.

„Es ist in der Tat eine gute Idee, auch Ihre Kollegen hiervon in Kenntnis zu setzen."

Stille.

„Ich gehe davon aus, dass sie wie sonst zur Schule will, aber wir sollten das morgen und in den nächsten Tagen in aller Ruhe auf uns zukommen lassen. Es ist keine Kleinigkeit."

Stille.

„Schön. Nochmals danke für Ihren Anruf." Vater legt das Telefon zurück und setzt sich wieder an den Tisch.

„Was für ein netter Mann", sagt er zu Ilse. „Herr Swart", erklärt er seiner Frau. „Der Philosophielehrer."

„Erzähl mal, Ilse", sagt Mutter betont munter, „womit beschäftigt ihr euch da denn so?"

„Mit Gut und Böse", sagt Ilse. „Ist doch ironisch, oder?"

„Und was sagt Herr Swart dazu?", fragt Mutter.

„Er selbst sagt nichts. Er erzählt von wichtigen Philosophen, die darüber nachgedacht haben."

„Und was sagen die?", fragt Vater.

„Aristoteles sagt, man tut dann das Gute, wenn man den goldenen Mittelweg sucht, und Kant sagt, dass man sich bei allem, was man tut, fragen soll, wie man gerne von anderen behandelt werden möchte."

„Interessant", sagt Mutter. Mirjam hat sich lautlos vom Tisch geschlichen. Ilse spürt, wie sie immer wütender wird. „Das stimmt doch!", antwortet ihre Mutter.

Jetzt kann Ilse ihre Wut nicht mehr unterdrücken. „Das ist doch Unsinn! Es sind typische Fantasien alter Männer, die in Studierzimmerchen sitzen und sich ein paar weise Worte überlegen, für die sie dann Jahre brauchen, um sie aufzuschreiben. Ein Schwachsinn ist das!" Ihr Kopf ist feuerrot geworden, und ihre Sätze schießen wie Feuerpfeile über den Tisch. „Haben sie mal einen Jungen auf einem Motorroller gesehen, der mit einem Messer in der Hosentasche unterwegs ist, um bei einem alten Mann einzubrechen? Einen Junk, einen verwöhnten Kotzbrocken, einen arroganten Drecksack? Na? Goldener Mittelweg? Drauf geschissen! Glaubt ihr, dieses 16-jährige Arschloch hätte je von Aristoteles oder von Kant gehört? Eher nicht, oder? Mir steht das alles bis hier!"

Die Tränen rinnen ihr übers Gesicht. Sie steht vom Tisch auf, schlägt die Tür hinter sich zu und stampft die Treppe hoch.

Am Tisch schaut Ilses Mutter ihren Mann traurig an. „Und doch steckt darin viel Weisheit", sagt sie leise.

Ein neuer Anfang

„Wouter, stellst du, bevor du zur Schule gehst, noch die Mülltonne an die Straße?"

Harmen, der Freund von Wouters Mutter, bittet ihn freundlich. Aber Wouter hat keinen Bock auf Mülltonnen. Und erst recht nicht auf Harmen. Er guckt auf sein iPad und schweigt.

„Wouter?", sagt Harmen.

„Mach's doch selber", sagt er jetzt unwirsch.

„Wie bitte?", sagt Harmen empört. „Das hier ist kein Hotel, junger Mann. Du weißt, dass deine Mutter jetzt ihre Ruhe braucht, und ich muss genau wie du los. Deshalb räume ich den Frühstückstisch ab, und du stellst die Tonne an die Straße. So einfach ist das."

„Ja, Chef", brummt Wouter.

Jetzt nimmt Harmen Wouter das iPad aus der Hand und zwingt ihn so, ihn anzuschauen. „Hör zu, Wouter." Harmen hält einen Moment inne. Er scheint nach den richtigen Worten zu suchen. „Hör zu. Du und ich, wir brauchen keine dicken Freunde zu werden. Aber wir haben viel miteinander gemein. Wir lieben beide deine Mutter. Und unser Leben wird sich sehr verändern, wenn das Baby da ist. Im Interesse deiner Mutter und des Babys, aber auch, weil ich denke, dass es für dich und mich schöner ist, bitte ich dich: Wehre dich nicht länger gegen diese Situation. Ich gehe nicht mehr weg. Das Baby geht nicht mehr weg. Mehr noch: Es kann jeden Moment kommen. Versuche, dich dem ein klein wenig zu öffnen. Es ist doch wunderbar, dass du noch ein Geschwisterchen bekommst, nachdem du so viele Jahre mit deiner Mutter allein gewesen bist!"

Wouter schiebt den Stuhl zurück, steht auf und geht fort, ohne ein Wort zu sagen. Warum sollte er? Jedes Wort für dieses Ekel ist eines zu viel. Stand hier eines Tages mit seinem Oldtimer und seinem Koffer vor der Tür und schwängerte in null Komma nichts seine Mutter. Dabei ist sie 45. Ein Irrsinn! Weiß dieser Harmen denn nicht, wie viele Risiken es gibt, wenn man in diesem Alter noch schwanger wird? Er versteht ja, dass seine Mutter wieder einen Freund wollte. Aber dieser Harmen! So ein mickriger Typ mit Schnauzbart!

„Tschüs, Ma!", ruft er die Treppe hinauf.

„Tschüs, Wouter! Bis heute Nachmittag", ruft seine Mutter zurück.

Er nimmt seine Jacke und die Tasche und steuert auf den Carport zu, wo die Mülltonne steht.

„Liebe Leute", beginnt Herr Swart, „guten Morgen!"

Das Stimmengewirr verstummt. Tijmen, der kurz mit Loubna und Sanne geplaudert hat, geht zu seinem Platz. „Wieder dieser braune Anzug!", flüstert Sanne noch. Schon die ganze Zeit trägt er dasselbe langweilige, altmodische Ding.

„Image Building", scherzt Loubna, aber ihre Aufmerksamkeit ist eigentlich noch bei Tijmen, dem sie mit den Augen folgt. Er schenkt ihr ein schüchternes Lächeln.

Wouter lässt sich auf einen Stuhl neben Bram plumpsen. „Und?", fragt der leise. Bram ist der Einzige in der Klasse, dem er von dem Baby erzählt hat. Na ja, erzählen war eigentlich nicht nötig. Bram wusste genug, als er seine Mutter neulich gesehen hat.

„Noch nichts", antwortet Wouter.

„In den vergangenen Stunden haben wir uns mit Gut und Böse auseinandergesetzt. In den letzten Stunden dieses Trimesters möchte ich euch um Aufmerksamkeit für Fragen bitten, die mit Leben und Tod zu tun haben."

Ilse schlägt die Augen nieder.

„Als ich so alt war wie ihr, starb eine liebe Tante. Eigentlich war sie gar nicht meine richtige Tante, sondern eine Freundin meiner Mutter. Aber weil sie unverheiratet war und selbst kaum Verwandte hatte, kam sie oft zu uns nach Hause. Tante Annie aß regelmäßig mit, feierte Nikolaus und Weihnachten mit uns und blieb manchmal auch über Nacht. Sie konnte wunderbar erzählen. Ich war ganz vernarrt in sie. Sie faszinierte mich auch. Sie war anders als andere Tanten. Wenn sie während eines ernsten Gesprächs oder in einer Diskussion etwas sagte, hörte ich besonders gut hin. Sehr oft verstand ich zwar nicht, worum es ging, denn ich war noch ein Kind, aber eins wusste ich instinktiv: dass sie weise war. Dass an dem, was sie sagte, wirklich was dran war."

Herr Swart bückt sich und nimmt ein Buch aus der Tasche. „Und dann ist sie gestorben", fährt er fort. „Weil Tante Annie keine nächsten Angehörigen hatte, mussten meine Eltern ihre Wohnung leer räumen. Ich durfte mit. Sie hatte sehr viele Bücher. Tausende. Abgesehen von einem großen Fernseher gab es nichts Wertvolles in der Wohnung. Bis auf all diese Bücher. Mein Vater wollte sie bis auf einige wenige weggeben, aber das erlaubte meine Mutter nicht. Für sie steckte in jedem Buch die Seele meiner verstorbenen Nenntante. ‚Annie würde sich im Grab umdrehen, wenn wir die Bücher nicht mit Respekt behandeln', sagte sie. Ich habe das nie vergessen, denn obwohl ich diesen Ausdruck noch nie zuvor gehört hatte, begriff ich doch ganz und gar, was er bedeutete."

Was passiert eigentlich mit den Sachen des Nachbarn?, fragt Ilse sich. Ihr Vater hat keine Verwandten gefunden. Verrückt eigentlich: Sie hat die Hand von Herrn Matthijssen im Krankenhaus gehalten, aber bei ihm in der Wohnung ist sie nie gewesen. Keine Ahnung, was er so mochte.

„Meine Mutter sorgte dann dafür, dass die Bücher an passende Einrichtungen gespendet wurden. Ich erinnere mich noch gut daran. Sie bereiste Stadt und Land, um Altenheime, Freunde, Studierende und Krankenhäuser mit den Büchern zu beglücken. Ich durfte mir aus der riesigen Büchermenge

aussuchen, was ich wollte. Aber die Bücher berührten mich nicht wirklich. Die Tante war alt gewesen und hatte entsprechend alte Bücher von Schriftstellern, die mir nichts sagten. Nur dieses hier fiel mir irgendwie auf."

Herr Swart hält ein kleines, dickes, dunkelblaues Buch in die Höhe. Es ist reich mit hellblauen und dunkelgrünen Schnörkeln, Schleifen und Blumen verziert. Das Papier ist karamellfarben. Loubna, die vorne sitzt, liest vor: „Augustinus, Bekenntnisse, aus dem Lateinischen übersetzt von Frans Erkens'."

„Zuallererst gefiel mir der schöne Umschlag. Als ich das Buch aufschlug, sah ich, dass Tante Annie es von ihrer Tante To zum Geburtstag im März 1945 bekommen hatte, also zwei Monate vor Ende des Zweiten Weltkriegs. Tante Annie wurde damals 29 Jahre alt und wohnte noch bei ihren Eltern. Ihre große Liebe war ein aktiver Widerstandskämpfer, und darum hatte sie schon lange Zeit keinen Kontakt mehr zu ihm gehabt. Es war zu gefährlich. Was sie damals nicht wissen konnte, war, dass er schon ein halbes Jahr lang tot war: von den Besatzern erschossen."

Herr Swart schweigt einen Moment. „Das alles hat nichts mit dem Buch zu tun, aber irgendwie hat es mich doch berührt. Von meinen Eltern wusste ich außerdem, dass diese Tante To, von der Tante Annie es geschenkt bekommen hatte, ganz streng katholisch gewesen war. Dann war es dieses Buch sicher auch. Heute weiß ich, was für ein wichtiges Werk es ist, aber damals ahnte ich davon nichts. Ich versuchte, darin zu lesen."

Herr Swart schlägt das Buch auf und rezitiert in feierlichem Ton: „Das Buch, das ich meinen Landsleuten in Übersetzung vorlege, gehört zum Höchsten, das je durch Menschenhand aufgezeichnet wurde'."

„Das Höchste, nur zu!", meint Sven lachend.

„So lautet der erste Satz aus dem Vorwort zu dieser Übersetzung aus dem Jahr 1919", erläutert Swart. „Es war das Erste, was ich las, vor mittlerweile etwa dreißig Jahren. Ich weiß nicht mehr genau, ob ich das ganze Vorwort zu Ende gelesen habe. Vielleicht las ich nur dieses Stück: ‚Der Kampf zwischen Geist und Fleisch ist bei ihm auf die radikalste Weise Wirklichkeit geworden. Wir Menschen wissen nicht, inwieweit die Idee unseren Körper verschlingt oder ob unser Körper die Idee verschlingt. Jedenfalls ist unser Körper, solange wir leben, der Schauplatz dieses Kampfes. Das Fleisch, das sich beugen muss, schlägt weinend die Hände vors Gesicht und geht hin, vertrieben vom flammenden Schwert des Intellekts'."

„Hä? Was genau war das jetzt?", fragt Sanne.

Herr Swart muss lachen. „Alles wird gut, Sanne. Merkt euch nur, dass Augustinus in seinem Leben einen Kampf zwischen Geist und Fleisch gekämpft hat."

„Okay … Fleisch."

„Oder dieses Stück hier", fährt er fort: „,Gehört wird eine Stimme. Augustinus hört Worte. Nimm, lies! Was ist das? Die Stimme klingt, als würde sie singen. Ja, was ist das? Jedenfalls ist es real, so real wie die Schelle, die im Tor Ihres Hauses ertönt. Es ist entsetzlich. Wir wissen es nicht. Haben wir es verdient? Wir wissen es nicht. Jedenfalls lässt die Umkehr, wenn sie ganz geschieht, wahrscheinlich das Licht entstehen, die Stimme erklingen. Hat die radikale Umkehr stattgefunden, dann keimt ein neues Leben auf, eine vita nuova, auch für den Körper.'"

„Was für ein albernes Zeug. Und daraus soll jemand schlau werden!", beschwert sich Bram.

„So kompliziert ist es nun auch wieder nicht", sagt Jelle. „Er hört eine Stimme, und die macht, dass er sich radikal verändert."

„Haargenau so ist es", sagt Herr Swart. „Und von dieser radikalen Umkehr berichtet er in seinen *Bekenntnissen*. Purer Sex and drugs and Rock 'n' Roll, Leute."

„Na, dann kommt ja doch noch Freude auf", sagt Wouter mit Grabesstimme.

„Der andere Philosoph, mit dem ich euch bekannt machen möchte, ist Thomas von Aquin. Beide Männer haben eine wichtige Rolle sowohl in der Philosophie als auch in der Theologie gespielt, und beide haben dieselbe Auffassung von Leben und Tod. Vorab kurz: Heute kennen wir Theologie, das heißt Gottesgelehrtheit, und Philosophie als zwei unterschiedliche wissenschaftliche Disziplinen. Aber lange Zeit gingen die beiden ineinander über. Die Philosophie sucht nach Wahrheit und Weisheit. Gläubige fügten dem oft hinzu: Und die Wahrheit ist nur durch Gott und bei Gott zu finden. Davon ist auch Augustinus überzeugt. Für ihn sind Philosophie und

Theologie deckungsgleich. Thomas von Aquin meint, dass wir unseren Verstand – das philosophische Instrument schlechthin – auch sehr gut dazu benutzen können, um die Existenz Gottes zu beweisen. Er trennt die beiden also schon etwas mehr, aber die eine steht weiterhin im Dienst der anderen. Wie dem auch sei: In den nächsten Stunden wird es oft um Gott gehen.

„Damit wir das schon mal wissen", meint Bram grinsend.

„Wir beginnen also mit Aurelius Augustinus und mit diesem besonderen Buch. Er bringt es mit Ende Dreißig zu Papier, als er noch ein einigermaßen junger Mann war, der aber schon meint, er habe etwas zu sagen. Und das tut er in diesem Buch. Wir sind im nordafrikanischen Hippo, einer Stadt, die heute Annaba heißt und im heutigen Algerien liegt. Unsere wahre Geschichte findet am Ende des vierten Jahrhunderts nach Christus statt. Augustinus ist Bischof in Hippo. Er ist ein überzeugter Nachfolger Christi, aber das war er nicht immer. Und das will er erklären, will es sich von der Seele schreiben, rechtfertigen, etwas in der Art. Er beginnt zu schreiben und wendet sich direkt an Gott. Dieses Buch, *Bekenntnisse*, ist wie ein ausführliches Gebet, ein langer Monolog des Augustinus, in dem er davon berichtet, wie er zu seinem Glauben gefunden hat, und von seinem Leben davor."

Herr Swart setzt sich auf die Ecke seines Pults und schlägt ein Bein über das andere.

„Augustinus' Mutter ist sehr gläubig, sie hat sich zum Christentum bekehrt. Er wächst also mit der Bibel auf. Augustinus ist klug und lernbegierig, aber als seine Eltern die Ausbildung nicht länger bezahlen können, fängt er an, sich danebenzubenehmen. Er berichtet darüber in seinen *Bekenntnissen*. Er schämt sich zu Tode für das, was er als Sechzehnjähriger getan hat: Zusammen mit ein paar Freunden hat er Birnen gestohlen."

„Nein, so was!", sagt Wouter gelangweilt.

„Es geht ihm nicht um die paar Birnen, Wouter. Was ihn Jahre später so plagt, ist, dass er die Birnen einzig und allein deswegen gestohlen hat, um den Kick des Stehlens selbst zu spüren. Er hatte keinen Hunger, er brauchte die Birnen überhaupt nicht. Er tat es nur, weil es verboten war. Der Diebstahl der Birnen steht darum in seinen Augen für etwas Größeres, für etwas in der menschlichen Natur, das ihm nicht behagt und das er bedauert.

Vielleicht hätte es danach bergab mit Augustinus gehen können. Aber seine Familie kommt wieder zu Geld und Augustinus kann sein Studium wieder aufnehmen. Hier beginnt seine lange Suche nach ‚der‘ Wahrheit. Er mag zwar christlich erzogen worden sein, aber für Augustinus steht damit nicht automatisch fest, dass dort auch die Wahrheit zu finden ist. So schön sei die Bibel nun auch wieder nicht geschrieben, meint er, und sehr logisch erscheint ihm das Buch ebenfalls nicht. Er liest, denkt nach, diskutiert. Inzwischen hat er eine Freundin, die ihm einen Sohn schenkt, er wohnt und arbeitet unter anderem in Rom und Mailand und genießt die guten Dinge des Lebens. Essen, Trinken, Sex. Als er später auf diese Zeit zurückblickt, schämt er sich für seine ‚fleischlichen‘ Gewohnheiten. Wie bunt er es tatsächlich getrieben hat, weiß ich nicht. Aber als er an seinen *Bekenntnissen* sitzt und auf diese Zeit zurückschaut, kommt ihm die Tatsache, dass er sich noch nicht zum Christentum bekehrt hatte, wie sein größter Fehler vor. Das wiegt sehr schwer für ihn. ‚Wie habe ich so dumm sein können!‘ Das ist wieder und wieder seine Botschaft. ‚Und das, obwohl ich von klein auf mit der Bibel großgezogen wurde. Und ich suche die ganze Zeit nach der Wahrheit, die doch die ganze Zeit so zum Greifen nahe lag! Was für ein unglaublicher Dummkopf war ich nur!‘ In den *Bekenntnissen* schreibt er, wie er letztlich zu der Einsicht kam, dass er sein Heil beim Gott der Christen suchen sollte. Er berichtet, wie verzweifelt er sich fühlte, weil er die Wahrheit einfach nicht finden konnte. Wie er sich danach sehnte, Ruhe in seinem Herzen zu finden und nicht mehr fortwährend alles und jedes anzuzweifeln. Er suchte Antworten. Und dann passiert es:“

Herr Swart steht auf und geht durch die Klasse.

„Er liegt unter einem Feigenbaum und fühlt sich wirklich elend. Wann finden diese abscheulichen Zweifel endlich mal ein Ende? Wann findet er einen Weg zur Wahrheit? Wann? Er schämt sich für die falschen Entscheidungen, die er im Leben getroffen hat. Er möchte es gerne wiedergutmachen. Aber die Frage ist: Was ist gut? Dann hört er etwas. Ich lese euch einige Sätze vor.“

Herr Swart öffnet seine alte Übersetzung der *Bekenntnisse* und liest: „„Und siehe, da hörte ich eine Stimme aus einem benachbarten Hause in

singendem Tone sagen, ein Knabe oder ein Mädchen war es: Nimm und
lies! Nimm und lies!'

Augustinus ist wie vom Blitz getroffen. Er ist sich sicher, dass es Gott selbst
ist, der über die Kinder zu ihm spricht. Und er weiß auch sofort, was er zu tun
hat. Er rennt ins Haus, stolpert beinahe über die eigenen Füße und nimmt
die Bibel. Die schlägt er an einer willkürlichen Stelle auf, weil er sich sicher
ist, so die Botschaft, die Gott ihm mitteilen will, zu finden. Und das hier
liest er: ‚Nicht in Fressen und Saufen, nicht in Unzucht und Ausschweifung,
nicht in Hader und Eifersucht; sondern zieht an den Herrn Jesus Christus
und sorgt für den Leib nicht so, dass ihr den Begierden verfallt.‘“

„Tja, das ist ziemlich eindeutig“, sagt Sanne.

„Findest du?“, sagt Bram.

„Für Augustinus jedenfalls ist es das“, sagt Herr Swart. „Er muss mit seinen schlechten Gewohnheiten brechen und ganz von vorn anfangen. Er
wird fortan ein genügsames Leben führen, ohne Frauen und ohne Feste,
und seine Zeit dem Studium widmen und dem Ziel, Gutes zu tun. Es fällt
ihm nicht leicht, versteht ihr. Die fleischliche Liebe aufzugeben beispielsweise …“

Sanne beginnt spontan zu lachen. „Fleischliche Liebe? Heißt das so?“

Jetzt müssen die anderen doch auch lachen. „Wir sind keine kleinen Kinder mehr, Herr Swart“, sagt Bram.

Herr Swart lacht jetzt auch. „Na gut. Keinen Sex mehr also. In seinen *Bekenntnissen* berichtet er, dass ihm schon als jungem Mann aufgefallen war,
wie sehr ihn die Frauen beschäftigten, und dass er eigentlich fand, das dürfe
ruhig etwas weniger sein. Augustinus schreibt, er habe bereits damals gebe-
tet: ‚Herr, mach mich keusch und lass mich von den Frauen fernbleiben …‘
Doch habe er damals immer einen kleinen Nachsatz hinzugefügt: ‚… aber
noch nicht jetzt‘.“

„Sehr witzig!“, ruft Tijmen.

„Doch jetzt ist es endlich so weit“, fährt Herr Swart fort. „Augustinus
schwört seinen schlechten Gewohnheiten ab und zweifelt nicht länger, wo
er die Wahrheit suchen muss: in der Bibel. Augustinus ist sich sicher: Er
wird sich taufen lassen. Fortan gehört er zur christlichen Kirche.“

194

„Ob es das wirklich gibt, so eine direkte Botschaft von Gott?", fragt sich Jelle.

Loubna nickt unwillkürlich. Herr Swart sieht es.

„Loubna?"

„Ich glaube schon, dass Allah direkt in das Leben von Menschen eingreifen kann", sagt sie zögernd.

„Dann nenn doch mal ein Beispiel", sagt Jelle.

Loubna denkt daran, wie Descartes' Worte ihr geholfen haben, besser zu verstehen, dass das eigene Äußere nicht das Wichtigste im Leben ist. Und an Herrn Swart, der genau die richtigen Dinge sagte, nachdem sie vor Hunger ohnmächtig geworden war. Für sie ist es kein Zufall, dass Descartes und Herr Swart ihren Weg gekreuzt haben. Aber soll sie das jetzt laut im Unterricht sagen?

„So schnell fällt mir da nichts ein", antwortet sie leise. „Aber ich weiß es einfach."

„Das ist Glaube. Für Augustinus steht der jetzt im Mittelpunkt. Wissen und Einsicht in die Wahrheit bekommt man von Gott. Deshalb findet man die Wahrheit erst, wenn man glaubt."

„Aber Herr Swart", sagt Bram zögernd. „Wer glaubt denn heute noch? Ja, Loubna. Für sie ist das ja ganz schön, aber hier in der Klasse ist sonst wohl keiner mehr gläubig, oder? Ich kenne fast niemanden, der noch in die Kirche geht."

„Ich verstehe, was du sagst, Bram. Zwei Dinge dazu: Erstens war es in der Zeit des Augustinus fast undenkbar, nicht an Gott oder an Götter zu glauben. Natürlich glaubten nicht alle an den Gott der Christen. Aber geglaubt wurde trotzdem. Und auch Augustinus schaut so auf die Welt. Mit dem Blick eines Gläubigen, in diesem Fall eines gläubigen Christen. Dann das Zweite: Die Frage, ob wir glauben oder nicht, macht letztlich keinen Unterschied, wenn wir von Augustinus sprechen. Als Klasse versuchen wir, Einsicht darüber zu gewinnen, wie im Lauf der Zeiten über die Frage nachgedacht wurde, ob es so etwas wie die Wahrheit gibt, und wenn ja, was sie ist und wo sie gefunden werden kann. Das sind philosophische Fragen. Augustinus suchte nach Antworten auf diese Fragen und fand sie im Christentum."

„Das wäre also die Vermischung von Philosophie und Theologie", sagt Jelle.

„Klugscheißer", brummt Wouter.

Da öffnet sich die Klassentür. Frau Gerbrands, die Rektorin der Schule, steht in der Türöffnung. „Guten Morgen", sagt sie freundlich. „Wouter, wo sitzt du?" Wouter hebt die Hand. „Ah, da. Kommst du mal kurz mit? Ich bringe ihn gleich wieder zurück, Herr Swart."

„In Ordnung", sagt der, während Wouter zur Tür geht. Draußen auf dem Flur schaut ihn Frau Gerbrands freundlich an. „Ich wurde gerade von deinem Stiefvater Harmen angerufen."

Nennt er sich selbst so? Stiefvater?! Dazu wird er ihm heute Abend seine Meinung geigen.

„Er erzählte, dass deine Mutter gerade ins Krankenhaus gebracht wurde."

„Geht es ihr nicht gut?", fragt Wouter erschrocken.

„Der Blutdruck deiner Mutter ist anscheinend etwas hoch. Das ist an und für sich nicht schlimm, aber der Arzt meint, es wäre besser, wenn sie im Krankenhaus ist. Es ist eigentlich aus Vorsorge, weil deine Mutter, na ja, schon etwas älter ist, sagen wir mal."

Ja, das kann man wohl sagen, denkt Wouter.

„Du darfst auch zu ihr ins Krankenhaus, wenn du willst", fügt sie hinzu.

„Ist Harmen da?"

„Den Eindruck hatte ich schon."

„Vielen Dank", sagt Wouter. „Ich fahre nach der Schule bei meiner Mutter vorbei."

Frau Gerbrands mustert ihn sorgfältig. „Die Entscheidung liegt bei dir. Schalte auf jeden Fall ausnahmsweise dein Handy ein, damit du erreichbar bist. Vielleicht kommt das Baby jetzt auch bald."

Wouter nickt und will wieder in die Klasse gehen.

„Wouter", sagt Frau Gerbrands noch, „wenn du es dir anders überlegst, kannst du einfach gehen. Ich habe schon in der Verwaltung Bescheid gesagt."

„Gut."

In der Klasse setzt er sich wieder neben Bram. „Und?", fragt der leise.

„Krankenhaus", flüstert Wouter zurück. „Zur Vorsorge."

„Und? Willst du denn nicht hin?"

„Nein, dieser Schlaffi ist da."

„Ich verstehe dich nicht, Mann", flüstert Bram zurück. „Ein kleines Geschwisterchen, das ist doch schön!"

Aber das überhört Wouter und lauscht stattdessen Herrn Swart. Der ist gerade dabei, die Stunde abzuschließen. „Das nächste Mal werde ich euch erzählen, wie die Wahrheit des Augustinus, wie seine Philosophie aussah."

„Kann nicht mehr viel sein, nachdem mit Sex and drugs and Rock ’n’ Roll Schluss ist", witzelt Sanne.

Beim Verlassen der Klasse tippt Herr Swart Wouter auf die Schulter. „Alles in Ordnung, Wouter?" Herr Swart schaut ihn so freundlich und einladend an, dass Wouter fast schon sagen will, was er auf dem Herzen hat, aber dann überlegt er es sich. Was sollte er außerdem sagen? Was genau wurmt ihn eigentlich so? Ist es das Baby? Ist es Harmen? Oder kann er es insgeheim nicht ertragen, die Aufmerksamkeit seiner Mutter, die früher ganz allein ihm galt, jetzt mit diesem Harmen und dem Baby teilen zu müssen?

Er verpackt das Ganze in einen Scherz. „Pubertätsschmerzen. Ist bestimmt wieder vorbei, bevor ich ein Mädchen bin."

Trotzdem kann er den Gedanken an seine Mutter und das Baby an diesem Morgen nicht von sich abschütteln. Und als um zwei Uhr der Unterricht vorbei ist, fährt er – ohne sich das vorher genau überlegt zu haben – zum Krankenhaus.

„Meine Mutter liegt hier", sagt er am Empfang. „Frau Wijnands."

Eine Frau mit Pferdeschwanz tippt den Namen von Wouters Mutter ein. „Station drei", sagt sie. „Am Ende des Flurs links. Frag da bitte noch einmal nach."

Dort angekommen, kann ihm ein Krankenpfleger sofort sagen, wohin er muss: Zimmer 15. Wouter sucht nach den Zimmernummern. Rechts die geraden, links die ungeraden. Zimmer 5, 9 und dann schließlich 15.

Die Tür steht offen. Wouter schaut hinein und sieht seine Mutter in einem hohen Bett unter einer dünnen Bettdecke liegen. Harmen sieht er

auch. Der streichelt Mutter sanft über die Stirn. Seine andere Hand liegt auf
Mutters Bauch. Besitzergreifend, das ist es. Den Bauch und das, was darin
ist, beansprucht er für sich. Nein, viel mehr als das: Mutter – *seine* Mutter –
gehört ihm. Diesem Trottel, dieser Kartoffel, diesem Stümper, diesem … Er
fühlt eine enorme Wut hochkommen, dreht sich um und geht weg.

„Und, wie geht es deiner Mutter?", fragt Bram, als sie am übernächsten Tag
zur Schule radeln.

„Ihr Blutdruck ist nach wie vor ziemlich hoch", sagt Wouter. „Und weil
das Baby jeden Augenblick kommen kann, bleibt sie im Krankenhaus."

„Das heißt, du bist allein zu Hause mit Harmen?"

„Dazu sage ich lieber nichts."

Sie schieben ihre Fahrräder in den Ständer und gehen zum Eingang.

„Wouter?", hören sie hinter sich. Herr Swart kommt angestiefelt, in der
Hand seine alte Schultasche. Mit der anderen ordnet er seine windzerzaus-
ten Haare. „Frau Gerbrands hat erzählt, dass deine Mutter im Krankenhaus
liegt. Geht es denn?"

„Ach, ja", sagt Wouter möglichst gleichgültig.

„Bist du bei ihr gewesen?"

„'türlich!" Na ja, so ganz natürlich war es ja nicht. Nachdem er vorgestern davongelaufen war, war er abends doch noch mal wiedergekommen.
Schließlich war es seine Mutter, die da lag. Er hatte versucht, Harmen aus-
zuweichen, aber der gönnte ihm und seiner Mutter keinen Moment allein.
Gestern hatte er es darum mit der Entschuldigung, er hätte zu viele Hausaufgaben, bei einem Anruf belassen. Aber in seinem Zimmer – dem einzigen Harmen-freien Ort im Haus – hatte er die ganze Zeit nur Musik gehört
und sich eigentlich total elend gefühlt. Das brauchte er Swart allerdings
nicht auf die Nase zu binden.

„Ich wünsche euch, dass sie schnell wieder nach Hause kommt, und zwar
gesund und wohlauf", sagt Herr Swart freundlich. „Und natürlich mit einem
gesunden Baby", fügt er noch hinzu.

Wouter grinst dösig und ist froh, dass sie inzwischen am Klassenzimmer
angekommen sind und das Gespräch ein Ende hat.

Verzweifelt auf der Suche

„Unser Aurelius …", beginnt Swart.

„… der Birnendieb", sagt Tijmen.

„Ein innerlich zerrissener junger Mann, der sich in seinen Fragen über die Wahrheit festgefahren hatte. Aber letzten Montag erzählte ich euch, wo er die Wahrheit ein für alle Male gefunden hat: im christlichen Glauben. Ein Philosoph sucht die Wahrheit. Augustinus sagt, er habe sie gefunden. Können wir ihn damit noch als Philosophen bezeichnen?"

„Die Philosophen, von denen Sie bisher erzählt haben, dachten doch auch über andere Dinge nach", sagt Jelle. „Über Mann und Frau. Oder über Gut und Böse."

„Gewiss, und auch Augustinus dachte noch über anderes nach als nur über ‚die Wahrheit'. Über Fragen um Leben und Tod beispielsweise. Darüber möchte ich in dieser Stunde mit euch sprechen. Aber jetzt doch noch kurz zu dieser grundlegenden Frage: Ein Philosoph ist immer auf der Suche, nimmt mit nichts vorlieb, stellt Zusammenhänge her, stellt Fragen. Passt dazu denn das Bild eines Mannes, der meint, er sei fertig mit Suchen? Kann das denn sein?"

Loubna hebt zögernd die Hand. „Geht es vielleicht nicht nur um die Fragen, sondern auch um die Argumente?"

„Wie meinst du das?", sagt Herr Swart einladend.

„Man kann glauben, dass die einzige Wahrheit bei Gott zu finden ist, aber wenn man das anderen gegenüber behaupten will, muss man begründen können, warum."

„Dann wird aus dem Philosophieren eine Art Argumentieren?"

„So ungefähr, ja. Aber vielleicht ist es noch mehr, denn auch sich selbst gegenüber will man doch deutlich machen können, warum es wahr ist."

Tijmen wirft Loubna einen bewundernden Blick zu. Schön, lieb und … klug. Wouter sieht es und grinst.

„Das Philosophieren wird dann sozusagen zur Suche nach einer Bestätigung von etwas, dessen Wahrheit man im Herzen schon weiß", fasst Herr Swart zusammen. Sanne schaut von Swart zu Loubna, als würden sie bei einem guten Tennisspiel einen Ball hin- und herschlagen.

„Was natürlich unmöglich ist", sagt Loubna. „Denn etwas, das man glaubt, kann nicht wahr sein. Dann wäre es ja kein Glaube mehr, sondern Wissen."

Herr Swart schaut seine Schülerin äußerst zufrieden an.

„Augustinus will nicht immer nur suchen", sagt er. „Augustinus will nicht nur mit Fragen leben. Er sehnt sich verzweifelt nach Antworten. Aber mit dem Finden seiner Wahrheit im christlichen Glauben ist sein Suchen nicht vollständig zu Ende, sondern lediglich eingekapselt, gewissermaßen. Er sucht die Wahrheit jetzt nur mehr innerhalb seines christlichen Glaubens. Für ihn ist und bleibt das Philosophie. In der Tat, Loubna: der Glaube. Augustinus ist davon überzeugt, dass man Gott nur dann finden kann, wenn man glaubt. Gott ist Wahrheit. Es ist Gott, der dir die Einsicht geben muss. Das heißt, die Wahrheit findet man einzig und allein, indem man an Gott glaubt. Philosophieren funktioniert nur mit der Hilfe Gottes. So schließt sich für Augustinus der Kreis."

Herr Swart hält sein Exemplar der *Bekenntnisse* in die Höhe. „Kurz zurück zu Augustinus' Lebensgeschichte. Er ist Anfang dreißig und will sich jetzt der christlichen Kirche weihen. Seine Verbindung mit dieser Kirche und allem, wofür diese steht, zeigt er, indem er sich taufen lässt. Diese Taufe findet während des Osterfests im Jahr 387 statt. Jetzt müssen wir doch kurz einige wichtige Elemente des christlichen Glaubens aufzählen, um zu verstehen, warum in der Tatsache, dass er sich gerade zu Ostern taufen lässt, so viel Symbolik steckt. Kennt ihr die Erlösungsgeschichte eigentlich in groben Linien?"

Aus der Klasse kommt so gut wie keine Reaktion.

„Gut. Kurz zusammengefasst: Die ersten Menschen auf der Erde, geschaffen von Gott, waren Adam und Eva. Die aßen nun ausgerechnet von den Früchten, von denen zu kosten ihnen Gott verboten hatte. Damit hat der Mensch gesündigt. Die Vertrauensbeziehung mit Gott muss wiederhergestellt werden, und das gelingt nicht so eins, zwei, drei. Generationen, Jahrhunderte vergehen darüber. Aber zuletzt beschließt Gott, seiner Beziehung mit dem Menschen einen komplett neuen Anfang zu geben. Er lässt seinen eigenen Sohn aus der Jungfrau Maria geboren werden. Jesus heißt er, und er zeigt den Menschen, wie sie leben sollen, einfach, indem er ihnen mit gutem Beispiel vorangeht und sie unterrichtet. Jesus hat aber nicht nur Anhänger. Er ist kritisch und das passt schlecht in die etablierte Ordnung. Am Ende wird Jesus umgebracht. Dieses Sterben hat im Christentum eine große Bedeutung. Mit dem Tod Jesu vergibt Gott den Menschen alle Fehler, die sie seit dem heimlichen Früchteessen Adams und Evas begangen haben, und seine Beziehung bekommt einen neuen Anfang."

„Eigentlich eine aberwitzige Geschichte", sinniert Jelle. „Sie klingt so … so konstruiert."

„Und sie ist noch nicht zu Ende. Mit dem Tod von Gottes Sohn sieht Gott einen Moment lang wie der Verlierer aus. Aber dabei bleibt es nicht. Denn Jesus ersteht vom Tode wieder auf. Das Gute hat das Böse überwunden. Das Leben hat den Tod überwunden. Gott und die Menschen sind miteinander versöhnt."

Herr Swart schweigt eine Weile, als wolle er damit den Ernst der Geschichte unterstreichen. „Genau diesen Moment – den Moment, in dem das Gute das Böse und das Leben den Tod besiegt – wählt Augustinus für seine Taufe. Wahl und Entscheidung: In den vielen Büchern, Briefen und Predigten, die er danach schreibt, werden die Entscheidungen, die Menschen in ihrem Leben treffen, für ihn ein wichtiges Thema. Augustinus hält uns zur Arbeit an. Wir sollen das Gute tun und ein Leben lang uns selbst erforschen. Wir sollen dabei all unsere Talente einsetzen, auch unseren Verstand. Lange vor Descartes sagt bereits Augustinus, dass wir bei unserer Suche nach Gott unseren Verstand gebrauchen sollen. Tief, tief in unserer Seele werden wir die Wahrheit finden. Und wenn wir diese einmal gefunden haben, gelangen wir automatisch zu Gott. Erinnert ihr euch an die Ideenwelt Platons?"

Hier und da wird genickt. Wouter schaut nebenbei auf sein Handy. Nichts.

„Platons Idee von einer anderen, ewigen Welt – einer Welt, die wir auf den ersten Blick nicht sehen können, die jedoch ebenso wahr, ebenso echt ist wie die unsere – spricht Augustinus zwar an, aber er gibt ihr einen eigenen, christlichen Dreh. Für ihn ist diese ewige Idee Gott selbst, der in der menschlichen Seele lebt. Für Augustinus ist der Mensch kein unbeschriebenes Blatt, wie wir es bei John Locke sahen. Augustinus glaubt, dass die Seele

einen göttlichen Ursprung hat. Gott wohnt in unserer Seele. Irgendwo –
tief im Innern – wissen wir darum genau, was Gott mit uns will. Wir müssen
uns dafür einsetzen, das herauszubekommen."

Loubna gibt Sanne einen Schubs, denn die hat den Kopf auf die Arme
gelegt, als wollte sie ein Nickerchen machen. „Das geht doch nicht!", zischt
sie.

„Sooo öde!", mault ihre Nachbarin. Aber dann setzt sie sich doch wieder
aufrecht hin.

„Augustinus meint, die Menschen sollten in allen Ecken und Winkeln
ihrer Seele nach der Bedeutung suchen, die Gott ihnen verliehen hat; einer
Bedeutung, die es mit Sicherheit gibt. Aber die Menschen bekommen keinerlei Garantie, dass sie diese auch wirklich finden. Gott selbst entscheidet,
wem er was und zu welchem Zeitpunkt zeigt oder nicht. Darüber haben die
Menschen letztlich nichts zu sagen, wie fromm sie auch sein und wie sehr
sie sich auch um eine gute Lebensführung bemühen mögen. Man könnte sagen, dass Augustinus zwei Arten von Wissen unterscheidet: dasjenige,
das die Menschen selbst erlangen können, und dasjenige, das Gott ihnen
schenkt. Ob und wann Gott Wissen schenken will, weiß niemand. Aber die
Menschen sollen danach suchen. Und um zu suchen, muss man glauben.
Ohne den Glauben wird aus der Sache nichts."

„Suchen also", sinniert Jelle. „Wir sollen suchen."

„In allen Winkeln und Ecken", witzelt Ilse.

„Da könnte die Wahrheit stecken!", reimt Bram hinterher.

„Menschenskind!", sagt Sanne.

„Es gibt ein wichtiges Hindernis", sagt Herr Swart. „Den Tod. Bewusst
und unbewusst sitzt er uns als fortwährende Bedrohung im Nacken. Der
Mensch weiß, dass er sterblich ist. Seine Zeit ist begrenzt. Und so ist er oft
sehr mit ‚äußeren' Dingen beschäftigt. Mit Macht, einem großen Haus, gutem Essen, schöner Kleidung. Alles muss viel sein und schnell gehen, denn
ehe wir uns versehen, ist unser Leben vorbei. Dadurch vergessen wir, die in-
nere Reise in unsere Seele zu unternehmen. Wir vergessen, nach dem göttlichen Zweck zu suchen, den jeder von uns hat. Der Tod hindert uns, das
maximal Mögliche aus unserer Beziehung zu Gott herauszuholen. Und ihr

wisst: Laut Augustinus können wir die Wahrheit nur bei Gott finden. Man könnte also sagen, dass wir, wenn wir uns zu sehr von ‚toten Dingen' wie Macht leiten lassen, dadurch zu wenig Aufmerksamkeit auf Gott verwenden und es uns so faktisch unmöglich machen, die Wahrheit zu finden. Es ist aber nicht unmöglich, diese Fixierung auf den Tod von sich abzuschütteln. Das geht, indem man die Stille sucht, sich nicht ablenken lässt, und indem man betet. Wer im Hier und Jetzt nicht mit Gott lebt, ist außerdem schon tot, bevor er stirbt, meint Augustinus."

„Halt, stopp mal", sagt Jelle: „Glauben Christen nicht an ein ewiges Leben? Oder sogar an ein Leben nach dem Tod, in dem es besser und schöner ist als hier?"

Ilse starrt aus dem Fenster. Ob es so etwas wie einen Himmel gibt? Und ob Nachbar Matthijssen da jetzt ist?

„Richtig, das ist so. Augustinus glaubt, dass Gott bestimmt, wer das ewige Leben bekommt und wer nicht. Es ist also nicht für jeden erreichbar. Aber das bedeutet nicht, dass man aus seinem Leben hier nicht etwas machen sollte. Diese Verantwortung haben wir durchaus. Wir wissen, was wir tun müssen, weil Gott uns die Fähigkeit gegeben hat, Gut und Böse zu unterscheiden. Wir sollen uns dem Guten zuwenden. Und weil wir schon bei Aristoteles und Kant davon gesprochen haben, ist es vielleicht noch schön zu erzählen, dass Augustinus zufolge ‚das Böse' als etwas Eigenständiges eigentlich nicht existiert. Für ihn ist Böses letztlich nicht mehr als das Fehlen des Guten. Das Gute, darum geht es. Und das Gute kommt von Gott."

Wouter fühlt sein Handy in der Hosentasche vibrieren. Er greift sofort danach. „Es geht los", steht da lediglich. Wouter spürt, wie sich etwas in seinem Bauch herumdreht. Seine Mutter hat ihm gesagt, dass es oft noch Stunden dauert, bis das Baby wirklich da ist. Aber womöglich geht es ja auch schnell. Oder es gibt Komplikationen. Jetzt schüttelt er unbewusst den Kopf. Nur nicht daran denken.

„Bist du damit nicht einverstanden, Wouter?"

Wouter steht auf und nimmt seine Tasche. Plötzlich weiß er ganz genau, wo er hingehört. Und das ist nicht hier.

„Es geht los", sagt er nur. „Ich muss weg."

Seine Klassenkameraden schauen ihm verwundert hinterher.
„Ein Baby", sagt Herr Swart. „Wouters Mutter bekommt ein Baby."
„Waaas!?!?"

Wie lang das dauert!

Wouter nimmt seine Jacke vom Haken, rennt durch den Flur und sucht in
dem übervollen Unterstand nach seinem Fahrrad. Ich hätte Mama natürlich heute früh kurz anrufen sollen, überlegt er sich. Und ich hätte gestern
hingehen sollen. Diese blöde Ausrede mit den Hausaufgaben war wirklich
völlig daneben. Was, wenn es ihr nicht gut geht? Was, wenn der hohe Blutdruck schlecht für das Baby ist? Was, wenn … Er radelt, so schnell er kann,
zum Krankenhaus und bemerkt kaum, dass ihm ein kräftiger Wind entge-
genweht. Als er ankommt, wirft er sein Rad gegen einen Baum und sprintet
in Richtung Haupteingang. Am Empfang teilt man ihm mit, dass die Ent-
bindungsstation gleich um die Ecke ist. Na logisch!

Unruhig blickt er hin und her und sieht eine Krankenschwester, die ihn
freundlich mustert. „Kann ich dir helfen?"

„Meine Mutter bekommt gerade ein Kind. Frau Wijnands", sagt er ge-
hetzt.

„Frau Wijnands", sagt sie zögernd. „Und du bist?"

„Ihr Sohn."

„Es gibt ein paar Komplikationen", sagt sie vorsichtig. „Ich werde deinen
Vater schnell rufen, dann kann er dir erklären, was los ist."

„Er ist nicht mein Vater", murmelt Wouter, aber was macht das jetzt aus?
Er will wissen, was los ist. Die Krankenschwester ist inzwischen in einem
Zimmer verschwunden und kommt nach einer Minute – für Wouter einer
viel zu langen Minute – wieder heraus, mit Harmen.

„Wouter", sagt Harmen. Er sieht blass aus. „Es geht gut, hörst du", sagt er.
„Deine Mutter hat es schwer, aber man kümmert sich gut um sie, und ihr
Blutdruck ist in den letzten zwei Tagen zurückgegangen. Echt, alles wird
gut." Er klopft Wouter freundschaftlich auf die Schulter. „Hör zu, ich muss
jetzt wieder zu ihr hinein. Wenn du willst, darfst du mit. Du bist groß genug,

um zu verstehen, was da geschieht. Deine Mutter wäre sehr damit einverstanden. Aber du musst natürlich nicht."

Wouter ist völlig überrascht. An diese Möglichkeit hat er noch gar nicht gedacht. „Nein, nicht nötig", sagt er schüchtern. „Ich warte hier draußen, auf dem Flur."

„Falls du es dir anders überlegst: Wir sind dort." Er zeigt auf eine Tür. „Du bist willkommen."

Harmen hat noch nicht ausgesprochen, da hören sie Mutter rufen: „Harmen!" Der ist mit einigen großen Schritten zurück ins Zimmer.

Wouter schaut hilflos um sich. Die Krankenschwester zeigt ihm einen Stuhl. „Wie heißt du?"

„Wouter."

„Setz dich dorthin, Wouter. Kann ich dir etwas zu trinken holen?"

„Nein, vielen Dank."

„Hast du etwas zu lesen dabei? Es kann noch ein Weilchen dauern."

„Ich komme schon zurecht", sagt er, „danke."

Wouter nimmt Platz und schlägt sein linkes Bein über das rechte. Dann das rechte über das linke. Er stellt beide Beine nebeneinander und legt die Hände auf die Knie. Aber das ist es auch nicht. Ein Schrei lässt ihn hochschrecken. Er bekommt eine Gänsehaut am ganzen Körper, aber die Krankenschwester verzieht keine Miene. Wouter wühlt in seiner Tasche und nimmt sein Geschichtsbuch. Morgen schreiben sie eine Arbeit. Er gibt sich alle Mühe, etwas zu lesen, und wenn es nur ein Abschnitt ist, aber vergeblich.

„Das ist normal, hörst du", sagt die Krankenschwester, ohne den Kopf zu heben. „Mach dir keine Sorgen." Aber das tut er natürlich doch. Er hat schon seinen Vater verloren und darf gar nicht daran denken, dass … Dann tu es auch nicht! Nicht dran denken! NICHT DRAN DENKEN!

Minuten verstreichen.

Stunden.

„Ich habe Suppe und ein Würstchen im Blätterteig für dich mitgebracht", sagt die Schwester.

Als Wouter das Essen riecht, merkt er, dass er Hunger hat. Kein Wunder: Die Uhr zeigt mittlerweile auf drei.

Es wird vier Uhr. Fünf Uhr. Draußen beginnt es zu dämmern. Die letzten Stunden hat seine Mutter kaum geschrien. Soll er doch hineingehen und nachsehen? Oder lieber nicht? Wenn etwas nicht in Ordnung wäre, dann hätte ihm das mittlerweile doch wohl jemand gesagt, oder? Da hört er ein Geräusch, eine Art Brummen. Kurz darauf hört er es nochmals, dann wird ein kräftiger Schrei daraus. Und noch einer. Und noch einer. Wouter spannt sich mit jedem Schrei noch mehr an. Er seufzt. Steht auf. Setzt sich wieder hin.

Und dann, nach gefühlt stundenlangem Schreien, steht er auf und geht entschlossen zu dem Zimmer. Jetzt langt es! Jetzt hat sie genug geschrien. Jetzt müssen die Ärzte etwas tun. Energisch reißt er die Tür auf und will hineinstürmen. Aber Mutter brüllt so laut, dass er erstarrt in der Tür stehen bleibt. Dann beginnt sie laut zu weinen, genau wie Harmen.

„Alles ist gut, Frau Wijnands", sagt eine freundliche Frau in einem langen, weißen Kittel. Sie hören ein leises Gequengel, dann eine Art Weinen. „Sie haben eine Tochter! Meinen Glückwunsch!" Die Ärztin legt das mit Blut und Käseschmiere bedeckte Baby auf Mutters Bauch, und die weint unaufhörlich. Harmen steht über die beiden gebeugt da, und seine Schultern zucken. Wouter weiß nicht, was er tun soll.

„Junger Vater", sagt die Ärztin freundlich. „Würden Sie die Nabelschnur durchschneiden?"

Harmen steht auf und will auf die Ärztin zugehen, entdeckt dann aber Wouter in der Tür. „Komm", sagt er mit wackliger Stimme. „Ich möchte gern, dass du das tust. Bist du einverstanden, Marianne?"

Mutter nickt. „Das wäre sehr schön, Wouter."

Die Ärztin rechnet offenbar auf seine Mitarbeit, denn sie hält ihm schon die Schere hin. Zögernd nähert sich Wouter dem Bett und nimmt sie entgegen. „Hier", zeigt die Ärztin. Er schaut auf das kleine Häuflein Mensch. Sein Schwesterchen. Er schluckt und schneidet. Es geht überraschend einfach. Gerade noch hängt man an seiner Mutter fest, und gleich darauf ist man ein eigenes, selbstständiges Individuum. Individu-ümchen.

Wouter schaut seine Mutter an, die mittlerweile seine Hand ergriffen hat. „Hannah Louise", sagt sie. Louis, so hieß sein Vater, der starb, als Wouter drei Jahre alt war. Erstaunt schaut er seine Mutter an. Und Harmen. Ein Weichei. Aber doch der Vater seiner kleinen Schwester.

In den Tagen danach bleibt Wouter zu Hause, um Harmen zu helfen, die Wohnung aufzuräumen und gemütlich herzurichten, bevor Mutter und das Baby heimkommen. Als sie dann zu Hause sind, herrscht ein Kommen und Gehen von Onkeln und Tanten und den Verwandten von Harmen. Alle wollen einmal mit Hannah aufs Foto. Mutter strahlt, während sie auf einem improvisierten Bett im Wohnzimmer liegt. Harmen strahlt auch. Und ehrlich: So viel Glück ist ziemlich ansteckend, merkt Wouter.

Nach dem Wochenende gibt es keine Entschuldigung mehr, nicht in die Schule zu gehen. „Kannst du mir mal kurz helfen?", sagt er am Montagmorgen auf dem Schulhof zu Bram.

„Was hast du in der Einkaufstasche?", fragt der, während er Wouter ins Schulgebäude folgt.

„Eierzwieback. Und gezuckerten Anissamen."

„Schön! Meinen Glückwunsch noch, Mensch! Und? Mädchen oder Junge?"

Wouter zeigt ihm die rosafarbenen Anissamen. „Hannah", sagt er. „Es ist eine Hannah." Er nimmt ein paar Plastikteller aus der Tasche und sucht Messer und Butter.

„Ist sie süß? – Doofe Frage", fragt Bram weiter, „natürlich ist sie das."

„Sie ist süß", sagt Wouter mit einem verträumten Grinsen. „Ziemlich sehr süß sogar."

„Dann ist es jetzt also okay für dich?"

„Ja, irgendwie schon."

Ein Klassenkamerad nach dem anderen kommt herein, und alle gratulieren sie Wouter zu seinem Schwesterchen.

Herr Swart geht die Sache feierlicher an. „Ich wünsche euch, dass ihr viel Freude miteinander habt", sagt er. „Blutsbande sind ganz besondere Bande."

Wie sehr das stimmt, hat Wouter mittlerweile schon gemerkt. Hannah ist erst sechs Tage alt, und bereits jetzt kann er sich ein Leben ohne sie kaum mehr vorstellen. Verrückt eigentlich.

„Liebe Leute", sagt Swart, „wir machen weiter. Noch kurz zu Augustinus. Er versuchte eigentlich als Erster, philosophische Gedanken über den christlichen Glauben zu formulieren, und bemühte dazu Platons Ideenwelt. Ich möchte euch noch einen weiteren wichtigen Denker vorstellen, der das ebenfalls tat. Auch er wollte die philosophische Suche nach der Wahrheit, das Denken darüber und den christlichen Glauben zusammenbringen. Wir gehen tausend Jahre weiter in der Zeit und landen im Mittelalter. Thomas von Aquin heißt unser Mann, und er ist fasziniert von dem, was Aristoteles den ‚unbewegten Beweger' nannte. Erinnert ihr euch?"

Jelle hebt sogleich die Hand. „Das weiß ich noch, davon haben Sie im Park erzählt. Nach Aristoteles kann niemals nichts gewesen sein, denn aus nichts kann nicht etwas geboren werden. Oder so ungefähr. Also muss Gott der Erste gewesen sein, der dem Pendel der Uhr einen Schubs gegeben hat, wodurch alles auf der Erde anfing, sich zu bewegen."

„Sehr gut", sagt Herr Swart zufrieden. „Stimmt haargenau. Merkt euch diesen Gedanken. Aber erst einige allgemeine Dinge …" Er tippt etwas in seinen Laptop, woraufhin eine Serie von Bildern auf der Tafel erscheint. Ein Mann mit einem Bart, einer ohne, einer jung, einer alt, ein dicker und ein dünner. Die meisten Darstellungen zeigen einen Mann mit einem dunklen Mantel um die Schultern, einer Glatze und einem Heiligenschein darüber, in der Hand hält er ein Buch.

„Einer dieser Männer ist Thomas von Aquin. Oder eigentlich sind sie alle er. Im Lauf der Jahrhunderte sind viele Bildnisse von ihm entstanden. Ungefähr fünfzig Jahre nach seinem Tod wurde Thomas von Aquin heiliggesprochen, und erst da begann man, ihn bildlich darzustellen. Daher auch der Heiligenschein über seinem Kopf. Aber ob er wirklich so ausgesehen hat? Der schwarze Mantel stimmt wahrscheinlich, denn Thomas von Aquin war ja Mönch. Und es scheint, dass er von etwas plumpem Körperbau war. Kein schöner, flotter Bursche also."

Er nimmt die *Bekenntnisse* von seinem Tisch. „Augustinus gewährt uns ja in seiner Biografie einen spannenden Blick auf sein Leben, bevor er Christ wurde. Von Thomas von Aquin wissen wir auch einige saftige Einzelheiten."

„Aha, dann wird das heute also doch noch was", stellt Sanne zufrieden fest.

„Thomas wird im Jahr 1225 in einem Schloss unweit des italienischen Städtchens Aquino geboren. Seine Eltern sind Adlige und es ist klar, was Thomas einmal werden soll: Nach einer sorgfältigen Erziehung soll er in den Benediktinerorden eintreten. Aber dem schiebt Thomas einen Riegel vor. Er fühlt sich zu den Dominikanern hingezogen. Das war in dieser Zeit ein junger Orden, in dem das Prinzip der Armut ganz groß geschrieben wurde; die Männer hatten durchweg keinerlei eigenen Besitz und waren abhängig von den Spenden anderer. Viel Zeit wurde dem Studium gewidmet mit dem Ziel, den Menschen den christlichen Glauben möglichst gut zu erklären. Das spricht den jungen Thomas an. Seine Familie jedoch betrachtet die Dominikaner als einen eher schäbigen Orden. Die Benediktiner, die haben Ansehen und Stil! Ganz anders als diese ärmlichen Dominikaner, die sich unter das gemeine Volk mischen.

Aber Thomas bleibt standhaft. Die Familie ist daraufhin so wütend, dass sie ihn zwei Jahre lang im Schloss einsperrt, damit er seine Meinung ändert. Aber das tut er nicht. Es gibt eine Legende, nach der seine Brüder in der Hoffnung, ihn so von seinen Plänen abbringen zu können, sogar eine Prostituierte auf ihn losgelassen haben. Wenn er erst einmal der fleischlichen Liebe verfallen wäre …"

„Ha, schon wieder! Fleischliche Liebe. Haha!" Sanne ist mit einem Schlag hellwach.

Aber Herr Swart fährt unverdrossen fort: „Wenn er erst einmal der fleischlichen Liebe verfallen wäre, würde er vielleicht sogar von jeglichem Klosterabenteuer absehen, denken die Brüder. Aber Thomas nimmt einen heißen Schürhaken und verjagt die Frau."

„Das nenne ich Charakter!", stellt Bram fest.

„Nach zwei Jahren gibt die Familie auf, und Thomas wird Dominikaner. Und so kennen wir ihn, als dominikanischen Studenten, Lehrer, Priester, päpstlichen Mitarbeiter, Denker und Schriftsteller. Er wohnt und arbeitet in Neapel, Paris und Köln. Er studiert die großen Philosophen und wird ein ‚Fan' von Aristoteles.

Wir sprachen gerade vom ‚unbewegten Beweger' des Aristoteles. Das ist ein philosophisches Konzept, das Thomas sehr anspricht. Was Aristoteles eigentlich tue, sagt Thomas, sei, einen grundlegenden Beweis für die Existenz Gottes zu liefern. Aristoteles nenne diesen ‚unbewegten Beweger' zwar nicht Gott, aber das sei er natürlich schon, sagt Thomas. Wie auch immer: Gott existiert, sagt er, denn jemand oder etwas muss doch diese erste Bewegung verursacht haben. Um mit Jelle zu sprechen: Jemand muss das Pendel der Uhr in Bewegung versetzt haben. Thomas übernimmt gewissermaßen das Staffelholz von Aristoteles und macht sich auf die Suche nach weiteren Gottesbeweisen. Damit möchte Thomas von Aquin liebend gerne zeigen, dass die Philosophie des Aristoteles und die Texte der Bibel wunderbar zusammenpassen. Er formuliert fünf Gottesbeweise."

Ilse nimmt einen Stift. Herr Swart lächelt, als er das sieht, und da fällt es ihr wieder ein: Für diesen Lehrer brauchen sie nicht zu büffeln. Sie sollen nachdenken. Mitdenken. Sie steckt ihren Stift wieder ins Mäppchen.

„Gott als unbewegter Beweger ist der erste Beweis. Weiter sagt Thomas: Alles, was geschieht, hat eine Ursache, und oft mehr als eine. Geht man zur allerersten Ursache zurück, dann muss man einfach bei Gott herauskommen, denn diese erste Ursache kann nicht von einer anderen verursacht sein, weil es die ja nicht gibt. Gott muss also die erste Ursache sein. Das ist sein Gottesbeweis Nummer zwei. Dann der dritte. Die Welt wandelt sich fortwährend. Es ist ein Kommen und Gehen von Menschen, Tieren und Dingen. Dieser Wandel impliziert, dass es etwas gibt; denn ein Nichts kann sich ja nicht in etwas verwandeln. Also muss immer etwas da gewesen sein. Das allererste Etwas, das ist Gott. Dann der vierte Gottesbeweis. Nicht alles hat die gleiche Qualität, sagt Thomas. Das eine ist besser als das andere. Jemand muss darin eine Ordnung vorgenommen haben, und um das tun zu können, muss derjenige besser sein als alles andere. Gott steht auf der Qualitätsleiter ganz oben: Gott ist von allem Guten das Allerbeste. Und dann zuletzt Gottesbeweis Nummer fünf. Auch dafür greift Thomas von Aquin auf Aristoteles zurück. Erinnert ihr euch an den Begriff der Vervollkommnung?"

Bram hebt die Hand: „Nach Aristoteles ist es das, wonach der Mensch letztendlich strebt: ein möglichst guter Mensch zu sein."

„Und ein Reh ein möglichst gutes Reh", erinnert sich Wouter.

„Stimmt genau", meint Herr Swart lachend. „Aber um sich zu dieser Vollkommenheit hinbewegen zu können, muss es auch Vollkommenheit geben. Und ihr erratet es schon …"

„Gott ist vollkommen", ergänzt Ilse.

„Aber …", beginnt Loubna. „Was ich nicht verstehe: Warum gibt er sich so sehr damit ab, Gott zu beweisen? Man glaubt doch einfach an Gott?"

„Oder nicht", sagt Sanne.

„Guter Einwand!", sagt Tijmen.

„Das ist eine berechtigte Frage, Loubna", beginnt Herr Swart. „Thomas von Aquin lebte in einer Zeit, in der die Kirche übermächtig war. Er hätte sagen können: ‚Gott existiert, und sein Stellvertreter ist der Papst. Hört einfach auf den Papst und fertig.' Aber das tut er nicht. Dafür nimmt er den Verstand, die Vernunft des Menschen einfach zu ernst. Er geht anders an die Sache heran, sagt gewissermaßen: ‚Ich weiß, dass ihr an Gott glaubt, aber ich kann euch allerlei Argumente liefern, um diesen Glauben zu vertiefen. So wisst ihr mehr, und ihr versteht es besser.' Es passt auch zu der Aufgabe, die er sich als Dominikaner zugelegt hat: Das Volk zu unterrichten."

„Las ‚das Volk' denn seine Bücher?", fragt Loubna.

„Nein", sagt Herr Swart entschieden. „Viele Menschen konnten nicht lesen, erst recht kein Latein. Aber das soll nicht heißen, dass Thomas von Aquin nicht zu Wissen und Verständnis beitragen konnte. Er fühlte sich sowohl als Gläubiger als auch in seinem Intellekt herausgefordert. Das Werk des Aristoteles erschien ihm herrlich konkret, und er war davon überzeugt, dass es den Menschen weiterhelfen konnte. Schaut: Augustinus gab den Menschen den Auftrag, Gott in sich selbst zu suchen und dafür die eigene Seele umzukrempeln. Aristoteles dagegen betrachtete das Außen, die Natur, das menschliche Verhalten. Dieses ganze ‚Irdische' gefiel Thomas großartig. Er wollte damit nur zu gern weiterarbeiten."

„Mir sind diese Beweise nicht so wichtig", sagt Loubna. „Ich wüsste stattdessen lieber von ihm als Kenner der Bibel, wie wir leben sollen."

„Und was passiert, wenn wir sterben", ergänzt Ilse.

„Wunderbar", sagt Herr Swart, „denn genau dazu komme ich jetzt. Für Thomas von Aquin hängen Fragen über Leben und Tod sehr mit denen von Leib und Seele zusammen. Wouter, erzähl mal …"

Verwundert hebt Wouter den Kopf.

„Dein Schwesterchen Hannah. Ähnelt sie deiner Mutter oder ihrem Freund?"

Wouter sieht Hannahs kleines Gesichtchen vor sich. Ihre Nase, die Öhrchen, die wilden schwarzen Härchen. „Keine Ahnung eigentlich. Meine Mutter sagt, sie gleicht Harmen. Und Harmen sagt, sie gleicht meiner Mutter", meint er grinsend.

„Wahrscheinlich hat sie von beiden etwas. Und natürlich auch etwas von sich selbst. Und jetzt ihre Seele: dieses ganz Einzigartige, tief in ihr. Von wem hat sie das? Auch von beiden ein bisschen?"

„Äh…", sagt Wouter. „Ich denke schon …"

„Du denkst es", wiederholt Swart.

„Keine Ahnung, Herr Swart. Nie darüber nachgedacht."

„Dann machen wir das eben jetzt alle zusammen. Ich habe euch erzählt, dass Augustinus in der Nachfolge Platons glaubte, dass der Mensch tief in sich, in der Seele, die Wahrheit mit sich trägt. Eine ewige, tiefe Wahrheit. Platon nennt sie die Ideenwelt, Augustinus nennt es Gott. Augustinus glaubte, dass die Seele letztendlich bei Gott sein wird, wenn der Mensch stirbt. Der Leib dagegen verschwindet im Erdboden und wird zu Staub. Das bedeutet, dass die Seele eine selbstständige Einheit ist, die außerhalb des Leibes fortbestehen kann. Einverstanden?"

Sie nicken.

„Thomas sieht das anders. Er glaubt, dass Leib und Seele unlöslich miteinander verbunden sind und gleichzeitig zu existieren anfangen. Er glaubt nicht an eine ewige Seele. Gott ist auch nicht Teil der Seele. Es ist die Seele, die innerhalb des menschlichen Daseins alles in Betrieb setzt und dafür sorgt, dass sich alles wörtlich und im übertragenen Sinne bewegt. Aber das Wissen, das Menschen erlangen, erhalten sie über die Sinnesorgane, das heißt über den Leib. Leib und Seele können darum nicht ohneinander sein. Sie brauchen sich gegenseitig. Unsere Seele, sagt Thomas, weiß instinktiv, was für uns und den anderen gut ist. Darum wird die Seele immer wollen, dass wir das Gute tun. Das finden wir so auch bei Aristoteles."

„Ein Reh hat das Ziel, ein möglichst gutes Reh zu sein", wiederholt Wouter.

„Genau. Die menschliche Seele hat das Ziel, gut zu sein. Aber auch, das Wissen zu vergrößern, sagt Thomas. Und der Leib, die Sinnesorgane, werden dem Menschen dabei helfen."

„Aber, Herr Swart", beginnt Wouter, „was hat das mit der Frage zu tun, die Sie mir gestellt haben? Ob die Seele auch von den Eltern weitergegeben wird?"

„Alles. Thomas von Aquin sagt: Fortpflanzung ist eine leibliche Aktivität. Einverstanden?"

„Ja, ja", kichert Sanne. „Hervorgegangen aus der fleischlichen Liebe."

„So ist es. Eine leibliche Aktivität kann lediglich etwas Leibliches hervorbringen. Es ist unmöglich, dass durch den Körper die Seele entsteht, sagt Thomas. Vollkommen unmöglich. Das kann nur eins bedeuten: Bei der Geburt legt Gott die Seele in den Menschen. Und siehe da: Ein weiterer Beweis für die Existenz Gottes."

In der Klasse ist es ganz still.

„Äh …", sagt Tijmen. „Mal nachdenken … Also, wenn Seele und Leib unlöslich miteinander verbunden sind und ein Mensch stirbt, dann ergibt das doch ein Problem! Denn wandert die Seele dann mit in den Sarg? Und gibt es dann überhaupt keinen Himmel, wohin die Seele gehen kann? Verstehen Sie, was ich meine?"

„Voll und ganz! Du triffst den Nagel auf den Kopf, Tijmen. Thomas kann nicht leugnen, dass beim Sterben eines Menschen Leib und Seele getrennt werden. Das findet er fürchterlich. Aber, sagt er, so ist es ursprünglich nicht beabsichtigt gewesen. Das ist eine Folge des Sündenfalls. Ich habe euch letzte Woche von Adam und Eva erzählt, dem Menschenpaar, das die erste Sünde beging. Das nennt man den Sündenfall. Der Mensch verfiel in Sünde. Mit der Sünde ist laut Thomas von Aquin auch der Tod in die Welt gekommen. Eine Folge dessen ist, dass Leib und Seele, die unlöslich miteinander verbunden sind und deshalb zusammen sein müssen und wollen, dennoch getrennt werden. Der Leib stirbt und die Seele bleibt zurück."

„Aber", wirft Loubna ein, „Sie meinten doch, das Christentum sagt, als Jesus starb, sei die Sünde des Menschen vergeben worden?"

„Stimmt. Aber mit der Auferstehung Jesu vom Tod ist die Geschichte noch nicht zu Ende. Dem Menschen sind seine Sünden zwar vergeben, aber er stirbt nach wie vor. Bis zu dem Augenblick, in dem Gott alle Menschen abermals zum Leben erweckt. Das ist der Zeitpunkt, auf den die Christen warten. ‚Das Jüngste Gericht' nennen sie das. Es ist der Moment, in dem Gott beurteilt, ob du gut oder schlecht gelebt hast. Und genau das ist auch der Moment, sagt Thomas, in dem Leib und Seele einander wiederfinden."

„Und wenn ich irgendwann vom Tod auferstehe, bin ich dann schöner und hübscher und klüger als je zuvor?", fragt Sven.

„Nein. Thomas zufolge geht das nicht. Dann ist es keine echte Auferstehung vom Tod, sondern dann wärst du etwas Neues. Und das geht nicht."

„Das heißt, mein Nachbar Matthijssen kommt als alter Mann am Stock wieder", sagt Ilse.

„Und mein Vater als junger, lachender Mann", sagt Wouter leise.

Herr Swart nickt. Er schaut zu Loubna. „Du guckst unzufrieden."

„Ich bin nicht unzufrieden, aber …" Sie seufzt. „Es kommt mir einfach so ausgedacht vor, so fix und fertig sozusagen. Und er sagt immer noch nicht, wie ich leben soll."

„Gut", sagt Herr Swart. „Die Tugenden. Ihr erinnert euch bestimmt noch an dieses Wort. Jemand von euch fand es so schön altmodisch."

Wouter hebt die Hand. „Ich fand es vor allem komisch. Aristoteles, oder?"

Herr Swart nickt. „Aristoteles sagt, wir sollten nach den großen Tugenden leben. Das gefällt Thomas. Er fügt der Tugendliste von Aristoteles drei neue, christliche Tugenden hinzu: Glaube, Hoffnung und Liebe. Sie werden in der Bibel genannt: ‚Uns aber bleiben Glaube, Hoffnung und Liebe, diese drei, aber die Größte unter ihnen ist die Liebe.' Wenn Menschen nach den Tugenden des Aristoteles und diesen christlichen Tugenden leben, tun sie das Gute. Für Thomas von Aquin bedeutet dies übrigens auch, dass wir sehr gut auf unseren Körper und auf die Erde – und alles, was darauf ist – achten sollen."

„Wenn man weiß, dass man bei der Auferstehung eines Tages denselben Körper wiederbekommt, ist das ziemlich weise", scherzt Tijmen.

Herr Swart zeigt auf eine der Darstellungen von Thomas von Aquin. Ein kräftiger, etwas plumper, ernster Mann, wie es scheint. „Er wurde nicht alt.

214

Noch keine fünfzig Jahre. Aber genau wie Augustinus hat er uns sehr viele Texte hinterlassen. Sein Einfluss auf die Kirche, aber auch auf die Philosophie, ist enorm gewesen."

Herr Swart klappt seinen Laptop zu und setzt sich auf die Ecke seines Pults.

„So!", sagt er.

„So?"

„Hier ist Schluss. Fürs Erste jedenfalls. Die nächsten zwei Wochen habt ihr jetzt frei. Ich muss gleich nach den Ferien die Noten für eure Zeugnisse einreichen."

„Das heißt?", fragt Sanne.

„Das heißt, wir müssen uns eine List ausdenken. Ihr wisst, was ich von Noten halte. Ich habe immer gewollt, dass ihr mitdenkt, das genügt mir. Ihr habt alle euren Beitrag geleistet. Deshalb habe ich beschlossen, euch allen eine Zwei zu geben, und fertig."

Die Klasse beginnt spontan zu klatschen.

„*Swart for president!*", ruft Bram.

Herr Swart bittet um Ruhe. „Hört zu", sagt er. „Ich muss etwas haben, worauf ich die Zwei schreiben kann, sonst bekomme ich Ärger. Das heißt, ich möchte gern, dass ihr auf ein Blatt Papier schreibt, was aus diesem Trimester euch am stärksten in Erinnerung geblieben ist. Was ihr interessant fandet. Was euch berührt hat. Worüber ihr manchmal noch nachdenkt. Worüber ihr gern mehr wissen würdet. Etwas von alledem. Alles ist gut, sofern es mit Aufmerksamkeit und Liebe geschrieben ist. Freitag kurz zu mir hereingeben oder mir schicken. Dann kann ich es in den Ferien lesen."

Schlaf, Kindchen, schlaf

„Wouter", sagt Mutter, „Hannah will einfach nicht einschlafen, und ich bin so müde. Würdest du einen kleinen Spaziergang mit ihr machen? Dann schläft sie sofort."

Wouter schaut seine Mutter mit großen Augen an. Einen Spaziergang? Mit dem Kinderwagen? Was, wenn ihn jemand sieht? Aber sofort danach überlegt er, dass es ihn eigentlich nicht die Bohne interessiert, von wem er gesehen wird. Er hat eine kleine Schwester, und das dürfen alle wissen. Wouter schaut auf die Uhr. Halb sieben. Mist! Morgen muss er seinen schriftlichen Senf bei Swart abliefern, und er hat noch keine Ahnung, was er schreiben soll. Aber war es nicht Aristoteles, der meinte, beim Spazierengehen könnte man besser nachdenken? Und wie war noch der Name dieses anderen Philosophen, der immer spazieren ging? Kant?

Mutter legt Hannah unter eine schöne warme Decke. Sie packt auch Hannahs Händchen darunter, aber darüber denkt das Baby anders: Es beugt die Ärmchen, sodass ihre Fingerchen wieder neben den Ohren landen. Wie süß sie doch ist! Wouter öffnet die Haustür und schiebt den Kinderwagen auf den Gehweg. Er will hinter dem Wagen hergehen, überlegt sich dann aber, dass Männer den Kinderwagen oft mit nur einer Hand neben sich herschieben. Warum machen sie das? Ist das cooler? Wouter beschließt, doch einfach dahinter zu gehen. So sieht er auch Hannahs Gesichtchen am besten.

Gut. Was soll er nachher am besten schreiben? Er versucht sich zu erinnern, was ihn in den vergangenen Wochen am meisten beeindruckt hat. Er denkt an die Stunde im Keller und an den Rundgang durch die sieben Gassen. An den Besuch im Dom und den Spaziergang durch den Park. War alles schön und auch ziemlich interessant, obwohl er es nicht so eins, zwei, drei nacherzählen könnte. Dann fällt ihm der Film über den Eichmann-Prozess wieder ein. Und das mit dem Menschen, der als unbeschriebenes Blatt geboren wird. He, wie hieß dieser Philosoph noch mal? Um den soll es irgendwie gehen. Er streichelt mit dem Zeigefinger über Hannahs Pausbäckchen. Sie schläft schon.

Wouter geht zu dem kleinen Park in der Nachbarschaft, sucht sich eine Bank und parkt den Kinderwagen daneben. Er nimmt sein Handy, öffnet Google und tippt: „Philosoph unbeschriebenes Blatt". Der Name, den er sucht, erscheint gleich als dritter Eintrag auf dem Bildschirm: „John Locke". Ja genau, so hieß er. Dann öffnet Wouter seine Text-App und tippt los.

Sehr geehrter Herr Swart,

Sie fragten, was mich am meisten beeindruckt hat. Hätten Sie diese Frage zwei Wochen früher gestellt, wäre das hier vielleicht eine ganz andere Geschichte geworden. Seit einer Woche habe ich eine kleine Schwester, das habe ich Ihnen erzählt. Das Verrückte ist, dass alles anders aussieht, seit sie da ist. Doch, die Stunde mit der kleinen Lampe im Keller hat mir ziemlich gefallen. Ich wusste damals gleich, dass Sie kein langweiliger Lehrer sind. Und die Rehe im Park fand ich auch ziemlich witzig. Aber wenn ich jetzt an die Stunden zurückdenke, fällt mir das unbeschriebene Blatt von John Locke ein. Ich bin gerade ein Stück mit Hannah spazieren gegangen, damit sie einschläft. Sie ist so klein und so süß, das macht mich ganz weich. Keinem weitersagen, versprochen? 😊
Ich will gern glauben, dass sie ihr Leben ganz blanko beginnen kann. Dass sie alles in sich hat, um daraus einen Erfolg zu machen und glücklich zu sein. Ich finde die Vorstellung, dass bereits alles Mögliche in ihrer Seele steckt, das heißt große, ewige Ideen oder Gott selbst oder so, etwas weit hergeholt. Lieber soll sie selbst ihre Seele mit alledem füllen, was ihr wichtig ist. Mindestens ebenso schön, denke ich. Das unbeschriebene Blatt sagt mir also was. Ich möchte nicht, dass sie jetzt schon etwas von den Unannehmlichkeiten der Welt mittragen muss. Ich muss übrigens auch an das extreme und fast „banale" – so nannte sie es doch? – Böse denken, von dem Hannah Arendt schrieb. Eigentlich verrückt, aber mir fällt erst jetzt auf, dass sie denselben Vornamen hat wie „meine" Hannah. Na gut: Seit ich diesen Film über Eichmann gesehen habe, frage ich mich öfter mal, ob uns das auch passieren kann, dieses Böse. Dass es sich auch so wie damals einschleichen kann. Das finde ich doch ziemlich unheimlich. Das waren einige Dinge, an die ich denken musste.
Daaaaas heißt, ich freue mich, dass wir nach den Ferien wieder Unterricht bei Ihnen haben. Bis dann!

Viele Grüße von Wouter

Über die Philosophen
in diesem Buch

In der Reihenfolge ihres Auftretens

NAME: *Sokrates*

GEBOREN: Athen, Griechenland, um 470 v. Chr.

GESTORBEN: Athen, Griechenland, 399 v. Chr.

GROSSER GEDANKE: Ich weiß, dass ich nichts weiß.

HIER BESPROCHENE, BEDEUTENDE VERÖFFENTLICHUNG:
Von Sokrates sind keine Schriften erhalten geblieben. Was wir von ihm wissen, stammt hauptsächlich aus den Werken seiner Schüler, allen voran Platon.

AUCH GUT ZU WISSEN: Sokrates gilt als einer der wichtigsten Begründer der westlichen Philosophie.

NAME: *Platon*

GEBOREN: Athen, Griechenland, um 427 v. Chr.

GESTORBEN: Athen, Griechenland, 347 v. Chr.

GROSSER GEDANKE: Tief in unserer Seele haust die echte, ewige, niemals sichtbare Welt – die Ideenwelt.

HIER BESPROCHENE, BEDEUTENDE VERÖFFENTLICHUNG: Die *Dialoge*, insbesondere *Der Staat*.

AUCH GUT ZU WISSEN: Platon war nicht nur ein Schüler des Sokrates, sondern auch der Lehrmeister des Aristoteles. Sokrates, Platon und Aristoteles werden deshalb oft in einem Atemzug erwähnt.

NAME: *Friedrich Wilhelm Nietzsche*

GEBOREN: Röcken, 1844

GESTORBEN: Weimar, 1900

GROSSER GEDANKE: Gott ist tot.

HIER BESPROCHENE, BEDEUTENDE VERÖFFENTLICHUNG:
Die fröhliche Wissenschaft

AUCH GUT ZU WISSEN: Nietzsche bezeichnete sich selbst als den
„Philosophen mit dem Hammer", weil er bisherige philosophische
Vorstellungen zerschlagen wollte.

NAME: *Karl Heinrich Marx*

GEBOREN: Trier, 1818

GESTORBEN: London, Großbritannien, 1883

GROSSER GEDANKE: Die Menschen werden nicht von großen, mitreißenden Ideen bestimmt, sondern von ihrer Arbeit und ihrer gesellschaftlichen Situation. Eines Tages wird der einfache Arbeiter seiner schlechten Lage überdrüssig sein und den Aufstand wagen. Eine Revolution wird alles verändern.

HIER BESPROCHENE, BEDEUTENDE VERÖFFENTLICHUNGEN: *Das Kapital* und *Manifest der Kommunistischen Partei.*

AUCH GUT ZU WISSEN: Aufgrund seiner Ideen fiel es Marx schwer, mit seinem Geld auszukommen. Der Schriftsteller, Philosoph und Unternehmer Friedrich Engels, mit dem er das *Kommunistische Manifest* schrieb, hat die Familie Marx jahrelang finanziell unterstützt.

NAME: *John Locke*

GEBOREN: Wrington, Großbritannien, 1621

GESTORBEN: Oates, Großbritannien, 1704

GROSSER GEDANKE: Bürger und Staat sollten einen Sozialvertrag miteinander abschließen, bei dem der Staat die Bürger schützt und ihnen Freiheit, Eigentum und Gesundheit garantiert. Als Gegenleistung gibt der Bürger dem Staat die Befugnis, Regeln und Gesetze zu machen.

HIER BESPROCHENE, BEDEUTENDE VERÖFFENTLICHUNG: *Two Treatises of Government (Zwei Abhandlungen über die Regierung)*.

AUCH GUT ZU WISSEN: Sein berühmtestes Buch *An essay concerning human understanding (Versuch über den menschlichen Verstand)* schrieb John Locke in den Niederlanden.

NAME: *Hannah Arendt*

GEBOREN: Linden 1906

GESTORBEN: New York, USA, 1975

GROSSER GEDANKE: Die Banalität des Bösen.

HIER BESPROCHENE, BEDEUTENDE VERÖFFENTLICHUNG:
Eichmann in Jerusalem: A Report on the Banality of Evil (*Eichmann in Jerusalem. Ein Bericht von der Banalität des Bösen*) und *The human condition* (*Vita activa oder vom tätigen Leben*).

AUCH GUT ZU WISSEN: Über das Leben von Hannah Arendt und den Eichmann-Prozess ist 2013 der Film *Hannah Arendt* erschienen.

NAME: *René Descartes*

GEBOREN: La Haye en Touraine, Frankreich, 1596

GESTORBEN: Stockholm, Schweden, 1650

GROSSER GEDANKE: Ich denke, also bin ich.

HIER BESPROCHENE, BEDEUTENDE VERÖFFENTLICHUNG:
Discours de la méthode (deutsch: Abhandlung über die Methode, seine Vernunft gut zu gebrauchen und die Wahrheit in den Wissenschaften zu suchen).

AUCH GUT ZU WISSEN: René Descartes wird auch der „Vater der modernen Philosophie" genannt. Er wohnte zwanzig Jahre in den Niederlanden, unter anderem in Franeker, Deventer, Amsterdam, Leiden und Egmond.

NAME: *Baruch Spinoza*

GEBOREN: Amsterdam, Niederlande, 1632

GESTORBEN: Den Haag, Niederlande, 1677

GROSSER GEDANKE: Gott ist alles, und alles ist Gott.

HIER BESPROCHENE, BEDEUTENDE VERÖFFENTLICHUNG: *Ethik.*

AUCH GUT ZU WISSEN: Für die Niederlande ist Spinozas Werk
so wichtig, dass es in den „Kanon der Niederländischen Geschichte"
aufgenommen wurde. Das bedeutet, dass viele Kinder in den letzten Jahren
der Grundschule von Spinoza hören.

NAME: *John Stuart Mill*

GEBOREN: London, Großbritannien, 1806

GESTORBEN: Avignon, Frankreich, 1873

GROSSER GEDANKE: Wenn Frauen keinen vollwertigen Platz in der Gesellschaft erhalten, behindert dies den Fortschritt der Menschheit

HIER BESPROCHENE, BEDEUTENDE VERÖFFENTLICHUNG: *The Subjection of Women (Die Unterwerfung der Frau)*.

AUCH GUT ZU WISSEN: Für John Stuart Mill war Freiheit ein entscheidendes Thema in seinem Denken, seinem Werk, aber auch in seinem persönlichen Leben: Freiheit für Frauen beispielsweise, Freiheit zu denken, aber auch Freiheit in der Wahl der Ausbildung. Eines seiner berühmtesten Werke – Mill hat viele geschrieben – heißt deshalb auch *On Liberty (Die Freiheit)*.

NAME: *Julia Kristeva*

GEBOREN: Sliven, Bulgarien, 1941

GESTORBEN ist sie zum Glück noch nicht

GROSSER GEDANKE: „Die" Frau gibt es nicht

HIER BESPROCHENE, BEDEUTENDE VERÖFFENTLICHUNG:
Le temps des femmes (Die Zeit der Frauen).

AUCH GUT ZU WISSEN: Neben philosophischen Büchern und
Romanen hat Kristeva unter anderem auch eine Biografie über Hannah
Arendt geschrieben.

NAME: *Aristoteles*

GEBOREN: Stageira, Mazedonien, 384 v. Chr.

GESTORBEN: Chalcis, Mazedonien, 322 v. Chr.

GROSSER GEDANKE: Alles hat ein Ziel und strebt nach Vervollkommnung.

HIER BESPROCHENE, BEDEUTENDE VERÖFFENTLICHUNG: *Ethica Nicomachea (Nikomachische Ethik).*

AUCH GUT ZU WISSEN: Die *Ethica Nicomachea* hat Aristoteles nach seinem Sohn Nikomachos benannt.

NAME: *Immanuel Kant*

GEBOREN: Königsberg, jetzt Kaliningrad in Russland, 1724

GESTORBEN: Königsberg 1804

GROSSER GEDANKE: Tue für andere, was deiner Meinung nach jeder für jeden tun müsste.

HIER BESPROCHENE, BEDEUTENDE VERÖFFENTLICHUNG:
Kritik der reinen Vernunft.

AUCH GUT ZU WISSEN: Eines von Kants bekanntesten Zitaten aus seinem Buch *Kritik der Praktischen Vernunft* steht auf seinem Grabstein: „Zwei Dinge erfüllen das Gemüt mit immer neuer zunehmender Bewunderung und Ehrfurcht, je öfter und anhaltender sich das Denken damit beschäftigt: Der gestirnte Himmel über mir und das moralische Prinzip in mir."

NAME: *Aurelius Augustinus*

GEBOREN: Tagaste, jetzt Algerien, 354

GESTORBEN: Hippo, jetzt Algerien, 430

GROSSER GEDANKE: Die menschliche Seele hat einen göttlichen Ursprung.

HIER BESPROCHENE, BEDEUTENDE VERÖFFENTLICHUNG: *Confessiones (Bekenntnisse)*.

AUCH GUT ZU WISSEN: Als Augustinus 75 Jahre alt war, wurde Hippo – die Stadt, in der er Bischof war – von einem feindlichen Heer angegriffen. Augustinus starb, und die Stadt stand in Flammen. Aber wie durch ein Wunder überlebten die meisten seiner Schriften.

NAME: *Thomas von Aquin*

GEBOREN: Roccasecca, Italien, ungefähr 1225

GESTORBEN: Fossanuova, Italien, 1274

GROSSER GEDANKE: Die Existenz Gottes ist mit dem Verstand zu beweisen.

HIER BESPROCHENE, BEDEUTENDE VERÖFFENTLICHUNG:
Summa Theologiae (*Summa Theologica*, das ist lateinisch für: „Summe der Theologie" oder „Theologische Summe").

AUCH GUT ZU WISSEN: Thomas von Aquin hat in seinem Leben sehr viel geschrieben. Noch bevor er fünfzig war, hatte er jedoch einen Traum, der ihn veranlasste, vom einem zum anderen Tag damit aufzuhören. Der Traum hatte ihm anscheinend deutlich gemacht, dass sein gesamtes Werk nichts als „Stroh" sei. Bald darauf wurde er krank und starb.

Neue Lieblingsbücher entdecken, in spannenden Leseproben stöbern und allerhand Lustiges und Wissenswertes erfahren – das bieten unsere neuen Newsletter für große und kleine Leseratten. Kostenlos anmelden unter: www.gabriel-verlag.de

Die Übersetzung dieses Buchs wurde von der niederländischen Stiftung für Literatur gefördert.

Nederlands
letterenfonds
dutch foundation
for literature

Van der Molen, Janny:
Herrn Swart brummt der Schädel
oder wie das Denken im Kopf die Richtung wechseln kann
ISBN 978 3 522 30412 2

Die Originalausgabe erschien 2014 unter dem Titel
Grote Gedachten – verhalen over filosofie
bei Uitgeverij Ploegsma Amsterdam
© *Grote Gedachten – verhalen over filosofie*, Uitgeverij Ploegsma 2014
© Text: Janny van der Molen 2014
Übersetzung: Rolf Erdorf
Lektorat der deutschen Ausgabe: Regine Teufel
Einbandgestaltung und -typografie: Formlabor, Hamburg, unter Verwendung von Illustrationen von Hanna Hildenbrand
Layout und ein Teil der Innenillustrationen: steef liefting
Innenillustrationen (Porträts und Symbole in Kreisen): Hanna Hildenbrand
Satz: Tanja Haaf
Schrift: Goudy Oldstyle
Reproduktion: Digitalprint GmbH
Druck: Livonia Print, Riga
© der deutschsprachigen Ausgabe 2015 Gabriel in der Thienemann-Esslinger Verlag GmbH, Stuttgart. Printed in Latvia. Alle Rechte vorbehalten.

FSC
www.fsc.org
MIX
Papier aus verantwortungsvollen Quellen
FSC® C002795